COMMENT J'AI JETÉ MES JOINTS POUR DES VŒUX DE NONNE À 23 ANS

CHRISTELLE RAISON

COMMENT J'AI JETÉ MES JOINTS POUR DES VŒUX DE NONNE À 23 ANS

Jouvence

Dans la même collection aux Éditions Jouvence

L'Art d'être sirène dans un monde de requins, Clémentine Sebaux
Faire face au deuil animalier, Amandine Samson
La solitude est un connard, Alexia Borg
Femme hyper-passionnée, Élodie Crépel
La Clé de soi : l'art des objectifs pour accomplir son potentiel, Damien Catani
Des constellations familiales aux constellations de vie, Martine Garcin-Fradet
Il n'est pas trop tard pour naître, Harry Roselmack
Enfin à ta place : ose vivre selon tes propres rêves !, Marine Faux

Éditions Jouvence
Route de Florissant, 97 – 1206 Genève – Suisse
Site Internet : **www.editions-jouvence.com**
E-mail : info@editions-jouvence.com

Catalogue gratuit sur simple demande.

ISBN : 978-2-88984-010-6

Couverture : François Lamidon
Correction : La Machine à mots
Mise en pages : Valérie Boukobza

SOMMAIRE

1.
LE *SAṂSĀRA*

30 septembre 1994, j'ai 20 ans et quelques poussières d'étoiles. Je viens de terminer à l'instant une saison estivale en tant que vendeuse dans une boutique de luxe à Hossegor. C'est la troisième année que j'exerce ce travail en dehors des périodes scolaires. Encore financièrement dépendante de mes parents, j'apprécie beaucoup ces étés qui jumellent la plage, les amis et une activité rémunérée indispensable à mon âge. Seulement cette saison n'a pas été aussi agréable que les précédentes. J'ai perdu de ma légèreté et de mon insouciance. En dehors du travail, je n'ai profité de rien. Je crois que je réfléchis trop, je me questionne et m'inquiète beaucoup. Mes études universitaires vont bientôt reprendre et cela m'angoisse. C'est une voie sans issue ; je le sais et mes mauvais choix me laissent clairement entrevoir l'impasse professionnelle vers laquelle je me dirige. Mes parents le sentent aussi et ils me rajoutent une certaine culpabilité et des pressions involontaires qui nourrissent mes doutes et mes craintes. Pour couronner le tout, ma vie sentimentale, contrariée par une piètre image du couple, ne projette sur l'écran de mon cœur aucun joli film dans lequel ils vécurent heureux et eurent beaucoup d'enfants.

Je suis en fac de philosophie et ce n'est pas sans conséquence sur ma santé psychologique.

Les enseignements éveillent dans mon esprit fougueux des milliers de questionnements attisés par le feu de ma grande absence : grande absence d'envie, grande absence à la vie.

J'ai besoin de comprendre cette existence qui me semble dépourvue de sens et ce sentiment d'insipidité approvisionne une incessante suractivité cérébrale : pour quoi ? Pour qui ? Comment ? D'où ? Et surtout à quoi bon ?

Il y a deux ans, j'ai obtenu un bac scientifique. J'aime la logique des mathématiques, l'empirisme de la physique, le rationalisme de la biologie. J'ai besoin de comprendre les faits, de justifier les connaissances, de les valider par l'expérience. C'est en totale contradiction avec mes études de philosophie qui invitent à aller au-delà de l'expérience sensitive, au-delà de ce qu'on perçoit et codifie. J'ai donc cherché et fini par trouver une doctrine qui répond à tous mes questionnements métaphysiques tout en approuvant l'approche darwiniste que je cautionne : je voue une admiration au philosophe Nietzsche et au nihilisme actif. Pour Nietzsche, l'univers est vacuité et il n'existe rien d'autre que ce vide froid. Dieu n'existe pas, et la vie n'a aucun sens, aussi à quoi bon faire des efforts puisque nous allons tous mourir ?

Adopter cette doctrine philosophique n'aide pas à améliorer mon état mental. J'éprouve déjà des difficultés à m'enthousiasmer pour quoi que ce soit et ces idées nihilistes m'égarent davantage. Les seules valeurs auxquelles je croyais jusqu'ici, l'amour et l'amitié, viennent de se dissoudre dans le grand vide de mes froides théories : mon petit ami avec qui j'ai entretenu une relation pendant six années vient juste de me laisser tomber pour tomber… amoureux de ma meilleure amie. Les perdre tous les deux est un deuil très douloureux qui me lèse profondément le cœur. J'expérimente dans le silence, mon premier et vertigineux chagrin d'amour et d'amitié. Je ne peux rien dire parce que c'est elle, parce que c'est lui et parce que je les aime depuis toujours. La lumière de leur amour éclaire la noirceur de ma peine et j'en subis chaque instant la brûlure en l'acceptant, parce qu'ils sont amoureux et ils sont heureux. On n'a pas le droit d'en vouloir au bonheur.

Jusqu'ici je trouvais du réconfort auprès de mes proches, seulement le cocon familial si précieux à mon équilibre est aujourd'hui affligé par les disputes et des pleurs. La séparation de mes parents est malheureusement imminente. Ils m'avaient toujours donné l'illusion de la pérennité du couple, de la force de la famille, et leur désunion, avec toutes les conséquences de souffrance que cela engendre en chacun de nous, vient de torpiller mon refuge si protecteur et mes dernières croyances déjà bien fracturées.

Mes appréciations philosophiques, aussi sombres que mes chagrins, se mêlent donc dans une danse désarticulée aux secousses désagréables. J'ai, chaque jour, la sensation d'être emportée par ses mouvements alternatifs sur lesquels je n'ai aucune prise. Et puis à quoi bon ? Dieu est mort et je le suis un peu aussi. Je me sens dépossédée de tout désir et de toute envie, ou presque… La seule chose que j'aime encore faire, c'est faire la fête et fumer des gros joints d'herbe avec les copains. Quel avenir prometteur…

21 heures. Je viens de tourner la clé pour fermer définitivement la boutique après quatre mois de travail sans interruption. Et maintenant, que faire ? À 20 ans et 4 mois, je suis complètement paumée et rien ne m'intéresse. Je ne sais pas vivre, je n'ai pas appris ; je n'ai aucun but vers lequel tendre et la fatigue ne m'aide pas à redresser la tête, car je suis vraiment fatiguée. Durant la saison, nous n'avons pas eu un seul jour ouvrable, et, au terme de ces quatre mois de labeur intense, je me sens épuisée. Mon corps et mon esprit portent les stigmates de cette pression sans relâche. J'ai autant de cernes et de courbatures, que de lassitude et de découragement.

J'ai logé tout l'été chez des amis qui possèdent une superbe ferme à Hossegor. Ils ont également travaillé toute la saison et sont tout autant vidés que je le suis. Nous avons tenu le coup en nous retrouvant chaque soir autour d'un bon repas et des gros joints que nous partagions. C'était notre récompense, nos pauses, nos vacances à nous. Ils cultivent leur herbe eux-mêmes et non seulement son effet est extraordinaire, mais surtout elle ne me coûte rien, si bien que je fume à l'œil autant que je le souhaite.

Fumer est un rituel essentiel à mon quotidien. Je ne fume jamais la journée quelques que soient les circonstances. Je n'aime pas avoir un état de conscience modifié le jour. J'aime être concentré au travail et dans mes études. Je ne me l'autorise donc que le soir venu, mais je ne peux pas m'en passer. Cela me permet de faire de l'espace dans ma tête et dans mon cœur. L'herbe embrume mes peines et mes inquiétudes ; pour quelques heures, elles deviennent aussi transparentes et vaporeuses que la fumée qui s'en échappe, et dans ce nuage, j'oublie et je suis heureuse.

Ce soir, je ferme définitivement la boutique pour enfin profiter de quelques semaines de vacances ; pourtant, je ne m'en réjouis pas... Je n'ai aucun projet si ce n'est d'attendre patiemment fin novembre, date de la rentrée universitaire. En attendant, je dois regagner la maison de mes parents, mais je n'en ai pas envie. Cette maison, autrefois si chaleureuse, est aujourd'hui remplie par les pleurs de maman brisée, par l'absence de papa et la tristesse de mon petit frère désemparé.

Je reste donc là, dans la rue, prostrée devant cette porte fermée, avec la douloureuse sensation que toutes les portes du monde me sont aussi fermées. Que faire ? Incapable de bouger, je suis assise sur le trottoir et je regarde la rue. J'observe les gens qui passent, les familles qui rentrent de la plage, les enfants qui s'amusent, les jeunes qui se préparent à festoyer. Je regarde la vie danser autour de moi et je ne sais pas comment y participer. Leur bonheur et leur union me renvoient à ma solitude comme un miroir grossissant. Je me sens si éloignée et différente de toutes ces personnes.

Quand on commence à se poser des questions, fatalement, un écart se creuse avec ceux qui ne s'en posent jamais. Et si nous creusons trop, cet espace devient infranchissable. J'ai trop creusé... Face à moi, il y a le monde et ses multiples couleurs éclatantes ; il y a des rires et de l'insouciance, il y a la joie et du plaisir, mais hermétique à la lumière, rien ne me pénètre. J'aimerais me nourrir de ce que je vois, me remplir de leur énergie enthousiaste, mais je suis un bloc imperméable au bonheur. Oui, j'ai trop creusé, et je ne peux plus m'empêcher de regarder au-delà des apparences. Désormais, je ne vois que du non-sens, que des gens qui s'amusent parce qu'ils ne réfléchissent pas ; mais la vie, si on la réfléchit, elle n'est pas joyeuse. La vie, comme le bonheur, comme l'amour, comme l'amitié comme un bon petit plat, comme un arc-en-ciel, comme tout ce qui fait du bien, tout ce qui fait du beau, ça passe, ça s'arrête, rien ne reste et ça ne prévient pas et d'un instant à l'autre, et c'est fini, et tout disparaît et c'est insupportable et rien que pour ça, je ne peux plus sourire.

Quoi faire ? Où aller ? Je n'en sais rien. Ça tourne dans ma tête, alors je me roule un joint sur ce trottoir froid. Je n'ai que ça à faire. Je m'apaise en regardant les volutes bleues s'envoler vers le ciel, espérant qu'elles dissipent le nuage dans lequel je suis. Penser à rentrer chez moi me creuse le cœur. Je ne peux pas. J'ai l'impression que le sol s'est dérobé sous mes pieds, emmenant les murs protecteurs de mon enfance et de mon adolescence. Je n'arrive pas à accepter que tout se soit écroulé, famille, ami, amour, tout ce qui me construisait et me portait. Ces fondations de mon existence ont emporté dans leur chute, ma raison et ma foi…

Le travail et les joints m'ont aidée à tenir le coup tout l'été sans trop me questionner. Je n'avais pas le temps pour cela. Maintenant, il n'y a plus rien à faire à part regarder la réalité en face. J'ai très mal en songeant à tout cela, alors comment concrètement y faire face ? Je ne suis pas assez forte pour affronter ces situations. Et mes idées philosophiques qui déracinent les espoirs et les rêves, viennent elles aussi déposer un poids conséquent sur mon cœur lourd. Je me sens écrasée et trop chargée pour me redresser dignement.

Alors je reste là, assise sur le béton glacé, regardant la nuit me tomber dessus, semblable à un linceul recouvrant un défunt. Je cherche désespérément à travers les étoiles naissantes, une idée aussi étincelante que leur reflet pour me donner l'envie de me relever de ce trottoir ; j'attends et le temps passe et rien ne se passe et ce soir c'est juste terrible d'être si seule parmi les étoiles brillantes.

Au terme d'une bonne demi-heure, contre toute attente, me vient une idée ou plutôt une injonction despotique :

« Pars ! C'est ça ou bien tu restes sur ce trottoir toute la nuit à te lamenter. Tu montes dans ma voiture, tu roules vers n'importe où, mais loin, tu n'as pas le choix, tu dois partir. »

Je saisis cette pensée, comme on attrape une main salvatrice qui nous extrait des eaux froides. Elle me sauve de mes égarements en me donnant un objectif, une envie qui vient ensoleiller mon esprit engourdi. Certes, toutes les portes sont fermées, mais une petite lucarne s'est ouverte et je veux m'enfuir à travers elle.

En un rien de temps, je récupère toutes mes valises, mon salaire, mon herbe et sans prévenir personne, pas même mes parents qui attendent mon retour, je prends la route sous un ciel crépusculaire lourd de promesses. Il est environ 22 heures. Les effluves d'un automne à venir lestent l'atmosphère opaque de ce début de nuit. C'est obscur, éploré, mais je suis bien, libre comme jamais je ne l'ai été. « La route », un ailleurs, loin de cette pesanteur et peu importe où, tant qu'il y a ce mouvement qui s'étire entre cet instant indivisible et cet avenir gagé d'espérances et de surprises. Je ne prends aucune direction particulière. Je roule et ça suffit. Je m'indiffère totalement de la destination. J'ai juste envie de m'éloigner de ma souffrance qui, en réalité, ne peut que faire partie du voyage puisque confondue à mon être, mais je n'ai pas de meilleures alternatives.

Ne possédant pas d'autoradio dans ma voiture, je conduis en écoutant le walkman, l'ancêtre du MP3, tout en fumant des gros joints d'herbe. Hermétique aux responsabilités, totalement imprudente et indifférente, je suis l'asphalte inexploré comme une enfant suit sa mère, aveugle, confiante et insouciante. J'ai besoin d'une liberté totalitaire et provocatrice pour me sentir vivante et forte. Mon indépendance nouvelle exige un affranchissement de tous les interdits et de toutes limites, y compris ceux de l'espoir et de la crainte.

Ce sentiment d'indéterminisme absolu me rend heureuse et éthérée. Je n'ai plus aucune contrainte de temps, d'espace où de devoirs. Sans ambition ni objectif, je me départis d'un stress inhérent à tout engagement et cela me remplit d'une joie nouvelle que je ne connaissais pas. Et pour une fois, j'ai de l'argent car j'ai bien gagné ma vie pendant ces trois derniers mois de labeur soutenu. Cette autonomie pécuniaire est extraordinaire à mon âge parce qu'elle m'ouvre à une virtualité inconnue jusqu'ici : avoir les moyens de mes envies.

À tout juste 20 ans, je savoure avec délices la sensation merveilleuse de m'abandonner à ce que j'appellerais « le hasard », « la bonne fortune » et que dans quelques années je nommerai :

la conscience universelle, Bouddha, l'esprit d'éveil*[1], Dieu. Je m'émerveille de cette nuit singulière et ses messages ensemencés tout au long de ma route.

Il est environ 1 heure du matin et je ne sais absolument pas où je suis, je n'en ai aucune idée puisque je me laisse glisser depuis des heures sur les chemins de la fortune. Après trois mois de travail, les heures de conduite, et surtout des gros joints d'herbe que je fume en conduisant, je commence à perdre la notion des perspectives et des distances. Je dois trouver un endroit pour dormir.

Un feu rouge se présente. Je le loupe. J'ai bien vu le signal vermillon, mais le temps que je réagisse il est trop tard et je m'arrête 10 mètres environ après le feu. Perdue dans une profonde campagne, je n'ai croisé quasiment aucun véhicule depuis des heures. Je réagis donc à peine et n'éprouve aucune inquiétude pour une quelconque sanction. En réalité, je me fous de tout. Je n'ai pas de rétroviseur car mes sens, affûtés sous l'effet du cannabis, sont importunés par le réfléchissement des phares dans le miroir. Aussi, inconsidérément, je l'ai décroché du plafond. Entre les joints, la musique à grand volume dans les oreilles et l'absence de vision arrière, je suis un vrai danger public, mais enfermée dans mon égoïsme, je suis indifférente à tout.

Je fais une marche arrière pour me replacer devant le feu sans prendre la peine de regarder derrière moi. Je recule rapidement… très rapidement… et… *bing*… Énorme fracas. Choquée, je me retourne sous l'impact violent. J'aperçois

1. Les mots suivis d'un astérisque sont des termes spécifiques dont vous pouvez retrouver la définition dans le glossaire en fin d'ouvrage.

deux grosses lumières qui m'aveuglent ; ce sont les phares d'un énorme bus touristique. Je viens de m'encastrer dans un bus ! Je descends toute dépenaillée, les cheveux en bataille, les yeux vermillon exorbités, le walkman autour du cou et je me dirige vers le chauffeur qui s'avance promptement vers moi, avec un visage décontenancé, percé par deux yeux de merlan frit.

« Mais vous êtes dingue, vous êtes complètement malade ! Vous ne m'avez pas vu ?

– Euh ben euh, non.

– Mais j'ai klaxonné comme un fou ! Vous ne m'avez pas entendu ?

– Euh, ben, euh. Non, répondis-je avec ma voix penaude qui se mêle à celle de Jim Morrison.

– Et en plus vous écoutez la musique en conduisant ! On va appeler la gendarmerie.

– Euh non Monsieur s'il vous plaît, je viens juste d'avoir mon permis, s'il vous plaît Monsieur. »

Je le supplie et parviens à le convaincre. Heureusement le bus n'a presque rien. Je reprends la route avec un coffre complètement enfoncé, un constat dans la boîte à gants et des pensées alarmées qui vont vers mon papa… Eh oui, il a payé la voiture, et je suis assurée à son nom. Le voyage commence mal. Très mal.

Après 10 minutes à m'incriminer et à chercher tout un chapelet d'excuses qui me dédouaneront auprès de mon père, j'éclate de rire. Je repense à la tête du chauffeur tellement stupéfaite, à ma tête à moi, hors du temps, affranchie des codes et des limites, et je savoure mon aventure décidément capiteuse et exaltante. Je suis enivrée par ce sentiment de ne plus en avoir rien à foutre de rien. La route est à moi et je ne vais pas me gâcher ces instants magiques pour de la tôle froissée. Je suis heureuse, aussi vivante que Dean, Sal, Allen, ces personnages du merveilleux roman de Jack Kerouac, *Sur la route.*

« Poètes beaux, fous tendres et tristes [...], qui ont la démence de vivre, la démence de discourir, la démence d'être sauvés. Qui veulent jouir de tout en un instant, qui ne savent pas bailler, qui ne connaissent pas les lieux communs, mais qui brûlent, pareille à la fabuleuse flamme jaune des lampes romaines qui explosent dans la nuit à travers les étoiles. »

Les étoiles, j'en ai des milliards au-dessus de la tête et peut-être cette nuit-là, il y en a une qui me guide...

Je roule encore un peu, mais je suis vraiment trop fatiguée et je décide de m'arrêter au prochain village que je traverserai. Il est environ 3 heures du matin lorsque, à travers une épaisse brume grise, apparaît devant moi un panneau de signalisation miraculeux qui se réfléchit dans les phares de ma voiture. Sept lettres qui brillent d'éclat soutenu et éblouissant empoignent mon attention :

LOURDES

« Noonnn. C'est surréel. Oh mon Dieu ! »

Et c'est le cas de dire, je suis à Lourdes ! Moi et mes 20 ans qui emmerdent le monde, pseudo-nietzschéenne dans mon cœur et mes pensées, rejetant avec véhémence toutes les religions, je me retrouve dans le royaume de Marie. Je n'ai jamais mis les pieds dans cette ville et le pire, c'est que durant tout mon voyage, je n'ai aperçu aucun panneau m'indiquant cette destination que j'aurais orgueilleusement évitée.

C'est insensé ! La grande philosophe dédaigneuse que je suis, qui désavoue et exècre toutes les religions et ses adeptes est à Lourdes. Je viens de débarquer en terre ennemie, mais je suis épuisée, incapable de conduire davantage ; je n'ai pas le choix que d'accepter mon sort. Je dois d'abord dormir pour pouvoir réfléchir ; j'aviserai plus tard.

Je me gare sur un parking à l'entrée de la ville, et je m'installe à l'arrière de mon véhicule, caressée par un curieux courant d'air humide très désagréable. Mais d'où vient ce vent froid ? Mais du coffre, bien évidemment. Lourdes, le coffre enfoncé, papa qui sera en colère, maman qui doit s'inquiéter, mon petit frère seul avec eux, mes grands-parents qui m'aiment tellement, mes amis, tous ces êtres chers m'attendent et moi égoïste et déraisonnable, je ne suis pas là, je suis loin, libre, mais seule sur un parking obscur, dans une voiture aussi cabossée que l'est mon cœur.

Je commence à réfléchir, à examiner ma situation et ça tourne, tourne dans ma tête comme une ballerine dans sa boîte à musique. L'allégresse de ma nouvelle liberté laisse place à une prise de conscience aussi austère que la morsure glacée de l'air.

Lourdes… N'est-il pas temps de prier ?

Jamais…

J'ai 20 ans et j'emmerde Dieu.

2.
RÉVÉLATION

« Lourdes… Lourdes… une minute d'arrêt… » Et je n'ai pas l'intention de rester davantage. Me retrouver dans cette ville sainte me fait rire jaune, comme le beau soleil qui commence à briller au-dessus de ma tête. Je suis amère. Moi qui m'obstine à nier avec dédain, l'existence de Dieu, je reconnais que s'il existe, quelle que soit sa nature, il a beaucoup d'humour.

Au fond je ne suis pas une véritable impie. C'est la vie qui a éteint la flamme de ma foi. Mais quelque part elle brille encore. Toute petite et jusqu'à ma préadolescence, j'ai cru de tout mon cœur en Dieu. Je l'adorais tellement que j'allais jusqu'à graver au cutter, l'initiale « D » sur tous les bureaux de l'école derrière lesquels je m'asseyais ; c'était ma façon, bien saugrenue j'en concède, de lui rendre hommage. J'imaginais bénir la place et par la même occasion, obtenir des bonnes notes ; et cela fonctionnait. J'avais même gravé ce D sur les belles chaises du salon de maman afin que les membres de ma famille soient protégés de la maladie et de la mort. Ainsi, tous les sièges en chêne massif, héritage de mon arrière-grand-mère, avaient sur leur dossier une imposante initiale D marquée au couteau. Il fallait faire preuve de beaucoup d'imagination pour reconnaître la forme de la lettre sacrée car la dureté du bois m'avait rendu la tâche difficile. Le D ressemblait à un ventre enflé, creusé par des gribouillis d'entailles profondes, telle une affreuse cicatrice lésant la jolie matière séculaire. J'étais très fière de mes mystiques estampilles, seulement les réjouissances furent de courtes durées car maman a très vite découvert le sacrilège. Elle était absolument horrifiée et furieuse. Pour m'en sortir, et comme d'habitude, j'ai inculpé mon petit frère, qui par chance, s'appelle Davy avec un D majestueux… Ce n'était pas très « catholique » tout ça, mais on s'en sort comme on peut. J'ai fait pénitence, en gravant deux nouveaux D sur le lit en bois de mon petit frère afin qu'il soit doublement protégé… Cela a fonctionné, puisque mon frère ne s'est pas fait punir, maman ne donnant aucun crédit à mes dénonciations. Cependant D comme Davy, cela ne s'invente pas. Donc, dans le doute, personne n'a été puni et seules les chaises ont souffert.

Durant des années, j'ai cru de tout mon cœur en l'existence de Dieu et je le priais sans arrêt. Seulement, à plusieurs reprises, j'ai été profondément déçue ; je ne comprenais pas qu'il permette l'injustice et la souffrance et qu'il consente à autant de malheur ; cela a commencé par plusieurs décès des copains de papa qui se sont tués très jeunes dans des accidents de moto ; il y en a eu quatre en tout. Tous les ans, papa perdait un frère. J'étais très proche d'eux, c'était comme des tontons, et cela m'a bouleversée. Comment pouvait-on laisser mourir des pères de famille si jeunes dans des accidents si violents ? Cela remettait en question la valeur de Dieu et son pouvoir. Mais, par nécessité ou superstition (au cas où), j'ai continué à y croire et à graver des D partout. Si une personne prenait une place précieuse dans mon cœur ou bien si je m'inquiétais pour une autre, je prenais un couteau, un caillou et je gravais un D sur n'importe quel support y compris, faute de mieux, dans mon imagination.

Je ne parlais à personne de ma foi ni de ma vocation de graveuse ; c'est d'ailleurs la première fois que j'évoque mon petit secret. Comme mes bureaux d'école portant eux aussi le sceau de ma lubie, certains de ma classe pensaient que j'étais amoureuse de David, le cancre du fond, timide et boutonneux. Pendant toute une année scolaire, on m'a ennuyée avec ce David. C'était insupportable. Mais je ne pouvais pas leur dire que, en vérité, j'étais amoureuse de Dieu. Ainsi, malgré les épreuves et les doutes, j'ai persisté dans ma foi jusqu'au jour où il m'a tellement déçue et écœurée que je me suis détournée de lui et l'ai banni à jamais.

À l'époque je suis adolescente et je souffre à foison de voir mes grands-parents dans la tourmente. Tous les deux ont toujours été maltraités par la vie ; ils travaillent depuis l'âge de 7 ans, et ont toujours vécu dans la misère. À ce jour ils sont très pauvres, enchaînent plusieurs métiers à la fois et ploient sous les douleurs tant ils s'éreintent. J'assiste à leur souffrance au quotidien car nous vivons tous ensemble grâce à papi qui a tout sacrifié pour acheter un grand terrain avec trois maisons : la leur, la nôtre et celle de ma tante.

Mes grands-parents donnent tant d'amour et font tant de sacrifices que je suis dévastée de ne pas pouvoir les sortir de cette pauvreté. J'ai 15 ans lorsque je décide que Dieu va les extraire de leur condition indigente. Je crois encore en lui, en sa compassion, mais il ne m'est plus tolérable qu'il continue à ignorer la misère de ceux que j'aime. Alors un jour, je me mets à le prier de toutes mes forces, nuit et jour pour qu'il leur vienne en aide ; et dans ma grande foi et surtout ma grande naïveté, j'exige que mamie gagne au loto, que Dieu la soulage enfin.

Je grave alors des « D » partout pour honorer Dieu et pour que mon souhait se réalise. Lorsque j'y repense, j'étais quand même un peu folle, mais j'étais convaincue qu'il allait les aider tant je le priais. Cela m'obsédait. Je persuade ma pauvre grand-mère avec un immense enthousiasme que, cette fois-ci c'est certain, sa vie va changer, et qu'elle n'aura plus jamais à s'user au travail. Et lorsqu'incrédule et pessimiste, ma pauvre mamie me désavoue ou me contredit, je m'indigne avec véhémence et lui interdis fermement de ne pas y croire.

Face à mon exaltation sans démesure, mamie commence à me faire confiance ; elle en a surtout autant envie que besoin et la pauvre n'ose plus me contester. Nous discutons même de ce qu'elle fera avec son argent. À part nous gâter et réparer les fuites du toit et les moisissures des murs, elle n'a pas grande ambition, mais nos conversations animées sont joyeuses et émoustillantes. L'espoir dure une semaine ; pendant une semaine, je nourris le rêve de mamie et chaque jour nous parlons de son merveilleux futur. Mamie a retrouvé le sourire et la foi.

Je me souviendrais toujours de l'instant où le tirage se fait. Bien qu'elle connaisse les numéros par cœur, mamie est devant l'écran avec son petit carnet de notes. Je sens qu'elle y croit enfin et moi j'y crois encore plus. Et les boules arrivent une à une et notre cœur se serre d'excitation. Malheureusement à chaque fois c'est une boule de déception et d'amertume qui tombe dans la roue de la vie. Mamie n'obtient même pas un seul petit numéro gagnant. Rien. Même pas de quoi rembourser l'achat du billet, et elle continuera donc à travailler et à souffrir avec en plus, le poids de la désillusion. « Tu vois je te l'avais dit, Dieu n'existe pas pour nous, il ne nous aime pas. »

Je m'en suis énormément voulu d'avoir peiné ma grand-mère en lui donnant de faux espoirs. J'en ai pleuré toutes les larmes de mon corps. Continuer à voir chaque jour mes grands-parents souffrir, m'a dévastée. Ma déception était bien plus immense que ma foi était grande et, à partir de ce jour-là, j'ai haï Dieu de tout mon cœur et j'ai décidé de ne plus jamais croire en lui. Je suis une ancienne croyante en colère et vindicative, et ma vengeance se manifeste par un reniement et un déni absolu.

« Non je ne croirais plus jamais en toi Dieu avec un grand D. Tu laisses souffrir les gens et je te déteste pour ça. Et ce n'est que le fruit du hasard si je suis ici à Lourdes, dans ta ville maudite ! »

Il est 6 heures. Je me réveille sur ce parking bétonné, moche et triste ; j'ai très mal dormi et j'ai très froid ; je suis renfrognée, irascible, et je peste car rien ne va. Nous sommes aux prémices de l'automne et dans cette région, l'atmosphère est chargée en humidité glacée. J'en suis imprégnée et je suis frigorifiée. Mon corps de 1,72 m, plié en accordéon depuis plusieurs heures, est engourdi ; il souffre autant que ma tête qui essaie de s'ajuster à la situation. Je tente de remettre mes idées en place, mais j'ai l'impression de vivre un lendemain de cuite. L'effet des joints s'est dissipé, entraînant, dans sa dissolution, cette sensation extatique de liberté. Une liberté qui, dans la nuit, s'est convertie en prison : la culpabilité de faire souffrir mes proches, ma différence et mes divergences à contre-courant du système, ma solitude pesante et son inertie, élèvent des murs dans ma tête qui m'arrachent tout discernement. Et ma rigidité dogmatique à ne croire en rien, à ne percevoir que le vide et le non-sens de la vie, consolide cette forteresse austère. Tous ces sentiments confus m'ankylosent et mon âme triste fait des plis et des nœuds.

La journée commence très mal. Vivement ce soir, que je fume un joint ! Bien que mes pensées réfractaires m'éloignent de ce lieu, puisque je suis ici, autant jeter un œil forcément critique à ce mythe citadin. Me voilà donc en route vers la statue de Marie, source intarissable de miracles. Et les miracles, j'en ai vraiment besoin. Certainement même qu'au fond de moi, je les attends.

J'arrive devant la grotte ; il y a un monde fou, on ne voit rien, je n'aperçois qu'un bout d'elle, et je m'en fiche, je ne l'aime pas et je les aime encore moins eux, ces milliers de pèlerins qui se prosternent avec des gémissements théâtraux, aux pieds du granit sculpté, froid et vide de présence. Tout ce cinéma pour une légende inventée par des fous et des faibles. Lestés de culpabilité exacerbée par la morale chrétienne, ils ploient sous des souffrances souvent imaginaires, hypertrophiées par un caractère lâche et plaintif. Je les observe, je ris, je critique, je m'approche de la statue, mais je n'ai rien à faire ici. Je n'y crois absolument pas et j'ai raison : aucun prodige, aucune inspiration, aucune anhélation lumineuse qui pourrait déstabiliser mon acharnement à ne pas croire et m'ouvrir à la beauté, ne se produisent. Je m'enorgueillis et me nourris amèrement de ma vérité : « Dieu est mort. »

Croire à mes idées froides, affirmer ma différence et ma primauté imaginaire, me donne l'illusion d'être une personne intelligente. La vierge m'apparaîtrait, je ne la percevrais pas. Je suis indocile au changement. La peur inconsciente de saisir mes erreurs, la volonté d'être singulière et d'exister à travers cette disparité, cloisonnent mes perceptions. Je suis d'une déconcertante stupidité, mais je ne le sais pas et c'est bien là le pire. « Père pardonne-leur, ils ne savent pas ce qu'ils "sont". »

Je traîne mon ego démesuré à travers les rues touristiques de la ville, butant avec suffisance sur ce spectacle déplorable qui me fait horreur : des dévots par centaines, par milliers, portant sur leur faciès le masque de la désolation et de l'accablement. Pour une petite statue de plastique remplie d'eau calcaire, ils engraissent avec leur pauvre salaire tous ces commerçants impies qui profitent de leur détresse. Cette ville pue le fric. Le Disneyland du malheur : « Cent francs la fiole et tes jambes vont repousser. » Et les billets jaillissent de la fontaine du désespoir. Je les trouve irresponsables, ostentatoires dans leurs complaintes et leurs déclamations impudiques. Je m'indigne de leur ignorance ; je me sens supérieure et au-dessus. Je suis vaniteuse et inhumaine. Je crois que je cherche à retrouver Dieu avec un grand D à sculpter partout, mais comme je suis stupidement orgueilleuse, je ne le rencontre pas. Je suis en colère et dans le déni. Il faut que je quitte cette ville. J'étouffe, je suffoque. Alors je marche, vite, encore plus vite, ne plus être là, être loin, être libre…

Je traverse la ville à pied, gravis une colline au-dessus de lourdes jusqu'à son sommet, jusqu'à ce que je puisse percevoir le monde d'en haut, de haut. Il fait beau, la vue est spectaculaire. Les voitures ont la taille d'une fourmi, les pèlerins sont imperceptibles, je me sens grande, au-dessus de tout. Mon cœur est aride et froid. Je me raccroche à ma philosophie pour me donner un semblant d'identité, mais, en réalité, elle me dépouille de toute empathie et de toute direction à donner à mes pas.

Je m'éloigne de la vérité, mais je ne le sais pas. Malgré tous mes amis, mes activités, mes distractions, une famille avec ses difficultés, mais une famille aimante et bienveillante, je ne me suis jamais sentie aussi esseulée qu'à mes 20 ans.

« La route des enfers a beau être surpeuplée, on s'y sent très seul... »

En milieu d'après-midi, je décide de quitter la cité de Dieu et de m'abandonner à nouveau à la « route de la fortune » plutôt taquine jusqu'ici. De toute façon, je n'ai pas le choix que de poursuivre le hasard, étant donné que je ne sais toujours pas quoi faire de moi. Après quelques heures de conduite dans une voiture un peu comme moi, éclopée, mais avec, cette fois-ci, le rétroviseur à sa place pour éviter les bus, j'arrive au crépuscule dans un petit village au cœur des Pyrénées où je décide de me poser pour quelques jours. Je suis fatiguée, la providence m'a amenée ici et ça me plaît.

Je loue une chambre dans le premier hôtel que je croise. C'est un trois-étoiles. Je risque de dépenser une bonne partie de mes économies, mais je m'en moque totalement. « L'instant est béni... Tout le reste est souvenir... » C'est la fin de la saison, l'établissement est quasiment vide et on m'attribue au prix d'une location ordinaire la plus belle chambre de l'établissement avec une vue panoramique sur toute la vallée. Pour quelle raison ce cadeau prestigieux ? Je l'ignore puisque j'ai demandé la chambre la moins chère. Peut-être parce que j'arrive de Lourdes...

Cette chambre située au dernier étage, le neuvième, est non seulement très luxueuse et raffinée, mais en plus elle possède une terrasse de plus de 40 m^2 surplombant tout le village traversé par des rivières et des cascades. Je domine le monde et pourtant, malgré cette suspension vertigineuse, je reste engloutie par la solennité majestueuse des montagnes à peine visibles dans la grise brume du soir. Le ciel a revêtu sa robe d'encre et je ne perçois que des imposantes masses sombres qui déploient leur suprématie sur les nimbes bientôt endormis. Bien que la pesanteur de la nuit neuve m'embrasse de sa bouche coupante, scellant, de ce baiser âcre ma solitude dans ce lieu étranger, je me sens « divinement » bien.

Pour la première fois depuis longtemps, je suis vivante et entourée de vie. Mes sens sont happés au loin par le bruit des torrents qui se mêlent aux résonances curieuses des animaux sauvages ; je sens l'odeur des 1 000 parfums de la nature se balader au gré du vent, venir m'envelopper, puis repartir se perdre dans la présence des roches millénaires que je devine à travers les ombres et les contrastes dans lesquels se tapisse la faune indomptée. J'écoute le « murmure des étoiles heureuses » qui auréolent maternellement l'enfant perdue que je ne pense plus être. La vie autour de moi semble crier et appeler la vie en moi pour la faire éclore, pour me faire éclore, briser les murs de ma prison et ses ornières invalidantes.

Je prends un bain chaud dans une vaste baignoire toute ronde au centre d'une spacieuse salle de bains recouverte d'une moquette si épaisse que mes pieds disparaissent sous sa fourrure molletonnée. Je me roule mon premier joint, je le fume avec délectation comme un riche consomme son havane ; je lis, j'écris, je me délecte avec emphase de mes conditions nouvelles tellement privilégiées. Je suis au paradis.

C'est la première fois que je dors à l'hôtel. Je n'ai jamais manqué de rien, seulement, mes parents gagnent modestement leur vie et nous passons nos vacances principalement dans des campings familiaux. Je découvre donc le luxe et je le savoure délicieusement. Cette nuit-là, je dors merveilleusement bien, dans un ancrage ouaté où le phénix de l'envie renaît de ses sens.

Je suis réveillée au petit matin par une luminosité vive, chaude, bienheureuse. Sans plus tarder, je me dirige vers la grande terrasse devant ma chambre. Je découvre enfin et j'enlace d'un regard vaste et amoureux, cet endroit qui m'a généreusement offert son hospitalité. Je me fige… C'est beau ; si beau que je suis incapable de réagir, sidérée par la perfection de ce que je vois. Tout est somptueux à perte de vue. J'ai le souffle coupé, la gorge serrée. Mon cœur jusqu'ici aride, se réchauffe, recommence à battre dans ma poitrine. La vie est là… En moi, devant moi. J'en pleure. Je suis suspendue entre ciel et terre, entre infini et accompli.

Au-dessus de moi, un somptueux petit village avec ses jolies maisons de pierres, toutes aussi fleuries les unes que les autres chatoie de chaudes couleurs éclatantes sur les ruelles pavées dont chaque pierre porte son histoire et ses hommes. Tel l'écrin autour de ce bijou précieux, un coquillage gardien fait de montagnes à l'étendue sans limite, l'entoure et le protège. Ces élévations magistrales sont recouvertes d'une flore diversifiée aux 1 000 nuances automnales, entravée par des rochers séculaires ornés de mousses vertes que contournaient des torrents et des cascades aux musiques à la fois tonitruantes et apaisantes. Des tapis de fleurs jaunes, ocres, bleues, rouges ensemencent cette toile d'artiste parfaite. Je ne sais plus où regarder tellement chaque détail est magnifique. Je suis avalée par ce tableau aux formes escarpées insolites, aux odeurs stimulantes, à la créativité sans limite qui résonne en moi comme la vibration de la vie, la vibration d'existences diversifiées, parfaitement accordées, équilibrées et juste extraordinaires. Je n'en crois pas mes sens devant tant de mansuétude esthétique.

C'est un véritable choc. Le début de *la* révélation. Je repense à Lourdes, à cette destination hasardeuse vers laquelle j'ai été conduite et je comprends que le miracle a bien eu lieu ; il m'a accompagnée dans tout mon voyage pour se déployer ici. La vierge de granit vient d'apparaître devant moi, dans tout ce que je vois, dans tout ce que j'entends, dans tout ce que je ressens, et surtout dans tout ce que je suis. Et je suis vivante. Je fais partie de ce tableau, je suis issue de cette créativité parfaite. Pour la première fois depuis bien longtemps, je ne suis plus la grande absente de mon existence, la traversant en restant éloignée d'elle. Je suis en vie, je suis avec la vie et je suis dans la vie. Je fais partie de cet indicible.

Émerveillé, cahoté, défié, par cette perfection, mon entendement fou d'émerveillement, se réveille, s'emballe et les questions que je me pose depuis des années et auxquelles j'ai répondu par le nihilisme, reviennent instantanément m'assaillir. Cet équilibre absolu est un mystère dont je me dois de déchiffrer. Je dois répondre à l'écho de mes sens, trouver du sens. J'ai besoin de comprendre, d'approvisionner mon intellect affamé. Comment autant d'harmonie et d'unité dans cette vie autour et en moi, peuvent être vides, et insensées.

Passionnée par la biologie cellulaire, par tout ce que font nos petites cellules pour que nous puissions lire un texte, réfléchir, manger, respirer, aimer ou détester, je m'interroge. Cette combinaison de mon modeste savoir et ce spectacle ineffable qui m'enveloppe de son éclat me sollicitent vivement. « Le tout n'est pas de savoir pourquoi on vit, mais d'échapper à cette question. » Et je ne peux plus y échapper. C'est trop tard.

Dans mes bagages J'ai quelques livres de philosophie. J'en attrape un au hasard, ce hasard qui m'assiste avec tant d'humour et de fiabilité ; et encore au hasard, mon nouvel ami surprenant, je l'ouvre et tombe sur cette pensée de Lucrèce : « Rien ne naît du néant ». Je l'ai déjà maintes fois lue et étudiée dans mes cours, mais cette fois-ci, elle prend une autre dimension et me fait un effet redoutable. Je sens un feu éclatant m'embraser et venir consumer mes croyances, mes convictions et mon identité de carton. La brûlure saumâtre est si fulgurante qu'elle paralyse toute tentative de rébellion. En une seconde je ne suis plus la même. Toutes mes idées d'insurgée, tout ce sur quoi j'ai construit ma personnalité, s'écroulent avec cette phrase. La doctrine de Nietzsche vient de mourir, et moi un peu avec. « Le plus douloureux est de désapprendre ce que nous croyons savoir. »

« Rien ne naît du néant »

S'il n'y a « rien », il ne peut y avoir « quelque chose ». Avec « rien », on n'obtient « rien ». Or, il y a quelque chose : il y a la vie. Et quelle vie ! Si belle, si parfaite, si diversifiée, si harmonieuse, si… « divine ». Mais alors qu'est-ce qui sous-tend cette vie ? D'où vient-elle ? Qui avait-il avant elle ? Où va-t-elle et que devient-elle ? Cela nous renvoie à la question de l'œuf et de la poule… qui vient en premier ? L'œuf ou la poule ? Je dois impérativement et vitalement répondre à cela. Il me faut comprendre et par là même, trouver un sens à la vie, un sens à ma vie.

Je reste une semaine dans ce paradis et chaque jour, je vais me promener en montagne, seule, toujours seule, une semaine entièrement seule. Je vis, je vibre, confondue, émerveillée par tout ce que je perçois, entends, ressens. Tout est sujet à émerveillement lorsque nous sommes pourvus d'une attention précise et délicate. La laideur vient de l'ignorance et de la distraction. L'entière manifestation qui me scinde et m'enlace, me sollicite avec amour et nourrit ma curiosité inassouvissable. On m'a enfin retiré les lunettes noires qui me dissimulent le monde et je m'éveille à sa présence, à son existence vivante et vibrante. Je suis pareil à un nouveau-né qui, pour la première fois, ouvre les yeux et découvre le visage de la mère nourricière qui l'a enfanté.

Mais pourquoi la vie ? Et comment ?

J'observe cette vie et j'observe ma vie, mon cœur qui bat, mes poumons qui respirent, mes cellules microcosmiques unies et interdépendantes de ce macrocosme sans fin. Mon anatomie est prodigieuse de perfection bienveillante et de sagesse ineffable et je ne le savais pas. Je l'enfume avec mes joints, l'encrasse, et le surmène. Soudain je suis prise par un sentiment de honte d'avoir autant ignoré l'existence, mon existence. Je culpabilise d'en prendre conscience si tardivement alors que cela fait 20 années que je vis. Je suis un organisme fabuleux et je n'en ai jamais saisi la dimension sacrée. Réaliser toute sa subtilité miraculeuse me sacralise et me rend précieuse. Je ne m'appartiens plus. Je ne suis plus Christelle. Je suis une partie d'un tout incroyablement complexe et sophistiqué.

Je pense à tout ce que la science nous a enseigné pour expliquer l'extraordinaire spectacle de la vie. À son origine, le Big-Bang, une explosion de particules, et l'hydrogène qui devient hélium, puis lithium, carbone, azote, oxygène... Comment peut-on concevoir que cet événement originel, froid et mécanique engendre cette existence prodigieusement intelligente avec toute cette beauté, cet ordre et cet équilibre édifiant ? Et avant cette explosion ? Qu'en était-il ? Qu'y avait-il ?

« Rien ne naît du néant »...

Pour la première fois depuis bien longtemps, je suis heureuse dans ce monde ou tout est à sa place et tout est parfait. Je me sens comme une enfant en digression dans cet éveil à la vie qui s'inféode en maître dans tout ce que je suis et fais. Elle me parle, m'enseigne, m'absorbe dans sa grandeur, phagocyte mes sens et ma raison. Je me sens enfin humble et si déshonorante d'avoir autant ignoré et négligé le vivant.

Durant toute la semaine, je reprends mes livres de science, de philosophie, de biologie et je cherche des réponses, je formule des questions aussi, j'interroge l'ineffable, passionnée et avide de comprendre. Je dois trouver la solution à moi-même ; qu'est-ce qu'est la vie ? Qu'est-ce que je suis ?

Quelque chose d'incroyable, de puissant et d'éternel existe et sustente à chaque instant la vie et sa créativité sans fin. Mais quoi ? Dieu ? Impossible. Je suis convaincue que la vie n'est pas liée à la volonté et l'ambition d'un être suprême extérieur. Ce n'est pas cohérent et la vérité est forcément cohérente. En outre, la souffrance, le mal, la douleur, l'injustice existent et cela écarte forcément l'idée d'un créateur bienveillant. Non ; Dieu n'est pas en dehors de sa création. Il est dedans, il l'habite, il est une substance intrinsèque à tout, au tout et en tout. Tout est un et un est tout. Dieu existe et il est tout ce qui existe. Il est la vie, il est moi, il est les autres, il est les insectes, les montagnes, le soleil et les nuages, les cailloux, les rivières, les odeurs, les couleurs, les pensées, les sentiments, l'amour. Il n'y a rien qui n'est pas Dieu. Tout est lui et c'est une nouvelle magnifique.

Je suis heureuse, mais je veux en savoir davantage afin de comprendre pourquoi et par quoi nous vivons. Sans cela comment et vers quoi avancer ? J'en ai trop vu pour à nouveau refermer les yeux et marcher telle une aveugle sur des chemins hasardeux et chaotiques. Le hasard n'existe plus…

3.
PREMIÈRES EXPÉRIENCES MYSTÉRIEUSES

Je rentre enthousiasmée et surtout transformée de ce voyage. Voyage que je prolonge, d'une certaine façon, tout au long de mon année scolaire en continuant à chercher, examiner et creuser encore et encore. Je vais à la fac seulement pour questionner les profs et trouver des réponses à mes interrogations. Je les confronte, les contredis, les exaspère, eux comme les autres étudiants, avec mes 1 000 interrogations. Les débats sont sans fin, parfois houleux, hors du cadre et du programme ; je suis avide de réponses, passionnée, intarissable. Je veux et dois comprendre. Je me moque complètement des examens et de mon avenir. Tant que je n'ai pas compris la vie et sa vérité, je ne peux me projeter vers le futur. J'ai soif de sens, d'essence.

À la maison, l'ambiance n'est pas très joyeuse. Elle est même plutôt triste et anxiogène. Mes parents sont toujours en pleine séparation et, non seulement, ils ont du mal à gérer leurs propres problèmes, en outre, ils ne supportent plus mon discours philosophique parfois moralisateur et mon indolence à l'égard des études coûteuses. Chaque week-end où je rentre à la maison, c'est un peu la guerre froide. Je ne me sens plus bien chez moi.

Heureusement, la semaine, je suis à la faculté et je respire. Mes parents me louent une chambre en ville sous les toits d'un vieil immeuble avec une cuisine et une salle de bains que je partage avec trois autres étudiants. Depuis deux ans, j'habite à mi-temps dans ce lieu atypique qui a pour immense terrasse le grand toit de l'immeuble, nous offrant une vue panoramique sur toute la ville. Moi et mes colocataires y accédons en montant sur une chaise posée sur la table de notre cuisine. Nous escaladons cet échafaudage de fortune et passons à travers une petite lucarne, seul puits du jour des parties communes. C'est absolument interdit et dangereux, mais nous avons 20 ans et, à 20 ans, nous pensons être les rois du monde. Ces deux années universitaires sont des plus festives et facétieuses car, même si je suis bien perdue intérieurement, je sais encore m'amuser et profiter de ma jeunesse.

Je m'entends particulièrement bien avec un de mes colocataires Christophe, un très beau garçon de trois ans mon aîné. Nous avons ressenti un coup de foudre amical au premier regard de notre rencontre, le jour de mon emménagement et depuis, nous ne nous quittons plus. Christophe me ressemble beaucoup, autant dans sa désinvolture que dans son envie de vivre intensément. Combien de nuits blanches dispensées à refaire le monde, à écrire, à discourir et surtout à rire ensemble. Notre lien est profond, simple et sans ambiguïté malgré une attirance physique réciproque. Nous aimons trop ce que nous partageons pour tenter autre chose. Alors nous en restons à cette connivence fraternelle magique. Nos amis respectifs nous visitent régulièrement si bien que chaque soir nous avons des copains à la maison et malheureusement, cela ne s'arrête jamais. Nous tentons d'équilibrer notre quotidien, mais nous ne résistons pas à l'appel de la fête si bien que nous nous couchons toujours très tard et ne parvenons jamais à nous lever ; aussi nous ratons beaucoup de cours. Mais cela m'est complètement égal car je n'assiste qu'à ceux qui ont du sens pour moi et qui peuvent m'apporter des réponses. Le reste du temps, je me remets de mes nuits blanches.

Contrairement à moi qui ai la critique facile sur tout et n'importe quoi, Christophe au sourire expansif est toujours positif, joyeux et reconnaissant. Jamais je ne l'ai vu de mauvaise humeur ou en colère ; jamais je ne l'ai entendu médire où juger. Tout le monde se sent bien en sa présence et éprouve de l'affection pour lui. C'est une « belle âme » comme on dit, une sphère lumineuse d'amour et de gentillesse. Il aime les gens, il aime la vie, il est heureux. C'est certainement pour ces raisons qu'il me fait du bien. Il est tout mon contraire. Moi je suis sombre, négative, misanthrope, lui il brille et aime. Nous sommes le yin et le yang, le soleil et la lune.

Christophe se proclame écrivain et poète. Il écrit d'ailleurs des registres de sublimes poèmes dont bon nombre sont éditées dans des revues littéraires. Sous ma porte, il glisse fréquemment des textes lyriques qu'il rédige dans la nuit. Je retrouve au petit matin ces morceaux d'éternité, délicats et gracieux, à son image. C'est délicieux de commencer la journée avec ces petits papiers maculés de charme et d'élégance.

Une autre qualité de Christophe qui confère à son être autant de lumière que de couleur et qui fait de lui cette personne unique et remarquable, est qu'il a un don pour guérir les gens. Il a seulement à poser ses mains magiques sur une personne souffreteuse pour qu'en quelques minutes la maladie s'envole sur les ailes de sa prière. Il me délivre parfois de douleurs comme des brûlures ou autres maux. À chacun de ses soins recueillis, je ressens un apaisement indescriptible venir imprégner toutes les cellules de mon corps. Alors l'instant devient ma seule réalité. Plus rien n'existe et je veux rester ici, sous ses mains chaudes pour toujours.

Bien que nous partagions notre quotidien depuis plus d'un an, j'ignore totalement ses croyances ou sa religion. Notre complicité malicieuse et frivole ne se risque jamais à des discussions intimes. Nous sommes exclusivement dans une relation de distraction et malgré des palabres philosophiques dans lesquelles nos âmes d'artistes aiment se perdre, nous n'abordons pas de sujets vraiment personnels. À cet âge, nous sommes assez pudiques sur nos ressentis, nos blessures ou nos peines ; peut-être parce que nous y avons peu accès. D'ailleurs, personne ne sait que je ne vais pas très bien, ni mes amis, ni ma famille. Tous ignorent que je me pose tant de questions et que je suis en quête de cette pierre philosophale qui transformerait ma vie. C'est secret à mon cœur. Je me sens trop à part, différente, et j'ai peur de ne pas être comprise. Aussi, au risque d'être rejetée ou jugée, je m'en tiens au silence.

Pourtant, un soir, je ne sais pas ce qu'il me prend mais, alors que nous sommes sur le point de nous coucher après une soirée riche en rires et partages, je refrappe à la porte de mon ami pour lui voler encore quelques secondes de son temps. Christophe est déjà allongé dans son lit dans un demi-sommeil ; ses yeux brillants mi-clos me regardent avec un léger plissement accueillant, attendant que j'exprime les raisons de ma venue. Aussi, timidement et avec une retenue, je lui demande :

« Christophe, est-ce que t'es croyant ? Enfin est-ce que tu crois en quelque chose ?
– Est-ce que je crois en Dieu ?
– Oui en Dieu. »

Christophe me regarde quelques secondes et éclate de rire puis se retourne et tire la couverture sur ses épaules. Je ne vois plus que son dos et quelques cheveux qui dépassent. « Bonne nuit », me dit-il. C'est sa seule réponse. Je referme la porte doucement. Je suis vexée, je suis déçue, j'ai un peu honte, je me félicite d'avoir jusqu'ici gardé mes aspirations et inspirations secrètes. Christophe semble bien éloigné de mes tourments existentiels. Je m'endors à nouveau dans ma coquille fermée. À petit matin, j'ai tout oublié de cette conversation, mais je trouve sous ma porte, un petit papier qui me la remémore. Dessus il est écrit :

« Peux-tu compter le nombre d'étoiles dans le ciel ? Si oui, alors Dieu n'existe pas. »

Je ne comprends pas vraiment et cherche alors à compter les étoiles… Je souris. La réponse de mon ami est magnifiquement expressive et poétique. Je m'empresse de frapper à sa porte et lui demande avec grand enthousiasme :

« Alors tu crois en Dieu ? »

Christophe éclate de rire.

« Bonjour délicieuse amie. Bien sûr que je crois en Dieu ; pas toi ? J'y crois plus qu'en moi-même. Il est tout ce que nous sommes et nous sommes tout ce qu'il est. Et tu l'as déjà 1 000 fois rencontré à travers moi : ce n'est pas moi qui te guéris. C'est lui à travers moi.

– Mais pourquoi tu ne me l'as jamais dit ?

– Mais parce que tu ne me l'as jamais demandé. »

Christophe rit à nouveau en me prenant dans ses bras chaleureux. Il me colle contre sa poitrine et me dit :

– Ressens mon cœur. Tu l'entends battre ? Crois-tu que j'aie le pouvoir de faire battre mon cœur ? C'est Dieu qui le fait battre à chaque instant, et ses battements sont une prière pour ma vie… »

Qui peut compter les étoiles ? Qui peut compter les particules de poussière ? Perdus entre deux infinis, qui sommes-nous pour croire, savoir, oser, affirmer ; qui sommes-nous pour ne pas douter ? Je commence moi aussi à croire en Dieu, ou plutôt en quelque chose. Mais je veux aussi comprendre. Quelle est la nature de ce « quelque chose » ? Je veux découvrir et établir un lien entre notre savoir scientifique, son argumentation rationnelle et l'évidence de cette chose éternelle à l'origine de la vie.

Une semaine après cette conversation édifiante, Christophe et moi sommes dans ma chambre, à discuter. Il est tard, peut-être 2 ou 3 heures du matin. Je suis allongée sur mon canapé et Christophe est à côté, assis sur le tapis. Je commence à m'endormir lorsque je ressens une chaleur intense au niveau du cœur.

J'ouvre les yeux et je vois la main de Christophe à quelques centimètres au-dessus de ma poitrine. Habituée à ses soins, je les referme avec une confiance absolue en mon ami. La chaleur s'accroît, se diffuse et s'instille dans tout mon corps, de mes pieds sans conscience jusqu'à ma tête souvent trop active. Au fur et à mesure qu'elle s'intensifie, une sensation merveilleuse s'empare de moi. Je m'éprouve extraordinairement légère, aérienne, submergée par une énergie subtile délicieuse. Je me sens vivante, vibrante et heureuse. Soudain, une expérience étrange, indéfinissable apparaît au niveau de ma poitrine. Je perçois à cet endroit un flot d'amour divin sans limite se déverser dans mon corps, ou plutôt naître dans mon corps car cela vient de l'extérieur tout en jaillissant de l'intérieur. Je découvre un abîme béant dans mon cœur qui s'ouvre alors sans retenue et se laisse remplir d'un amour inconditionnel. Sous l'effet de ce flot divin, mon corps semble se dissoudre et se fondre. Submergé et imprégné par une félicité et une chaleur inconnue, j'ai l'impression que j'étais un liquide enfermé dans une bouteille flottant à la surface d'un océan. On vient de briser les parois de verre et je me confonds à l'immensité de cette source, l'immensité de ma nature profonde.

J'ai alors la perception d'être unie à l'univers, à ce quelque chose qu'on nomme Dieu, ce Dieu que je ne veux pas, que je nie, que j'intellectualise et définis par des théories froides et des préceptes à ma hauteur universelle : insignifiante. Ce « Dieu » indéterminable s'érige en moi avec suprématie, m'absorbe dans sa bonté, et m'aime avec une évidence éclatante. Je ne le sens pas extérieur à moi. Il n'est pas autre que ce que je suis. Il a toujours été là. Je suis lui. Il est moi. Il est également tout ce qui m'entoure, de la moindre particule de poussière, aux étoiles du firmament, du soleil majestueux à la lune et ses nuits grises, des minuscules insectes à tous les êtres de la terre. Il est totalité. La question n'est plus de savoir qu'est-ce que Dieu, mais plutôt qu'est-ce qui n'est pas Dieu. Encore une fois, on me montre que tout est lui.

Je fonds en larmes. Je n'arrive plus à m'arrêter de pleurer, submergée par cette sensation d'amour inconditionnel, libérée d'une ignorance que je ne percevais même pas tant elle était épaisse. Celle d'être coupée de ma source éternelle. Lorsque je les rouvre, Christophe me regarde et me sourit. Il me prend dans les bras, me serre très fort et, sans un mot, regagne sa chambre me laissant seule dans le souvenir béat de cette expérience ineffable.

C'est ma première expérience qu'on pourrait qualifier d'ésotérique, mais qui n'est, en fait, qu'un aperçu du réel. Ce soir-là, Christophe a fait éclater l'armure illusoire de mon ego, la bouteille de verre dans laquelle je suis prisonnière depuis des temps sans commencement. Pour quelques instants, j'ai ressenti et éprouvé la vérité de toute chose, et mon appartenance à elle, à ce tout d'amour et de sagesse, à cet océan de bonté sans limite.

Le silence a suppléé à l'expérience, silence, que nous avons étendu jusqu'à ce jour. Jamais nous ne parlerons de ce moment ultime. C'était d'une telle beauté que les mots n'en auraient que corrompu la grandeur et la préciosité. Pas besoin de discourir, tout a été dit entre nos deux cœurs complices et cela demeure impérissable ; cet événement poinçonne de son sceau immuable, mon être à tout jamais : ce soir-là, je suis devenue croyante et pour toujours

4.
LA LUMIÈRE AU BOUT DU TUNNEL

La foi que je ressens n'est pas quelque chose d'extérieur à moi-même, telle une croyance lointaine, coupée de mon corps et de mon cœur. Elle se construit, certes, avec des interrogations intellectuelles, mais se révèle avec des expériences singulières qui la fécondent, élèvent et la renforcent jusqu'à ce qu'elle devienne cet édifice vivant qui imprègne chacun de mes souffles d'une infaillible certitude. Et je veux aller plus loin. Je veux la sentir vibrer à chaque instant dans mon corps. Je continue donc à me poser des questions même s'il n'est plus question de corroborer l'existence du divin. Dieu existe. C'est désormais une conviction. Mais qui est-il ? Ou plutôt qu'est-ce que c'est ?

Je poursuis mes lectures scientifiques, métaphysiques et philosophiques. Je veux fonder ma propre confession avec l'ambition de réconcilier la science et la religion. Elle a pour défi de répondre à toutes les exigences, les incohérences et les antagonismes que la raison et la foi soulèvent. Exaltée, inspirée, enchantée par ma nouvelle vision de l'existence, je suis avide d'apprentissages et d'instructions.

Pour répondre à mes interrogations encore nombreuses, je n'ai pas besoin d'aller chercher loin, mais seulement à me placer au cœur de la vérité, c'est-à-dire au cœur de la vie... Tout est déjà là. Cette vie c'est moi, c'est le sang qui circule dans mes veines, c'est le sens qui imprègne et guide chaque particule de la manifestation intérieure et extérieure. Le sacré fait tourbillonner le monde dans cette chorégraphie parfaite. Il est omniprésent et il suffit d'ouvrir les yeux et le cœur pour le voir, l'accueillir et le ressentir. Je n'ai plus à m'en dissocier, mais à m'abandonner à lui et à lui faire confiance. Et miraculeusement, une force au-delà du tangible me conduit et m'encourage ; je demande et je reçois. Les réponses se présentent à moi avec magie et enchantement car magique et enchantée est la vie.

Je puise mon inspiration lors de longues marches en forêt. Entourée et imprégnée du vivant, il est facile de chercher et trouver des réponses dans la nature. Je m'assois souvent près de la rivière toujours contre le même arbre très imposant dont les racines forment un siège dans lequel je m'installe ; je médite alors le dos déposé contre son écorce sous laquelle circule la sève dont la puissance nourricière sustente ma propre énergie.

J'ai toujours de nouvelles idées ici et des discernements plus clairs. Un jour, je comprends quelque chose de très important et tandis que je demande un signe d'assentiment à l'univers, au même instant, j'entends un petit bruit au-dessus de ma tête. Je ne bouge pas. C'est un écureuil qui s'approche et vient se poser sur ma tête. Il reste là quelques secondes, agrippé à mes cheveux, puis disparaît dans les cimes. C'est vraiment incroyable. Je sais alors que l'univers me fait un signe.

En rentrant de la forêt, je passe toujours par chez mes grands-parents pour les embrasser. Papi est dans le jardin en train de travailler et je m'empresse de raconter cette expérience :

« Pfff, n'importe quoi ! C'est impossible qu'un écureuil s'approche ! L'écureuil est un animal des plus craintifs, et sauvages qu'il soit. Ou alors tu avais des miettes de pain dans les cheveux. »

Je ris parce que je sais désormais que tout est possible et je considère cette expérience comme un assentiment de l'univers, une bénédiction qui répond à mes questions et corrèle mes théories. Dans mon dictionnaire des symboles que je consulte régulièrement, il est écrit que l'apparition d'écureuil, symbole de positivité et de bonheur, est un message du divin qui a l'intention de nous guider vers un avenir heureux et prospère. Le message est clair.

Deux jours plus tard, une compréhension fulgurante me traverse la tête. Au même instant, tandis que je marche sur un sentier, un rouge-gorge me fonce dessus. Je me fige d'émotion devant cette jolie rencontre ; il est dans l'espace à un mètre de moi à hauteur de mon regard ; il me regarde en battant des ailes sur place, puis miraculeusement, il s'approche et vient se poser sur mon épaule. J'ai le cœur qui bat, je n'ose plus rien faire. Il reste plusieurs palpitantes secondes puis s'envole et disparaît. Je suis confondue d'émerveillement.

Le rouge-gorge est le symbole de l'espoir qui annonce une bonne nouvelle. Il est notamment un cadeau du ciel.

Une autre fois, je fais un rêve très étrange. Je suis avec mon grand-père, dans ma forêt merveilleuse. Dans mon songe, la végétation rutile de 1 000 éclats opalescents. Elle pétille et vibre, étreignant avec douceur protectrice, la faune apaisée et heureuse. Tout semble imprégné par une vaste présence intelligente et bienveillante. Nous promenons en son cœur, au gré des sentiers, avec un pas si léger que nous semblons flotter au-dessus du sol. Notre corps et notre environnement paraissent être tissés par les mêmes fils de lumières. Papi, qui me tient la main, a le cœur allégé de ses soucis et de ses peines. Soudain, il s'arrête et cueille des magnifiques fleurs blanches qui pendent comme de précieuses boucles d'oreilles aux branches d'un bel arbre longiligne. Il les met dans ma main et me demande de les manger. Je les regarde d'abord avec circonspection. Elles forment des petites clochettes aux corolles très douces qui sentent la noisette. Curieuse, je m'exécute en les portant à ma bouche défiante. Une saveur fondante, exquise, embrasse alors mon palais ravi.

Je me réveille après cette dégustation singulière avec le goût de ces jolies fleurs qui caressent encore mon palais. Je flotte dans mon lit, je me sens particulièrement éthérée, imprégnée par ce songe feutré aussi agréable que curieux. Je vaque alors à mes occupations, j'oublie le rêve et je pars, comme chaque jour, dans cette même forêt où j'ai mes habitudes de contemplation et de réflexions philosophiques. En son cœur, le chemin est barré par un énorme arbre tombé dans la nuit. Je passe difficilement par-dessus son tronc et ses branches enchevêtrées, le dépasse d'une dizaine de mètres puis soudain, prise d'une lueur de surprise, je me retourne et reconnais, suspendues à l'arbre barrage, les fleurs diaphanes de mon rêve. Dubitativement, je rebrousse chemin et, avec prudence, je goûte les corolles qui s'offrent généreusement à moi par milliers : elles sont délicieuses, la même saveur sucrée que celles de mon rêve. Je suis médusée. Je ramène alors une grappe à mon grand-père qui m'indique que c'est un acacia. Je fais des recherches qui m'indiquent que l'acacia est le bois de l'immortalité et de la spiritualité. Il a été utilisé, entre-autre, pour fabriquer l'arche d'alliance, le coffre qui contient les tables de la loi.

Mon rêve, comme toutes mes autres expériences insolites, sont autant de messages d'encouragement que d'inspirations joyeuses. Je suis sur le bon chemin et la vie elle-même y sème des petits cailloux et même des fleurs d'acacia pour m'éclairer et m'accompagner. Toutes ces expériences curieuses n'ont rien de miraculeux. Quiconque peut être recouvert de cadeaux magiques à chaque instant. Il suffit d'être émerveillé de vivre, de s'ouvrir, de remercier et la vie nous recouvre de petites fleurs blanches aux saveurs de l'éternité. Les plus belles rencontres ont alors lieu et c'est un cercle vertueux. Plus on sourit à la vie, plus elle nous sourit.

À force de m'interroger, d'expérimenter, j'en suis arrivée à une théorie. Dieu existe cependant il n'est pas en dehors du monde, il est intrinsèque à lui. Il est partout et il est tout à la fois. Dieu est omniscient, omniprésent, omnipénétrant et omniaimant. Une unité sans début ni fin, qui, dans sa nature créative, enfante des « désunis », c'est-à-dire cette pluralité de vies que nous sommes, sous toutes ces formes, sous toutes ces espèces, sous toute cette diversité illimitée. Dieu, c'est moi, c'est l'autre, c'est la nature des fleurs, des arbres, c'est la manifestation des sons, des odeurs, mais aussi des pensées, des sentiments, de la souffrance et du bonheur…

Dieu est une conscience de sagesse et d'amour, absolue et immuable, éveillée, qui, de par sa propre nature créative, enfante une infinité d'êtres. Ces êtres, les hommes, les animaux, et autres, composés de nombreux agrégats impermanents, ne reconnaissent pas leur véritable nature, et se perdent dans leur condition limitée. Ils se coupent de leur source originelle. La source de la confusion et de la souffrance, a pour origine la création du « je », du « moi », de « l'autre » comme entités séparées. Nous ne reconnaissons pas que l'autre c'est nous-même et que nous sommes tous la manifestation de Dieu et rien d'autre n'existe en dehors de cela. La dualité, la séparation trompeuse, enfantent la stupidité, la malveillance, la douleur et ce sentiment intarissable de manque insatiable qui conduit l'homme à sa perte. En vérité, je suis « Dieu », nous sommes tous Dieu, mais nous ne le savons pas.

Je suis heureuse et apaisée d'avoir trouvé ma vérité, « ma religion ». Seulement, je me sens très isolée dans mes croyances. J'aimerai les partager avec quelqu'un et encore une fois la vie va m'aider…

Un jour et je ne sais pour quelle raison, mes parents m'offrent *Le Livre tibétain de la vie et de la mort* écrit par Sogyal Rinpoché. Et cet ouvrage m'enchante. C'est un véritable miracle, *la* révélation que j'attendais. Son contenu rassemble mot pour mot à tout ce en quoi je crois désormais. Il explique avec logique, foi et amour, la nature de ce Dieu que je cherche depuis si longtemps et que j'ai approché et conceptualisé laborieusement avec mes théories et mes expériences métaphysiques.

« Mon Dieu » c'est ce que les bouddhistes appellent l'esprit d'éveil, Bouddha. Et le but de la vie est de retrouver ses origines, de s'éveiller, de parcourir le chemin de ce moi ignorant vers ce moi vérité, tel Siddhârta, cet homme ordinaire, qui a atteint l'éveil, l'état de bouddha, l'état de libération, au-delà de toute ignorance, de tous voiles et limites.

Ce Dieu que j'ai cherché à comprendre et à expliquer, Siddhârta l'a trouvé en lui-même et autour de lui ; grâce à la méditation il s'est confondu à l'indicible pour ne faire plus qu'un avec ce tout ce qui est. Il a ensuite enseigné des méthodes pour parvenir à cet état de libération. Des méthodes qui ont évolué, qui se sont répandues et se sont adaptées au cours des siècles, et en fonction de l'histoire et de la géographie. Au fil du temps, le bouddhisme a survécu au temps et à l'ignorance fondamentale de l'homme. Il a dépassé les continents et s'est établi partout à travers le monde afin de nous montrer la voie de la libération, affranchie de toute souffrance.

Aujourd'hui, il vient frapper à ma porte à travers ce livre merveilleux que je lis, relis avec une immense gratitude. Sans le savoir, à force d'acharnement, d'efforts dans mes recherches intellectuelles, je suis devenue bouddhiste et des milliers d'êtres à travers le monde ont la même religion que moi. Désormais mes croyances ne sont plus réduites à un discernement personnel, mais à une réalité partagée. Ma théorie n'est donc pas subjective. C'est le *dharma**, l'enseignement du Bouddha, et il existe depuis des millénaires.

En outre, le bouddhisme propose des moyens pour atteindre la vérité de ce que nous sommes, de vraies méthodes expérimentées par de nombreux humains depuis des temps éloignés, pour retrouver notre source originelle qu'on nomme l'esprit d'éveil, Bouddha ou encore « Dieu » puisque c'est la même « chose ». Cette science de l'esprit où *dharma* présente tout un panel de moyens habiles, tels que la méditation, les visualisations, certains yogas enseignés par le Bouddha il y a environ 2 500 ans, pour atteindre cet absolu que nous sommes et avons toujours été. Ces moyens sont transmis par des maîtres qui, eux-mêmes, ont reçu de leur propre maître le cœur sacré des enseignements.

Je suis profondément touchée, émue par la relation que Sogyal Rinpoché entretenait avec son maître, Jamyang Kyentsé chöki Lödreu. J'admire l'amour, la compassion, la sagesse de ce dernier. Je me sens proche de lui alors qu'il est mort depuis déjà longtemps. Un lien que je ne peux expliquer nourrit ma foi naissante. Une nuit je fais un rêve incroyable, semi-éveillé. Toute la manifestation y compris moi-même sommes brodées de tissus de lumière. Je suis dans le ciel, je flotte. Jamyang Kyentsé chöki Lödreu apparaît juste en face de moi. Nous nous regardons tous deux dans les yeux et soudain, j'ai l'impression que l'esprit de Jamyang Kyentsé pénètre mon propre esprit et le fait éclater en une infinité de particules. Une sensation et une vision d'infini s'ouvrent à moi. C'est ineffable ; je suis totalement unie à Jamyang Kyentsé et à tout ce qui existe. Mon esprit est aussi vaste que l'espace sans fin. Le temps n'existe plus, les limites n'existent plus, la mort n'existe plus. Il n'y a que de l'amour, de la compassion et de la sagesse ; cette présence est si intense, si vibrante et puissante que je n'existe plus qu'à travers elle. Nous sommes un et je suis amour.

Je me réveille avec les souvenirs de cette expérience toujours aussi clairs. Je n'éprouve aucune confusion, aucun doute. Cette nuit-là, Jamyang Kyentsé chöki Lödreu m'a montré la nature de l'esprit. Depuis cette rencontre, je me sens unie à son esprit. Lorsque je pense à lui, j'ai la sensation qu'il est présent à l'instant même où ma pensée s'élève. C'est au-delà de toute recherche et de toute volonté. Jamyang Kyentsé fait partie de moi. Ce rêve m'invite également à rechercher un maître vivant. C'est une nécessité absolue d'être guidé, car toutes les bénédictions viennent du maître et de ses enseignements. Je dois donc me mettre à sa recherche.

Ce livre marque un tournant irrévocable dans ma vie. Du jour au lendemain, je cesse de fumer de l'herbe, je fais des jeûnes ascétiques pour nettoyer mon corps, je deviens végétarienne, je fais attention à ne plus tuer le moindre insecte, j'adopte une éthique irréprochable en cherchant à faire du bien aux autres et je pars visiter un monastère bouddhiste… pour une semaine… puis deux… Et j'y resterai neuf années… dont trois ans trois mois trois jours, nonne, en retraite fermée. Comme l'a dit Bouddha : « Ne croyez pas en ce que je vous dis, mais expérimentez par vous-même ». Je dois expérimenter par moi-même. Je n'ai plus le choix.

Lourdes, Lourdes, une minute d'arrêt…

5.
MON ARRIVÉE

Dès sa naissance, lama* G. Rinpoché était destiné à la voie spirituelle. Très jeune, ne ressentant aucun attrait pour les plaisirs mondains, il passait son temps à méditer. À 4 ans, il suppliait ses parents de l'envoyer vivre dans un monastère. Il se consacra alors corps et âme au précieux *dharma*. Durant des années il se soumit à tous les sacrifices pour suivre la voie spirituelle. Il acquit son parachèvement lors d'une retraite fermée qui dura plus de 30 années dispensées à méditer dans des grottes reculées de la chaîne himalayenne. Au cours de cet isolement prodigieux, il s'affranchit de l'ignorance à l'origine de toute souffrance et se libéra totalement du cycle des renaissances ; il atteint alors l'éveil ultime, l'état de bouddha, la vérité de toute chose au-delà de l'ignorance et de la dualité.

Au terme de ces 30 années de solitude et d'ascétisme absolu, le 16e K. le détenteur de la lignée Kagyupa, mit fin à cette longue réclusion spirituelle en lui faisant part d'un rêve prémonitoire : dans ce dernier il voyait Rinpoché répandre le bouddhisme en Europe et faire des prodiges. Il le percevait être à l'origine de plusieurs centres diffusant l'enseignement authentique, mais aussi du plus grand ermitage monastique d'Europe avec son immense temple et ses dizaines de *droupkang**, des lieux rares destinés aux longues retraites.

Malgré son statut de « trop vieux moine inapte et incompétent » tel qu'il se définissait, et son souhait de rester dans sa grotte à méditer, Rinpoché a accepté de suivre les instructions de son maître avec un abandon et une confiance absolue. C'est ainsi que, durant l'été 1975, à plus de 60 ans, Rinpoché foulait le sol de la France avec pour unique possession sa robe monastique, son bâton de pèlerin, et les rayonnements de sa sagesse.

N'ayant aucune connaissance de notre langue, de nos mœurs et de nos coutumes, il commença par donner des petits enseignements en tibétain que son disciple traduisait en anglais. Sa bienveillance, sa sagesse, connurent un succès fulgurant. De nombreux individus en quête de sens, tombèrent en dévotion pour cet être d'exception et abandonnèrent leur vie mondaine afin de se consacrer entièrement à lui, à ses enseignements et à son activité. Miraculeusement affluèrent alors des legs de terrains et de bâtiments propices à la propagation du *dharma*, des dons d'argent, et des aides de toute part. Grâce à cette immense énergie fédératrice inspirée par la bénédiction qu'il insufflait, les souhaits de Rinpoché et de son maître se concrétisèrent et se consignèrent progressivement dans la pierre.

En un premier temps, il eut la construction d'un centre bouddhiste en Dordogne destiné à écouter des enseignements et à rencontrer des grands maîtres. Ce centre ouvert au public, qui au départ était plutôt modeste, s'est amplement développé, enrichi et étendu au fil du temps si bien qu'aujourd'hui, il génère une si grande activité qu'il attire chaque année des dizaines de milliers de personnes. Mais la plus grande œuvre de Rinpoché se situe en Auvergne, là où son extraordinaire mérite, son mandala se sont principalement déployés, sur les promontoires d'une magnifique campagne des plus reculée, avec sa vue panoramique exceptionnelle sur les volcans ; cette terre pure se compose de deux grands ermitages monastiques chacun pouvant loger une cinquantaine de moines et de nonnes, de huit centres de retraites avec la capacité d'accueillir une centaine de retraitants, de plusieurs centres d'études, de nombreux petits temples, des stûpas et autres monuments supports de souhaits. Et au cœur de ce lieu d'exception, trône de toute sa magnificence, l'aboutissement de milliers d'heures de travail : le plus grand temple bouddhiste d'Europe, un joyau unique, somptueux écrin sacré des enseignements du précieux *dharma*.

Pendant que ces édifices se construisent, je suis à des centaines de kilomètres en quête d'un centre à visiter. On entend encore peu parler du bouddhisme et je ne sais pas s'il existe des endroits en adéquation avec mes attentes et mes croyances. Les rares centres bouddhistes se veulent discrets et ne sont pas médiatisés. En outre, Internet n'existe qu'à travers le Minitel et les informations ne circulent pas aisément, excepté sous la forme de faits divers et autres échos sombres provenant de sectes dangereuses dont je me méfie.

Esseulée dans mes croyances, je continue à m'adresser à mon instinct de sagesse et à l'univers, mes seuls compagnons avec qui partager mes intimes respirations. Un soir, je demande au ciel de me guider vers un lieu propice et je vois à travers ma fenêtre, une étoile filante exceptionnellement lumineuse qui met du temps à se désagréger. C'est pour moi, un signe et naturellement je comprends que je dois aller dans cette direction. Je cherche tout de suite dans les Pages jaunes un centre bouddhiste vers le centre-nord de la France, tel que me l'a indiquée cette apparition rutilante. Parmi les quelques adresses proposées, une seule correspond à la géographie évaluée ; instinctivement, je sais que c'est ici, c'est l'endroit que je cherche.

Je téléphone dès le lendemain afin de savoir s'il est possible de visiter le centre et d'y séjourner une semaine. Ma requête est la bienvenue à condition de m'investir dans la vie collective en aidant aux travaux de construction du temple et des deux monastères. Moi qui n'ai jamais tenu un marteau de ma vie, ça promet. Malgré une légère appréhension de partir seule et de tomber sur une secte, nombreuses à l'époque, je suis excitée des perspectives de ce voyage.

Deux jours plus tard, après cinq heures de route, j'arrive à « la ferme », le centre névralgique de l'ermitage monastique. Nous sommes le 13 novembre 1995, j'ai 21 ans, et j'ai froid. L'air est glacial dans cette région semi-montagneuse. Le ciel est sombre, chargé de nuages opaques et il pleuviote une bruine neigeuse. Le sol est boueux et en descendant de la voiture, je glisse en y déposant mes chaussures de ville. Je me rattrape miraculeusement à la portière, mais j'ai de la terre jusque dans mes chaussettes. Ça commence bien et ce n'est que le début…

Mon enthousiasme retombe aussitôt lorsque je découvre ce lieu désert, désuet et inhospitalier. Mes attentes sont complètement en décalage avec ce que je vois. Seul mon esprit pesant est à l'image de l'atmosphère environnant : terne et lourd. Je m'enferme alors sous la carapace de mes appréhensions ; qu'est-ce que je fais là, à 21 ans, complètement seule, dans un centre dépeuplé et gris, qui pratique une religion inconnue ? Encore une fois, je ne me sens pas à ma place.

Il n'y a personne devant le vieux bâtiment défraîchi à part un moine polonais. Je m'approche de lui et je me présente ; il en fait de même. Il s'appelle Tom. Malgré sa grande timidité, il m'accueille avec élégance et courtoisie. Sa bienveillance et sa délicatesse me rassurent et me libèrent quelque peu de mes inquiétudes

Tom est le plus jeune moine du monastère ; il a à peine 19 ans ; c'est un garçon très beau, très doux et avenant. Il est grand et extrêmement mince, avec des cheveux châtain clair, très mal coiffés qui lui donnent un petit côté d'enfant sauvage. Son visage émacié à la peau laiteuse est percé par deux magnifiques yeux bleus très clairs dont la profondeur opalescente est difficile à soutenir. Il émane de sa frêle silhouette et de son somptueux visage d'ange une grande pureté. Il est d'une timidité touchante, ce qui confère une certaine grâce à sa tenue monastique, la robe traditionnelle bordeaux qu'il porte avec distinction. Sa gentillesse, sa courtoisie, sa voix douce avec cet accent exotique si charmant, me séduisent et me mettent surtout à l'aise. Je me déverrouille un peu.

J'explique à Tom, tant bien que mal, en anglais scolaire, que c'est ma première visite ; je suis un peu perdue et je ne sais pas à qui m'adresser afin d'orienter mon séjour. Avec un français très limité, étayé par des gestes indicateurs, il me demande de le suivre et me conduit devant une chambre du monastère. Je suis présentée à un lama occidental très avenant et courtois qui m'accueille avec grande simplicité. Assis à même le sol devant un autel rutilant, le lama me demande d'entrer et m'invite à m'asseoir à mon aise, face à lui, en me présentant un coussin de méditation posé sur le sol.

Lama T. a une quarantaine d'années, les cheveux grisonnants presque rasés, un intense regard noir et brillant, un sourire très doux et une gentillesse rassurante. Je perçois tangiblement de lui, cette dense présence remarquable en chaque personne ayant une pratique et une certaine réalisation spirituelle. Il irradie de ce quelque chose d'inexplicable, qui, instantanément, apaise, réconforte et fait du bien. Le lieu sent bon les épices de l'encens tibétain qui dégage des volutes blanches dans l'air froid de la pièce.

Je découvre pour la première fois de ma vie un autel bouddhiste et c'est magnifique : je suis surprise par sa taille qui s'étend sur toute la longueur du mur. Il est rempli de dizaines de statues habitées, étincelantes de dorures, des fleurs et des peintures aux couleurs éclatantes, des photos de maîtres chargées de puissance, des lumières flamboyantes, et des bougies qui brûlent et crépitent comme le feu réconfortant d'une cheminée ; l'autel brille de toute part et dispense une puissante radiance. Les objets saillissent d'une présence vivante et vibrante aux pulsations aimantes et généreuses. Cela m'enchante et m'anime. Dans ce lieu parfaitement étranger, je me sens étonnamment bien, comme en apesanteur, détendue et enveloppée d'une énergie lénifiante et protectrice.

Je réponds à son invitation en prenant place sur le coussin, mais pas habituée, je suis maladroite et ne sais pas comment m'installer. Je ne cesse de bouger pour trouver une position confortable, tandis que lama T., patient, m'observe en attendant le juste moment pour se présenter et me poser quelques questions. Il me demande d'abord combien de temps ai-je l'intention de rester ici ? Dans l'idée, je suis partie pour une semaine, mais je suis tellement bien à l'instant précis de sa question, que je me surprends à lui répondre que je n'en sais rien et que j'ai le temps, ce qui est faux puisque mes cours reprennent dans deux semaines. Il me présente le centre, m'explique grossièrement son fonctionnement, ses règles et me parle de Rinpoché dont j'ignore tout, jusqu'à même l'existence. Jusqu'ici, tout va bien.

Enfin, lama T. me pose des questions sur mes connaissances et c'est là que le malaise commence. Car si jusqu'ici je me sens en totale confiance, les nouvelles questions que lama T. m'adresse, me gâchent mon petit bonheur ; et il y en a beaucoup. Des dizaines et des dizaines, non seulement auxquelles je ne sais absolument pas comment répondre, mais surtout que je ne comprends même pas ; je lui fais répéter chaque interrogation malheureuse. Tout ce qu'il me demande m'est totalement étranger, incompréhensible, énigmatique. Lama T. a du mal à dissimuler sa surprise et je le sens totalement désemparé par mon ignorance. Il est très ennuyé que je ne connaisse absolument rien du bouddhisme tibétain, rien de ses textes sacrés, rien de ses *poudja** ou rituels traditionnels, rien de ses pratiques préliminaires, rien, rien, et encore rien…

« Et tu n'as pas de textes ?
– Euh… Des textes de quoi ?
– Tu n'as jamais participé à une *poudja* ?
– Une *poudja* ? C'est un pique-nique ?
– Tu as déjà fait *tchenrezi* au moins ?
– C'est quoi ? Un baptême ?
– Et un *stūpa*, tu sais ce que c'est ?
– Euh, pas trop, non.
– Tu as déjà médité avec un support ?

– Un support ? Un coussin ?
– Tu as commencé tes préliminaires ?
– Euh là, comment répondre… C'est sexuel ?
– As-tu au moins des amis bouddhistes qui peuvent t'expliquer ?
– … Tom ? »

Et ça n'en finit pas. Je renvoie une réponse négative à toutes les questions qu'il me pose. C'est extrêmement inconfortable. Je ne comprends rien à tous les termes utilisés, qu'il accompagne d'illustrations afin de m'aider à saisir un tant soit peu son dialecte. Mais cela ne m'aide pas du tout, du tout. Bien au contraire, je suis très mal à l'aise, et j'ai le sentiment qu'il s'adresse à moi en chinois… à moins que ce ne soit du tibétain, ce qui malheureusement aujourd'hui revient au même. Je dissimule tant bien que mal mes lacunes derrière des petits rires embarrassés, mais je n'en demeure pas moins troublée d'être si ignorante, d'autant plus que lama T. n'est pas dupe et je distingue clairement sa stupéfaction. Il est décontenancé par mon insuffisance et son faciès exprime clairement sa consternation.

Il m'explique avec gentillesse que l'ermitage monastique est un lieu destiné aux engagements monacaux, aux pratiques profondes de la méditation et aux retraites spirituelles de longues durées. Personne n'approche ce centre sans d'abord avoir étudié et pratiqué les bases dans des lieux adaptés à un public large. En gros et à demi-mot, il essaie de me dire que le monastère n'est pas du tout approprié à la néophyte que je suis. On ne vient pas ici sans être passé par des étapes essentielles qui s'arborent sur plusieurs années.

Je sens le vent tourner. Je n'ai pas le profil pour être accueillie ici et il va me demander de repartir ; au fond de moi, je panique. Je n'ai plus goût à rien si ce n'est justement de retrouver l'envie de la vie et cela passe nécessairement par découvrir le sens de cette vie. Ce lieu est mon dernier espoir. Que vais-je faire de moi s'il me demande de partir ? J'ai tant cherché pendant trop d'années ; je ne peux pas quitter ce lieu si vite ; la déconvenue serait fatale. J'ai bien compris que débarquer directement au monastère revient à désirer le baccalauréat sans jamais être allé à l'école, mais je suis là pour apprendre. Et puis, c'est trop tard, je suis là, au point d'arrivée sans être passée par la case départ et je ne veux pas repartir, ce n'est pas possible.

Portée par une crainte immense d'être rejetée, je sors de ma léthargie, et lui exprime vivement ma motivation sincère de m'investir dans la vie du centre et mon souhait profond d'étudier avec application. Je lui promets que je vais redoubler d'effort et vraiment mettre tout mon cœur à l'ouvrage. Embarrassé et quelque peu découragé, mais aussi rempli d'empathie, lama T. renonce à me torturer davantage et cesse le supplice de l'interrogatoire. À ma grande surprise, il ne me renvoie pas, mais refile la patate chaude aux « *stapra**» qu'il m'invite à questionner sérieusement. Ces derniers m'enseigneront la pratique du *dharma*, les formes qu'elle prend et les engagements qu'elle exige. C'est le point final de cette conversation aussi laborieuse et embarrassante pour lui que pour moi. Enfin presque…

« D'accord, je vais interroger les *stapra* sur la pratique, c'est promis » dis-je, soulagée de ne plus avoir à répondre à tout ce charabia. Euh, d'ailleurs pardon mais… c'est quoi la pratique ? et c'est quoi un *stapra* ? »

Lama T. lève les yeux au ciel avec une légère lassitude.

Stapra est le diminutif de « stagiaire pratiquant ». Ce sont les étudiants du centre qui étudient et pratiquent le *dharma* et sont bénévoles sur les chantiers. Tu feras leur connaissance ce soir au moment du repas. »

Jusqu'ici, hormis Tom, je n'ai croisé aucun de ces *stapra* puisque tous les occupants du lieu travaillent sur les divers chantiers. Je ne comprends décidément rien et dans les yeux de lama T., je lis un mélange de doute, d'inquiétudes et de compassion. Il doit certainement se demander ce que je viens faire ici et surtout combien de temps vais-je tenir. Pour une fois, nous sommes sur la même longueur de pensée parce que moi aussi je me demande ce que je viens faire ici. Je me sens comme une cruche fragile et totalement vide. L'apaisement du début laisse place à une anxiété inconfortable. Je n'ai rien compris à son vocabulaire : *vajrayana**, *stūpa**, *poudja*, sanscrit, *saṃsāra**, *yidham**, *gyaling**, *mudra**, « cloche et *dordjé* », « mantra* », « syllabes germes », « la pratique », « le karma », « le mérite à accumuler ». Je suis encombrée par mon ignorance très embarrassante et je sens lama T. poser un regard de pitié sur moi, ce qui rend mon malaise encore plus insupportable.

Devant son regard confondu, je n'ose plus ouvrir la bouche et je fais comme si tout est à peu près clair en acquiesçant gauchement de la tête. Je reste terrifiée à l'idée qu'il perçoive très vite l'imposture que je suis et qu'il change d'avis et me demande de rentrer chez moi. J'ai fait six heures de route avec toujours la même voiture au coffre enfoncé. Une voiture remplie des bagages de l'espérance sur une route qui se veut à sens unique :

« le sens de la vie ». Je ne peux pas repartir et abandonner tous les espoirs que j'ai mis dans ce voyage. Alors tant pis si je ne comprends rien. On verra plus tard pour la traduction.

C'est la fin de l'entretien, je suis enfin libérée. Je me lève, remercie lama T. et me dirige vers la porte, mais ce dernier me retient et gratifie d'une énième et dernière question qui finit par enfoncer le clou dans le support poreux que je suis. Je suis si surprise que je le fais répéter deux fois la question.

« Es-tu en forme Christelle, costaude, mais vraiment costaude ?

– Euh ? Costaude comment ça ?

– Si tu veux vraiment vivre ici, il faut travailler et, pour cela, il faut vraiment être costaud, courageux et endurant. Les chantiers et la vie sur le centre sont très difficiles, sache-le. Il n'y a pas de chauffage dans les habitations, les travaux sont pénibles et la discipline est stricte.

– Euh oui ça va. Je suis costaude », répondis-je avec mon corps habitué au confort, frêle et délicat et qui n'a jamais bricolé de sa vie.

Ce sera le seul « oui » que je prononcerai au cours de notre conversation. Je ne sais absolument pas de quoi il veut parler, mais je ne vais pas répondre une énième vérité « non pas costaude du tout, frileuse, faible et habituée à fumer des joints donc feignante, et je n'y connais rien en travaux manuels », le gros boulet ! C'est vraiment cela, je suis le boulet du jour.

Lama T. conclut notre entrevue en insistant et en me répétant, avec les yeux remplis de doutes, que vivre au monastère c'est très dur. Les journées y sont éprouvantes autant physiquement que moralement, avec une densité de travail et de pratiques intenses et un confort rudimentaire. Il ne faut donc surtout pas me faire d'illusions et espérer un séjour confortable et mystique. Si je suis venue chercher la lévitation transcendantale dans une espèce d'univers parallèle, il vaut mieux pour cela que je prenne du LSD car, ici, cela n'arrivera pas. Euh, ben non, j'ai arrêté de fumer ce n'est pas pour rencontrer *Lucy in the sky*. Les diamants, ils sont ici.

Son discours incompréhensible et alarmant, ses dizaines de questions qui mettent en lumière la profondeur de mes lacunes et mon esseulement inquiétant dans cet univers étranger, me remplissent d'incertitudes et de peurs élémentaires. Que veut dire lama T. ? Que cherche-t-il ? Essaie-t-il de me protéger ? Veut-il me décourager afin que je décide par moi-même de rentrer chez moi ? Si telle est son intention il a réussi, parce que je suis parfaitement découragée et je veux parfaitement rentrer chez moi.

Cette entrevue m'a totalement déstabilisée. Tout a été exprimé avec douceur et gentillesse, seulement je ne comprends pas grand-chose ; je ne comprends même rien et je me sens très seule. Je ne connais absolument personne pour déchiffrer tout ce jargon et m'éclairer dans mon ignorance. J'ai même honte de demander, tant je pars de loin. Loin je le suis aussi des personnes qui vivent ici et étudient depuis des années. Je me perçois dans un monde hostile qui n'a rien à voir avec le confortable refuge de mes livres qui m'a ensorcelée jusqu'alors.

Je quitte lama T. au terme d'une bonne heure et je retrouve Tom, qui, à ma grande surprise, m'attend patiemment devant la porte avec toujours autant de bonté et de courtoisie. Heureusement qu'il est là et je m'accroche à lui malgré notre lien inexistant et surtout notre désespérante impossibilité de communiquer dans la même langue. Quand on se noie, on s'accroche même à une brindille. Tom est ma brindille. À ce moment-là, je me sens totalement égarée dans un univers inexploré et je n'éprouve qu'une seule envie, c'est celle de repartir et de trouver consolation auprès de ma famille et de mes habitudes protectrices. La seule chose qui me retient ici, c'est mon orgueil. Comment rentrer et dire à mes parents que je me suis trompée, encore… Impossible.

Tom m'invite à le suivre. Il souhaite me conduire à ma future chambre ; obéissante, je m'exécute comme un petit chien perdu. Nous passons par la ferme, cette fois-ci, peuplée d'une soixantaine de *stapra*, qui sortent d'une journée de travail ; ils sont vêtus d'habits de chantiers très sales, ils ont les traits tirés par la fatigue et ne sont pas du tout souriants ni accueillants ; certains me jettent un coup d'œil rapide, mais la plupart semblent totalement indifférents à ma présence. Ils passent à côté de moi sans me voir et je me sens totalement transparente et inexistante contrairement à mon malaise intérieur qui lui, redouble de vivacité.

Je souris à tous, je les gratifie d'un hochement de tête, d'un sourire, afin de montrer l'image d'une personne sympathique et détendue, mais la vérité c'est que je suis complètement stressée. Je glane un retour affectueux à mes efforts de complaisance, mais tous m'ignorent et s'en foutent. Je me perds dans un brouhaha de conversations en anglais, en allemand, en polonais, et heureusement en français ; ça rit, ça parle fort, c'est très dynamique et en contraste total avec mon état d'esprit fermé. Je me fraye un chemin entre les sons et les formes avec le sentiment d'être un cheveu, pour ne pas dire une perruque, dans la soupe. Je regrette mon audace, mon intrépidité et mon engouement aveugle qui m'ont amenée ici. Décidément je fais toujours les mauvais choix. Demain je rentre chez moi. Tant pis. J'entends déjà résonner les paroles de mon père comme autant de petites vérités acerbes qui piquent mon cœur à l'unisson de ses battements :

« Tu agis toujours impulsivement sans jamais réfléchir ; tu entreprends ce qui ne te correspond pas et donc, par la force des évidences, tu échoues et tu abandonnes aussitôt. »

Je ne veux pas qu'il ait raison. Je ne dois pas abandonner déjà. Pourtant je crève d'envie de repartir.

« Mais qu'est-ce que je fais là, seule, au milieu de tous ces inconnus, sans personne pour m'aider ? »

Je suis dépossédée de tout repère, je ne connais rien au bouddhisme et je ne peux même pas compenser par le bénévolat ; la peur de ce qui m'attend sur les chantiers m'a ôté tout crédit et toute ardeur. Je me sais incompétente et inexpérimentée, alors comment faire mes preuves et m'intégrer ? je m'en veux d'être si stupide.

Je suis Tom comme un toutou, la queue entre les jambes, les yeux hagards et méfiants, happant tout ce que je perçois comme autant de questionnements et de jugements anxiogènes. Tom me conduit dans les combles de la ferme, au dernier étage, où plusieurs chambres se succèdent sous les toits boisés. Il frappe à une porte, l'ouvre et me présente alors mon nouveau chez-moi, un grand dortoir qui sert de point de chute aux nouveaux venus. J'ai un mouvement de recul et d'effroi. Je ne vais tout de même pas dormir ici ? Tout semble aller de mal en pis et je ne me sens vraiment pas bien.

Ma décision est prise, je ne veux plus être ici. Mon orgueil s'est délité avec mes illusions et n'a plus aucun crédit. Je veux repartir le plus tôt possible et je commence à fomenter un plan d'excuses pour me sortir de ce piège dans lequel je me suis mise toute seule. Je regarde autour de moi et c'est l'horreur : la pièce est glaciale et tout est sans-dessus dessous. Il y a des tas de fringues sales, des chaussures sales, de la vaisselle sale, un par terre sale et tout un bazar inextricable jonche le sol qu'on ne voit plus tant il est enseveli. Moi qui suis assez ordonnée, comment m'installer dans ce débarras si négligé. Il n'y a aucun espace sans encombrants et aucune place pour moi, ce qui confirme tout simplement mes idées : je n'ai pas ma place, ni ici, ni ailleurs, ni nulle part.

J'ai l'estomac serré ; je suis mal d'être là, je suis mal d'être moi, mais, je dois patienter ; il est tard, la route a été longue, je dois au moins tenir une nuit ; je n'ai pas le choix que de faire bonne figure, de sourire de gratitude pour l'hospitalité qu'on m'offre, de m'accrocher et de rester quelques heures. Et heureusement que je reste…

Tandis que je me perds en divagation déprimante, observant avec effroi ce fabuleux désordre autour et en moi, mon attention est attirée par un léger déplacement au sol. Au milieu de ce bazar phénoménal, sur un matelas posé à même le vieux plancher, je découvre la forme d'un corps. Ce corps, je ne sais pas encore qu'il abrite un cœur immense qui va bouleverser ma vie, m'accompagner nuit et jour 24 heures sur 24 durant plusieurs années de vie monastique et remplir mon cœur de fou rire, de bonheur, de réconfort, d'intense connivence et de présence salvatrice. Je ne sais pas que je suis sur le point de faire une des plus belles rencontres de mon existence.

6. UN ANGE PASSE… ET RESTE

Toujours en état de sidération, j'observe le mouvement des draps sous lesquels s'échappe un léger ronflement. Jusqu'ici, j'étais tellement happée par mes émotions que je n'avais rien perçu. Le corps semble être celui d'une femme parce que je distingue de longs cheveux acajou qui dépassent des couvertures. Il est enveloppé, protégé du monde par des tissus lourds de rêves ouatés qui l'emmènent loin d'ici. Je l'envie. Je voudrais moi aussi être loin d'ici, me cacher et ne plus être exposée à cet univers si éloigné du mien. Et puis je suis tellement frigorifiée que j'aimerais aussi me blottir sous ces épais duvets et me servir de leurs plumes pour m'envoler autre part. Mon corps grelotte sous l'austérité du froid. Il n'y a nulle source de chaleur dans l'enceinte de l'ermitage pour nous en protéger. La rigueur hivernale s'insinue partout et sous les combles, au deuxième étage, l'isolation de fortune ne nous protège en rien des températures très basses et de ses courants d'air glacés. Je comprends pourquoi les personnes que j'ai croisées jusqu'ici ressemblaient à des sumos ensevelis sous plusieurs couches de vêtements trop amples. Encore une fois, je me demande ce que je fais là, complètement transie, devant cette inconnue qui dort en pleine journée.

Tom l'appelle trois ou quatre fois avec son accent de l'Est si charmant. Je suis embarrassée que ma présence la contraigne à émerger d'un sommeil qui semble si agréable et je demande à Tom de ne pas insister davantage. Mais elle se réveille, passe le bout de son nez rose au-dessus de ses couvertures et me regarde avec ses jolis yeux vert noisette. Je la regarde aussi, mais j'ai le visage fermé, méfiant, fatigué par cette journée remplie de déconvenues. Elle me sourit. Un sourire lumineux que j'attends depuis des heures, un sourire accueillant, un sourire gentil, un sourire tellement rassurant pour moi que j'en oublie mes résistances. Instantanément, elle entreprend la conversation :

« Salut je suis Maïa.

– Christelle.

– Mais entre, entre, pose tes affaires. Pardon, désolée, c'est le bazar. Je vais te faire de la place. Je suis très bordélique. Oh c'est trop cool que tu viennes au dortoir. Tu n'as que ça ?

– Non ma valise est dans ma voiture.

– OK je mets mon manteau et je viens t'aider à la monter. Oh c'est trop génial, c'est trop bien, je suis trop contente, vraiment c'est trop bien, trop heureuse d'avoir enfin de la compagnie au dortoir », répète-elle.

Je n'ai jamais été aussi bien accueillie de toute ma vie. C'est tellement surprenant cette spontanéité chaleureuse simple et sincère qu'immédiatement je sens mes muscles engourdis se décrisper un à un.

« Tu restes longtemps ?

– Non, une semaine.

– Ah non c'est trop court, faut que tu restes plus, tu vas voir, c'est génial ici.

– Génial ici ? Tu es sûre de toi ? »

La jolie petite bouille de Maïa, sa fraîcheur, sa bonté animée, me séduisent instantanément et je me sens tout de suite à l'aise. Elle me retire en quelques secondes un poids pesant que j'avais sur le cœur et je sens à nouveau dans ses battements circuler une énergie remplie d'espoir et d'envies. Alors en confiance totale, et poussée par un grand besoin de parler, je lui fais immédiatement part de mes profondes angoisses et de mon isolement total face cet univers inconnu que je découvre, face à tous ces étrangers dans ce centre si éloigné de l'image que je m'en étais faite à travers le prisme de mes livres et de mes rêves.

« Merci beaucoup de m'accueillir comme cela Maïa car je suis totalement perdue ; en vérité, j'ai très envie de repartir. Je ne connais personne ici et je ne connais rien au bouddhisme tibétain. C'est la première fois aujourd'hui que je rencontrais un lama. Il m'a parlé de beaucoup de choses et je n'ai rien compris. Je n'aurais pas dû venir.

– Ne t'inquiète pas, je vais t'aider. Je répondrai à tes questions.

– Tu restes longtemps ?

– Je ne sais pas. J'espère toujours. »

J'étais choquée par sa réponse.

« Toujours ? Mais tu es très jeune !

– J'ai eu 18 ans le mois dernier ; nous sommes tous bouddhistes dans la famille. Grâce à moi d'ailleurs. Le *dharma*, je suis tombée dedans quand j'étais petite.

– Grâce à toi ? Pourquoi ?
– Ben, c'est un peu particulier, mais si tu veux, je te raconterai. On va d'abord t'installer. »

Nous descendons jusqu'à la voiture chercher mon sac et mon duvet. Maïa en profite pour me présenter à quelques personnes que nous croisons sur notre chemin, ce qui me permet de tisser quelques fils transparents avec ces individus au quotidien si éloigné du mien. Échanger un prénom, un sourire, une question, trace l'exorde de potentiels liens à venir, édulcorant mes appréhensions justifiées. Elle me fait également visiter la ferme et m'aide à me familiariser avec les murs de cette spacieuse bâtisse assez vétuste et défraîchie.

Le rez-de-chaussée est divisé en deux parties composées de la cuisine et du réfectoire.

Au premier et deuxième étage, une dizaine de chambres de tailles différentes, se succèdent et hébergent deux ou trois habitants du centre qui partagent les salles de bains attenantes.

La ferme est le lieu le plus fréquenté du monastère. Nous y prenons les trois repas journaliers et nous nous y retrouvons aussi le temps d'une pause pour partager, discuter et rire. C'est un lieu de passage très vivant, plutôt bruyant et surtout joyeux.

Après la visite de la ferme, nous faisons le tour du centre jusqu'au *stūpa*, monument symbolique dont je découvre l'existence. Le *stūpa* est une sorte de petit temple clos, renfermant des objets sacrés, et destiné à réaliser les souhaits de tous les êtres dans le monde. Il suffit pour cela de tourner autour en priant silencieusement.

Je fais mes premiers souhaits autour du *stūpa* sans grande conviction. Tout est nouveau et me paraît un peu saugrenu. Cependant il est très lénifiant de marcher en priant. Chaque pas semble ancrer mes prières et leur confère corps, présence et force. Le fait d'être en extérieur, relié à la terre ferme et au ciel infini, permet ce lien de confidence avec l'univers tout entier. L'emplacement est magnifique, en recul de la ferme, dissimulé au cœur d'une couronne de pins, de plantes et de fleurs recouvertes de glace. L'édifice en lui-même et ses formes insolites, jusqu'ici inconnues, m'apparaissent curieusement familiers comme un vague souvenir lointain. Je me laisse aller à une paix intérieure qui s'impose à moi et je me sens bien.

Je suis les instructions de Maïa en actant mes premières circumambulations et implore les bouddhas d'exaucer mes prières. En effet, bien que la présence de ma nouvelle amie se fasse si rassurante, mon esprit reste inquiet et mon corps transit me fait souffrir. J'ai si froid que cet inconfort parasite toute appréciation du moment. Je ne savais pas que les températures étaient si basses dans la région et les habits que j'ai amenés sont bien trop légers pour supporter la contusion hivernale. La nécessité urgente d'une solution s'impose comme une priorité absolue.

« Bouddhas, on ne se connaît pas, mais j'ai besoin de vous. S'il vous plaît, faites que ça se passe bien ici. Faites que je sois acceptée et surtout que je trouve enfin ma voie. Que toutes ces années de recherches aboutissent à quelque chose. Je vous en supplie, aidez-moi à me sentir bien ici. Et puis aussi, pouvez-vous aussi me donner une solution contre le froid car je suis totalement frigorifiée ; merci. »

À ma grande surprise, tous mes premiers vœux devant ce symbole se réalisent. Et plus rapidement que je n'aurai cru, puisqu'après quelques tours de manège enchanté, Maïa y met un terme en me proposant de passer à la salle des donations pour me trouver des habits et un manteau plus chaud ; je ne lui avais pourtant pas fait part de mes soucis. Je trouve la coïncidence fabuleuse. A-t-on entendu instantanément mes prières ? J'acquiesce avec grande joie et suis mon guide qui continue sa visite animée en me présentant chaque bâtisse et ses fonctions. Nous arrivons dans une pièce exiguë, remplie de nombreux cartons et des grandes poches poubelles dans lesquels sont entassés des vêtements offerts à la communauté. J'ai l'impression de me retrouver dans la caverne d'Ali baba. Nous restons une bonne heure à fouiller et à chercher notre bonheur et c'est dans cette petite boutique de fortune que nous avons notre premier fou rire, le premier d'une longue chaîne sans fin.

Maïa trouve un bonnet péruvien rose et vert fluo qui s'étire en une longue pointe finalisée par un énorme pompon bleu vif. Bonnet qui nous fait tellement rire qu'elle le gardera pendant plusieurs hivers échus au monastère. Trop grand pour sa petite frimousse, il lui tombe sur les yeux si bien qu'elle penche toujours la tête en arrière pour y voir quelque chose, mais au moins il est chaud et visible. On ne peut pas la perdre. Nous essayons tout et n'importe quoi et c'est pour la plupart des habits désuets très moches, mais nous nous en moquons puisqu'ils ont le mérite d'être chauds. Nous sommes absolument démodées, ringardes et surtout énormes. Deux clochardes obèses et multicolores. Je repars avec une doudoune, un ciré, un bonnet, des gants, un pantalon doublé, plusieurs pulls, des bottes fourrées, des polaires, des couvertures et Maïa en a tout autant. Je n'ai plus froid du tout et ce premier fou rire partagé avec Maïa est un précieux cadeau qui nous rapproche spontanément. Le rire est la plus belle et magique des communications. En un instant, il fait imploser toutes mes appréhensions, mes incertitudes et mon mal-être. La confiance naît avec la magie du lieu et la présence apaisante et joyeuse de ma nouvelle amie. Je ne me sens plus du tout seule. Je suis même déjà un peu heureuse…

J'aime déjà profondément Maïa. C'est un véritable coup de foudre amical. Cela ne m'était jamais arrivé de ressentir aussi rapidement, une si vaste affection pour quelqu'un. Mais il est si facile de l'aimer parce qu'elle est juste extraordinaire Elle déborde de gentillesse, de gaîté, de spontanéité bienveillante. C'est une personne vraiment singulière, un petit soleil de bonté et de joie. J'adore sa façon de penser, de parler, de se mouvoir et de rire surtout. Non seulement elle est ravissante avec sa peau diaphane, ses yeux pétillants, ses longs cheveux cuivrés, son petit corps très fin, mais en plus, elle a un charisme et un charme irrésistible. C'est un spectacle de la regarder converser, rire, bouger, vivre. Elle accompagne toujours son langage par de nombreuses animations avec son visage, avec sa bouche pulpeuse qu'elle tord, ses sourcils qu'elle remonte, et ses mains qui dansent à chaque mot, tel un chef d'orchestre passionné. Elle est inlassablement heureuse, optimiste et divertissante. Je mesure déjà ma chance d'être tombée sur cette boule d'amour. Merci les bouddhas.

Après avoir fait le tour du monastère, nous remontons dans le dortoir pour tenter de m'installer, ce qui est une épreuve. Maïa est la personne la plus bordélique que j'ai jamais rencontrée. On ne voit ni le sol, ni les étagères, ni le lit, tous immergés sous un mélange de vêtements propres et sales, d'objets divers, de chaussures, de serviettes et même d'assiettes souillées par de la nourriture avariée. Il y en a partout. Aussi, pour me faire de la place, Maïa range à sa façon, ce qui lui prend 10 secondes : elle pousse toutes ses affaires avec ses pieds et fait un gros tas imposant sur la moitié du dortoir ; puis elle m'invite à m'installer sur l'autre partie. Avec le temps, Maïa ne pouvant s'empêcher de se détendre en s'étendant, nous finirons par partager la pièce avec un fil imaginaire qui nous suivra dans toutes nos colocations futures. Dans notre chambre, tel le symbole du yin et du yang, il y aura toujours un côté blanc, aseptisé, où rien ne traîne et un autre côté aussi noir qu'un champ de guerre.

Une fois disposée dans mon nouveau chez moi, je demande à Maïa de me raconter son histoire. C'est la première fois qu'elle évoque le sujet me dit-elle et non sans émotion. Pourquoi elle se confie à moi, je l'ignore. Peut-être parce que je lui ai posé la question ou peut-être parce que c'est « nous ».

Lorsque Maïa était enfant, chaque nuit, elle voyait apparaître des spectres autour de son lit. Elle n'avait pas la sensation qu'ils lui voulaient du mal, mais elle n'en était pas moins terrifiée par leur visage déformé, leurs expressions repoussantes et leurs cris de supplice. Ce n'était pas sans conséquence sur son quotidien car elle était constamment épuisée et s'endormait pendant à l'école. Ses résultats scolaires étaient mauvais, et se sentant anormale et différente, elle n'avait presque pas d'amis.

Pendant des années, ses parents l'ont emmenée voir des médecins, des psychiatres et psychologues, des hypnotiseurs, des guérisseurs, de tout et n'importe quoi. Et malgré les rendez-vous qui s'égrenaient et les remèdes saugrenus hasardés, rien n'y faisait. Maïa continuait à percevoir ces êtres malheureux chevillés à son esprit. S'éprouvant incurable, elle s'était alors totalement isolée et refermée sur elle.

Elle avait environ 11 ans lorsque ses parents rencontrèrent un médecin généraliste qui pratiquait le bouddhisme tibétain. Il leur parla du cycle de la mort et de la renaissance et de certains êtres défunts qui, torturés par trop de souffrance, ne pouvaient pas se réincarner. Il leur expliqua que Maïa avait certainement une conscience plus éclairée que le commun des mortels, un don qui lui permettait de discerner cet autre monde omniprésent que personne ne voit. Pour lui c'était une grande qualité et non un problème.

Pour la première fois depuis des années, Maïa n'était plus présentée comme une petite fille folle et malade. Elle n'avait aucune pathologie. Bien au contraire, elle avait une grande qualité de l'esprit, une clairvoyance précieuse. Il leur présenta succinctement le bouddhisme tibétain et leur parla de Tara, une divinité réalisée, qui protège de la peur et de toutes formes d'obstacles extérieurs et intérieurs. Grâce à la récitation de son mantra, *Om taré Tutaré Touré Soha*, il était possible d'invoquer sa présence et son aide.

À son évocation, Maïa se sentit profondément soulagée, inspirée et en confiance. Ce mantra lui apparaissait comme une évidence. Le soir même, sans le moindre doute, elle s'imprégna de cette liturgie et la chanta avec ferveur et grande joie. Curieusement elle avait le sentiment que ce n'était pas la première fois que ces sons la pénétraient. Elle connaissait ce mantra. Dès les premières répétitions des syllabes, les êtres disparurent miraculeusement à jamais. Cela a complètement transformé Maïa et elle est devenue cette autre personne solaire, sociable, ouverte. Le papillon venait enfin d'être délivré de sa chrysalide. Ses parents, fascinés et intrigués, ont alors visité un centre bouddhiste et ont écouté des enseignements. Séduite par les méthodes proposées et convaincue de leur authenticité, toute la famille est alors devenue bouddhiste pratiquante.

J'écoute l'histoire de Maïa sans poser de question. Je suis fascinée par son chemin si différent du mien. Des sceptiques prétendront que ce miracle a été impulsé par le désespoir d'une petite fille accablée, qui se serait autopersuadée de sa guérison. Possible, mais dans ce cas-là, pourquoi les autres méthodes essayées n'ont-elles pas fonctionné ?

Maïa et moi continuons à parler encore et encore. Mon flot d'interrogations est intarissable et Maïa est un puits de connaissances et d'anecdotes auquel je m'abreuve. Ses confidences, les miennes ainsi que notre premier et mémorable fou rire, ont déjà fait exploser le rempart de nos statuts d'étrangères et nous partageons le même sentiment de nous connaître depuis toujours. Je n'ai jamais éprouvé une affection aussi fulgurante et puissante pour une personne. C'est une évidence à laquelle nous ne pouvons échapper. J'ai l'impression de la retrouver alors que jamais nous ne nous sommes croisées. Sans le savoir ce soir-là, nous sommes en train de sceller le sceau d'une amitié indestructible. Trente années plus tard, nous serons encore indéfectiblement des amies et des sœurs. C'est une des personnes que j'aime le plus au monde de par notre complicité si facile, notre connivence si manifeste au-delà des mots, et cet amour sans jugement, inconditionnel et bienveillant qui nous unit. J'ai tant de chance d'avoir rencontré Maïa. J'étais si perdue lorsque je suis arrivée sur le centre. Sans elle je serais repartie et n'aurais jamais foulé cette voie. Maïa a changé mon existence.

Encore une fois, je prends conscience du miracle de la vie : nous donner toujours ce qu'il nous faut lorsque nous sommes disposés à l'accueillir. Maïa est mon miracle. Mais la vie est un miracle de chaque instant. Et pour ne pas passer à côté, il suffit de regarder, sentir, être, de nous ouvrir à cette magie, parce que, à chaque instant, elle est là, dans chaque manifestation, dans chaque rencontre et dans chaque chose. Dans tout ce qui est autour de nous et en nous.

7. PREMIERS PAS SAGES

Dès ce premier soir, j'apprends tout ce qu'il est essentiel de connaître à propos de la doctrine du *dharma* avec une présentation sommaire de ses textes, de ses rituels et de ses pratiques. C'est passionnant et je suis passionnée, consentante à tout ce que mon amie m'enseigne. Ce qui est étonnant, c'est que j'ai le sentiment de déjà savoir, de connaître le *dharma* et Maïa ne fait qu'arroser et faire éclore la fleur de ce trésor enfermé dans les profondeurs de mon inconscient.

Ce premier soir, je fais également mon premier repas à la ferme. Le dîner est à 19 h 15 précisément. Les horaires au monastère sont stricts et immuables. Au cours de ce premier dîner, je rencontre les bénévoles ou *stapra* qui vivent sur le centre. Il ne m'est pas facile de débarquer dans ce joyeux bordel d'une cinquantaine d'individus, majoritairement des hommes habitant le monastère depuis bien longtemps. Ils se connaissent tous, se lient avec complicité et forment un bloc relationnel qui semble m'exclure, mettant en exergue l'intruse que je me sens personnifier. Heureusement, et encore une fois, la présence de Maïa me rassure énormément. Je tente de me faire toute petite, mais c'est plutôt un échec du haut de mon 1,72 m, dépassant aisément d'une tête, mon guide de cœur à qui je m'accroche comme un petit toutou aux jambes de son maître.

Maïa me présente le généreux buffet qui doit nourrir tous ces travailleurs affamés par des travaux difficiles et elle m'explique la logistique collective : nous mangeons toujours à heure fixe. Nous ne faisons ni la cuisine, ni la vaisselle à moins de faire partie de l'équipe affilée à cette fonction. Si nous ratons l'heure du repas, nous devons nous contenter du pain qui traîne toujours sur les tables de la ferme. Il n'y a pas de second service, et il n'y a jamais de reste. Donc à nous d'être à l'heure. Les repas pleins de couleurs et d'odeurs appétissantes sont végétariens.

Les habitants m'accueillent plutôt bien, sans ostentation ni placidité. Certains se déplacent pour se présenter, d'autres non, me saluant de loin d'un regard où d'un geste. Il y en a qui me semblent déjà très aimables, d'autres plus distants. Des jeunes, des vieux, des Français, des étrangers, de tout pour faire notre petit monde. Nous sommes très nombreux et les résidents, habitués à voir des gens de passage, ne font pas vraiment attention à moi et c'est tant mieux.

Ce soir-là, je croise de nombreuses personnes avec qui j'établirai un lien très fort, avec qui je vais vivre, rire, m'engueuler, me confier, et surtout recevoir des transmissions spirituelles présentes encore aujourd'hui et éternellement ancrées dans les profondeurs de nos esprits, tel un chapelet de graines d'éveil qui nous unit pour toujours de part et à travers le monde et le temps. Une rencontre plus particulière marquera cette soirée, mais aussi ma vie, la protégera et sauvera ma foi lorsque cette dernière sera éprouvée.

Au fond de la salle, un peu en retrait des autres, il y a une fille sublime, avec des cheveux bruns très courts qui lui donnent un petit air de garçon manqué un peu sauvage à l'image de l'attitude qu'elle dégage : farouche et insaisissable. Ses yeux sont exceptionnellement magnifiques, d'un bleu acier étincelant dans les mêmes teintes que ceux de Gorki, son husky agenouillé à ses côtés qui la fixe avec le regard désespéré d'un indigent affamé. Tous deux semblent unis par un lien invisible, donnant le sentiment d'être un, de par cette similitude dans le regard, cette pondération silencieuse qui donne matière au mystère de leurs pensées et au charisme de leur présence discrète. C'est « la fille au chien ». Je la trouve aussi belle qu'énigmatique. Je l'ai croisée lorsque nous faisions la queue au self et j'ai été percutée par son regard que j'ai ressenti comme redoutablement froid, mais d'une puissante intensité. Elle m'a transpercée en me plantant sa profondeur azurée dans mes yeux curieux et sans un mot elle m'a observée durant quelques secondes. Des secondes qui m'ont semblé très longues. J'avais l'impression qu'elle me déshabillait l'âme. Cela m'a mise mal à l'aise d'être fixée de la sorte sans aucune expression ni sourire de bienséance. Je la regarde de loin. Je ne sais pas pourquoi, mais elle m'attire.

« Maïa qui est cette fille, seule, au fond ?

– Ah ça c'est Karine. Elle ne se mélange pas beaucoup. Elle étudie tout le temps. Elle s'apprête à prendre les vœux de nonne et se prépare à la retraite de trois ans. Elle a pour projet de rentrer en retraite à vie. Elle est vraiment gentille, tu verras. »

Non je ne verrai rien car Karine restera une énigme durant deux années ; deux années sans échanger une seule conversation et sans partager quoi que ce soit. Malgré tous mes efforts pour l'approcher et briser la glace très épaisse, la fille au chien restera et entretiendra le mystère de son existence dans la mienne jusqu'à… Rendez-vous dans deux ans…

Malgré quelques rencontres qui me laissent perplexe ou curieuse, je suis très bien accueillie et je me sens bien ici. Je n'ai plus ce sentiment d'être une égarée de la vie. Je suis enthousiasme et je décide d'abandonner mon idée de repartir. Je vais attendre un peu avant de me décider.

Toutefois, ce premier repas en communauté me trouble beaucoup. Les *stapra* sont très nombreux et parlent tous en même temps dans différentes langues aux accents raboteux. Immergée dans cet univers mystérieux parmi tous ces visages inconnus, les 1 000 informations nouvelles que je reçois, les modes de fonctionnement de la collectivité auxquels je dois vite m'adapter et tous ces nombreux apprentissages recueillis, me dépossèdent de tout repère rassurant. Je me sens confondue dans ce joyeux désordre qui échappe à toutes mes projections mentales fomentées avant mon arrivée.

Moi qui m'étais imaginée un lieu où le silence règne comme une chape de plomb, je suis très éloignée de la réalité. Je m'étais préparée à un cloître au trop grand silence et aux murmures des prières, seulement mes pressentiments étaient inexacts puisqu'à la ferme, rien ne ressemble au monastère pacifié de mon imaginaire. La quiétude règne seulement lorsque nous nous enfonçons dans nos rêves. Le reste du temps, c'est vivant, bruyant, dynamique et en continuelle impulsion ; mais finalement, cela me correspond tellement mieux. Je retrouverai plus tard, au monastère des femmes, des analogies avec mes projections d'un climat calme et contemplatif.

Encore une fois, il me faut mettre de côté mes représentations et mes présuppositions car elles me desservent et m'égarent. Et puis je m'apercevrais très vite que l'effervescence qui existe dans la ferme est aussi une illusion qui ne reflète en rien la vie au monastère. Elle est un aspect singulier qui permet d'accueillir avec aisance, la constance rigueur du quotidien. Nous empruntons la voie du juste milieu. « Ni trop, ni pas assez. » Certes les repas sont très animés, mais le reste du temps, le cadre est rigoureux et convenu.

Dans le bouddhisme, les règlements permettent d'aider et de protéger l'esprit et non de le soumettre et le rendre malheureux. Lorsque le premier bouddha s'est manifesté, il n'y avait aucune prescription, aucun interdit. Chacun était libre de ses actes, de ses paroles et de ses pensées. Les censures premières ont été édifiées avec l'apparition des conduites déviantes. Tout acte ou comportement qui nuit à soi ou à autrui et qui génère de la douleur, est désapprouvé. Il n'y a pas de bien ni de mal. Il y a ce qui fait souffrir et ce qui crée le bonheur. Ainsi les pratiquants adoptent une éthique spécifique et prennent des vœux pour se préserver de toutes nocivités. Par exemple, à l'époque, l'alcool n'était pas prohibé jusqu'au jour où un des disciples du Bouddha a posé des actes préjudiciables sous l'effet non maîtrisé de l'ivresse. L'alcool a alors été banni.

Les prohibitions, les codes, les différents vœux, ceux de chasteté, ceux de ne pas tuer, de ne pas voler, de ne pas mentir, sont des appuis indispensables pour mettre un terme à la souffrance ; ils sont des non-choix qui nous affranchissent des erreurs et tentations potentielles. Ils nous protègent, mais ne sont aucunement des entraves à la liberté. Bien au contraire, ne pas avoir le choix rend libre. Cela délivre l'esprit des questions et des hésitations et des affluents de pensées aliénantes.

Maïa m'explique que ce brouhaha au moment des repas n'est pas représentatif du quotidien, mais juste un moment joyeux qui permet le lâcher-prise. Le reste du temps, tout est ordonné, réglementé, cadencé en mesures protectrices nécessaires sur la voie que nous avons choisie. Le cadre est simple, fixe et bienséant. Nous habitons tous la ferme ou bien les monastères des hommes et des femmes. Nous sommes deux par chambre, dans deux lits différents même si les chambres ne sont jamais mixtes. Les femmes dorment avec les femmes, les hommes avec les hommes, les moines avec les moines et les laïques, c'est-à-dire sans vœux de chasteté, avec les laïques. La logistique encadrée par des horaires des chantiers, des repas, des *poudja*, est définie et invariable. Elle est à respecter et respectée.

Le matin, nous nous levons entre 5 et 6 heures pour faire nos pratiques spirituelles. À cette heure, beaucoup font des prosternations ou bien le rituel de Tara verte ; ce sont les pratiques simples et élémentaires du *dharma*. Nous prenons le petit déjeuner à 7 h 30. Nos heures de chantier s'étendent de 8 h 30 à 12 h 30 et de 14 heures à 17 h 30 du lundi au vendredi. Chaque jour, à 18 heures, commence le rituel de Mahakala, une divinité courroucée, protectrice du *dharma* et de ses pratiquants. La *poudja* se termine vers 19 h 15. À 20 heures débute une autre *poudja*, celle de *tchenrezi*, le bouddha de la compassion. Nous faisons ces deux *poudja*, sept jours sur sept, sans jamais une seule exception, quelles que soient les circonstances. Entre ces deux rituels, nous dînons.

Après le repas, il n'y a presque plus personne à la ferme. La plupart des *stapra* vont faire *tchenrezi*. Les autres sont dans leur chambre à étudier. Nous nous couchons tôt, vers 22 heures, mais il y en a toujours une ou deux personnes qui traînent dans la ferme, pour discuter et rire. La plupart ce sont des Français, les moins disciplinés ; les Allemands, eux, sont bien plus rigoureux et à cette heure-ci, ils pratiquent dans leur chambre les rituels du coucher.

En dehors des heures de travail inévitables, il n'y a aucune obligation d'aller aux rituels ni aux enseignements, et il n'y a aucun couvre-feu ou directives particulières. Chacun gère son temps libre et choisit ses activités. Cependant naturellement tous les habitants vont aux *poudja*, aux enseignements et à toutes les manifestations du *dharma*. Nous sommes là pour ça : étudier et pratiquer. Ceux qui n'y vont pas, certains visiteurs de passage, tiennent très peu de temps sur le centre car il n'y a aucune raison de travailler bénévolement sans l'aspect spirituel qui en porte le sens. La pratique sacralise nos affairements. Sans elle, comment trouver la motivation de couler du béton toute la journée par - 10 °C ? Les rituels, les études, la méditation sont l'engrais, l'eau et le soleil qui bénissent les semences de nos actes et de nos pensées afin qu'elles deviennent des arbres d'éveil.

Le week-end, nous ne travaillons pas cependant, l'activité ne s'arrête pas pour autant. Chaque dimanche matin, à 10 heures, nous faisons, en groupe, la *poudja* de Tara, une des divinités les plus connues et pratiquée dans le bouddhisme tibétain. C'est Tara qui a protégé Maïa de ses souffrances et l'a conduite au bouddhisme. Quant au dimanche après-midi, nous recevons des enseignements de plusieurs heures qui abordent et développent les thèmes divers comme les six *paramita*, ou « perfections » que sont : la générosité, la discipline, la patience, la diligence, la méditation, la sagesse, l'amour et la compassion.

Nos semaines sont donc très chargées. Notre seule et unique journée libre est le samedi durant laquelle il y a seulement les deux *poudja* quotidiennes du soir, mais il n'y a ni enseignements ni travail. Ce jour-là, chacun vaque à ses occupations. Certains continuent à étudier, méditer, d'autres font du ménage, du rangement et d'autres partent en balade, faire des courses et autre. C'est ce que nous ferons avec Maïa : sortir du monastère, prendre l'air.

Après ce repas, je discute presque toute la nuit avec Maïa. Tel un alchimiste bienveillant, Maïa transforme mes peurs et mes questionnements en soif d'apprentissage et en désir intense d'investissements. Tout ce qu'elle m'explique, j'y consens aveuglément et souhaite l'expérimenter. Pas un seul doute, pas une seule réticence, je veux, je suis sûre, j'aime le *dharma*. Malgré aucune expérience ni connaissance préalable, je suis captivée par la pratique, par les *poudja*, par les vœux de refuge, par la retraite de trois ans, par les vœux de nonne, etc. C'est indubitablement cela que je veux faire. Je le sens de tout mon cœur qui vibre à chaque parole de mon amie. Je suis dans une euphorie qui m'aveugle. En réalité, je me fais beaucoup d'illusions… J'apprendrais avec l'expérience et les années, qu'une vie de renoncement au monde n'est ni facile ni euphorisante. Quoi qu'il en soit, je n'en suis pas encore au désenchantement égotique. Ce soir, c'est la lune de miel de mon mariage avec la voie spirituelle. Et comme dans tout mariage, il y aura des hauts et « débats »… Tout reste encore à faire. Ou plutôt à défaire…

8.
QUELQUES BASES DU BOUDDHISME

Je suis très fortunée d'arriver à la meilleure époque qu'il soit pour vivre au monastère. En effet, tout est encore en construction, et, hormis les centres de retraite inconditionnellement fermés et protégés, les deux monastères sont ouverts et nous pouvons circuler librement en leur sein. Dans le futur, les portes seront closes et nous ne pourrons plus pénétrer ces lieux sacrés sans être au préalable ordonnés moine ou nonne. J'ai donc la chance extraordinaire de vivre au cœur de la scène spirituelle, entourée de ses acteurs de lumière.

Le futur grand temple, ce joyau extraordinaire d'une beauté inégalable, n'est pour l'instant qu'un immense carré limité par des tranchées. Il n'est qu'à l'état de projet. Je ferai partie, non sans fierté, de l'équipe qui coulera sa chape de béton, socle de cet édifice à venir si précieux.

Quant aux deux monastères, en dehors de quelques finitions, celui des hommes est terminé.

Celui des femmes, deux kilomètres plus bas dans la vallée, est en cours de construction. Chaque jour, des équipes travaillent sur de multiples chantiers qui vont s'étendre sur plusieurs années. Les nonnes et les lama femmes ainsi que les stagiaires pratiquantes, vivent dans les parties communes dont les travaux sont approximativement achevés. Le crépi extérieur ainsi que quelques peintures sont à terminer, mais dans l'ensemble, ce sont des lieux habitables et confortables.

Seulement cinq ou six filles vivent à la ferme ou dans le monastère des hommes. Maïa et moi avons la chance de faire partie de ce petit groupe. Je dis « chance » parce que nous considérons que c'est un privilège. En effet, l'énergie masculine qui règne dans cet endroit nous correspond pleinement. Il y a du bruit, du mouvement, des rires, des petites engueulades. C'est animé et cela nous ressemble.

Au monastère des femmes, ce petit village merveilleux dissimulé en contrebas, dans le vallon boisé, tout est beaucoup plus paisible et pondéré. Les peu de fois où j'irai déjeuner, j'y puiserai inspiration autant qu'oppression. Les nonnes sont plongées dans une quiétude gracieuse, une présence à la fois épaisse et légère à l'instant. J'apprécierai d'y aller promptement, mais je ne suis pas encore préparée à vivre dans ce climat.

Au monastère des hommes, nous sommes environ une cinquantaine de pratiquants et travailleurs bénévoles. Nous sommes une mixité de moines et de laïques et en fonction de notre statut, nous nous répartissons les chambres de la ferme et du monastère. Les chambres du monastère sont occupées en priorité par les lama, puis les moines et enfin quelques stagiaires pratiquants engagés pour une longue durée. La plupart des laïques vivent depuis des mois, voire des années sur le centre. Ils ont la perspective de prendre des vœux monastiques et d'être ordonnés à vie. Quasiment tous envisagent de faire la retraite de trois ans, trois mois, trois jours et ils s'y préparent assidûment.

À l'instant où j'entends parler de cette retraite, j'éprouve une fascination profonde pour ce choix de vie. Cette retraite est une tradition dans le bouddhisme tibétain depuis des millénaires. Elle consiste à prendre les vœux de base, ne pas tuer, ne pas voler, ne pas mentir, ne pas consommer de stupéfiant, être chaste et à s'enfermer durant toute cette période, coupé du monde, avec une quinzaine de personnes du même sexe. Pendant ces trois années, il n'y a aucune communication externe ou activité autre que pratiquer le *dharma*. Nous nous consacrons exclusivement à la méditation sept jours sur sept, à raison de 14 heures au minimum de pratique par jour. Cela me captive et me ravit. Je souhaite déjà secrètement avoir la capacité de faire ce choix de vie si noble.

Durant ma première nuit d'échanges avec ma nouvelle amie, j'apprends énormément sur le fonctionnement du centre, mais aussi sur la pratique du *dharma*. Mais je prends surtout conscience de l'étendue de mon ignorance à propos de cette philosophie religieuse ou de cette religion philosophique et ses rituels émissaires. Car l'enseignement du *dharma* est très étendu et ses rituels sont tout aussi nombreux que complexes. Maïa fait de son mieux pour m'expliquer, mais il y a tant à apprendre qu'il est vertigineux de recevoir autant d'informations.

Le deuxième soir de mon arrivée, je découvre ce qu'est une *poudja*, un des moyens habiles* principaux qui permet à l'esprit de s'éveiller pour le bienfait des êtres et de soi-même.

Alors que nous nous promenons avec Maïa, j'entends, s'échappant du petit temple, des sons assez puissants à la cadence soutenue, combinés à des chants et des répétitions rapides de syllabes. C'est une *poudja* et plus précisément la *poudja* de Mahakala, une divinité courroucée protectrice. Invitée par mon amie, nous décidons d'y participer. Nous rentrons aussi discrètement que possible et nous nous asseyons au fond du temple. J'observe, ébahie, enthousiasmée et emportée par ce qui m'entoure. Le tambour et les cymbales claquent fortement dans l'espace, donnant l'impression d'une continuité de vibrations jusqu'à l'infini. Ils sont parfois interrompus par les *radong**, sorte de très longues trompettes d'environ deux mètres qui transportent des sons graves pareils à des grognements orageux. Les *gyaling*, de grandes flûtes de presque un mètre, fendent l'air de tonalités très aiguës. L'énergie qui se dégage de ce rituel collectif est très intense et je reste stupéfaite face à cette puissance éblouissante. Elle me pénètre, m'envahit et pendant quelques secondes je reste figée.

Les *poudja* sont des rituels de pratique qui durent, pour la plupart, une grosse heure, mais qui peuvent s'étaler, pour certaines, sur plusieurs heures, voire plusieurs jours, selon les événements du calendrier et la nature de la pratique. La *poudja* consiste à réciter des textes tibétains, des prières et des mantras tout en les associant à des visualisations. Ces visualisations exposent la réalité telle qu'elle est vraiment, affranchie des filtres de l'ignorance liée à la dualité et à la saisie de l'ego. Ces rituels ont pour dessein de clarifier l'esprit et de l'ouvrir à sa dimension profonde et infinie. Ils apportent qualités, bonheur et sagesse à l'esprit du pratiquant et diffusent, de par notre interdépendance originelle, leurs bienfaits à l'univers entier. En purifiant notre propre esprit, nous purifiant tout ce qui est.

La *poudja* est le reflet de la réalité. Elle place le pratiquant directement dans la vérité de ce qu'il est, de ce qui est et de ce qui existe ; elle le lie à sa nature profonde d'éveil ici et maintenant. Par ce processus, elle purifie l'illusion qui conduit ses perceptions, ses croyances et sa façon de vivre au quotidien. Elle ôte ses voiles d'ignorance qui le coupe constamment de sa nature.

Pratiquer, signifie s'entraîner à la réalité. D'ailleurs, « méditer » en tibétain se traduit par « entraînement ». Tous les êtres possèdent cet esprit de bonheur, d'amour et de sagesse infinie mais, obscurci par les tendances, les émotions, le karma négatif, cet esprit ne se reconnaît pas dans sa propre nature. Toute pratique quelle qu'elle soit, n'a pour dessein unique que de purifier l'esprit de son ignorance afin d'en dévoiler la nature absolue de bouddha, une nature de compassion et de connaissance ultime omniprésente et omnipénétrante.

Maïa me parle également du « refuge » ; je l'écoute avec fascination et instinctivement je suis incitée, invitée, inspirée et aspirée. Le refuge correspond, en quelque sorte, aux premiers vœux bouddhistes. Durant cette cérémonie assez courte conduite par un lama, on s'engage auprès du bouddha et de tous les êtres à prendre « refuge » dans les trois joyaux, c'est-à-dire : le Bouddha ou esprit d'éveil, le *dharma* ou l'enseignement, et la *sangha**, la communauté des moines et nonnes. On se place sous leur protection et on suit le chemin que tous les grands maîtres ont déjà parcouru jusqu'à se libérer du cycle de la souffrance pour ensuite avoir la capacité en retour d'aider les êtres à s'en affranchir.

Le refuge est la pierre angulaire, le socle indispensable pour emprunter la voie de la libération. C'est la première porte à passer pour traverser les autres. Cet engagement nous permet ensuite de recevoir des initiations spirituelles* qui vont nous donner accès aux textes sacrés de certaines pratiques. Dans le bouddhisme tibétain, nous ne pouvons pas pratiquer comme ça, seul, au petit bonheur la chance. Il est nécessaire de recevoir au cours d'une cérémonie, ce qu'on appelle un *loung** et une initiation, correspondants à une pratique particulière. Le *loung* et l'initiation sont les graines sacrées que le lama sème dans notre esprit. Elles grandiront avec la force de notre pratique. On dit que sans initiation, il n'y a pas de graines. Et sans graines, il n'y a pas de fruits. C'est ainsi que l'enseignement se transmet de maîtres à disciples, d'esprit à esprit. On ne peut pas atteindre l'éveil sans maîtres spirituels, sans leurs enseignements vivants, sans les germes qu'ils ensemencent en nous et leur bénédiction qui les sustente.

Le bouddhisme a plus de 2 500 ans de tradition et de respect de cette tradition. G. Rinpoché a tenu à transmettre un enseignement authentique, pur, tel qu'il l'avait reçu de ses maîtres, qui eux-mêmes l'avaient reçu des leurs, pareil à un chapelet de perles d'amour, de sagesse et de confiance qui grandit à travers les âges. Le maître est ce qu'il y a de plus important. Il représente la base, le chemin et le but de tout pratiquant. Il incarne l'activité de compassion de tous les bouddhas réunis. Il personnifie les qualités de notre propre esprit. Il est le miroir de ce que nous sommes. Il nous inspire, nous conduit, nous enseigne et nous aide.

Le maître n'est pas au-dessus de nous comme on pourrait le croire, pareil à un gourou auquel on se soumettrait. Il est pour ainsi dire, un être tout aussi ordinaire que nous le sommes ; cependant il a suivi les instructions du *dharma* et les a mises en pratique durant des vies et des vies jusqu'à se départir de ses tendances karmiques qui entravaient et dissimulaient sa véritable nature. Ses qualités sont les qualités de la dimension infinie de l'esprit.

Nous nous en remettons à lui, nous lui faisons confiance parce qu'il connaît le chemin et ses pièges ; il est totalement affranchi de l'ignorance et de la dualité et personnifie l'état de libération absolu au-delà de toutes souffrances. On ne peut comprendre cela qu'à condition d'avoir rencontré un maître authentique. Leur présence est si vaste, leur amour et leur sagesse si puissants, qu'on ne peut que reconnaître leur aspect extraordinaire ; alors prendre refuge en eux et les suivre avec grande confiance devient un besoin aussi réel et évident aussi que de respirer.

Tous ces points me sont difficiles à expliquer. Je les comprends parce que je recevrai plusieurs dizaines d'initiations spirituelles ; je ressens toutes ces graines merveilleuses qui ont été plantées en moi, et j'ai confiance en la vérité du *dharma*. Cependant, il ne m'est pas aisé de poser des mots et d'en éclaircir le sens, déjà parce que je ne suis pas un maître, en outre parce que c'est inexplicable ; et au-delà de l'entendement et intellection rationnels. Cela ne s'explique pas. Cela s'expérimente, se ressent, s'incarne en nous. C'est vivant et vibrant.

J'ai toujours vécu la spiritualité comme quelque chose qui devance et distance ma raison.

Si j'en étais restée au stade d'un esprit qui veut comprendre, rationaliser et systématiser la foi, je n'aurais jamais pu m'étreindre du sens profond de l'enseignement. La vérité ne se raisonne pas, elle se vit puisqu'elle est l'essence même de la raison elle-même.

La connaissance ne se réduit pas à une expérience scientifique ou une thèse critique. Elle s'éprouve, se ressent, elle nous éclaire et nous imprègne pour ne plus jamais nous quitter.

Expliquer la vérité et la foi, c'est comme décrire les couleurs à un aveugle. Nous pouvons être précis et explicite, cependant il n'en demeurera pas moins dans une interprétation subjective filtrée par son handicap. Il faut avoir des yeux pour comprendre ce qu'une couleur représente. La spiritualité est semblable aux yeux de l'aveugle face aux milles couleurs et nuances de la nature. La vérité ne s'explique pas. Elle s'essaie par des expériences extraordinaires à travers lesquelles notre essence nous est intimement dévoilée dans sa nature infinie. L'aveugle recouvre alors la vue…

Cela revient à ce que j'ai réalisé au cours de ces années de recherche de sens : l'entendement de l'homme l'aide à se poser des questions, à chercher des réponses et parfois à en trouver, mais il reste séparé de la vérité ; elle demeure à l'état d'objet extérieur, de perception mentale et intellectuelle. L'homme est limité par cette condition et, en pensant comprendre, il se heurte à un mur infranchissable et s'aveugle. Parce que comprendre nous éloigne de ce qui est. La vérité ne se comprend pas. Elle s'éprouve dans notre chair et dans notre cœur et nous bouleverse à jamais.

Je me souviens de ce grand scientifique reconnu qui s'amusait à découper des particules infimes de matière afin de saisir l'origine de la vie, la particule première. En allant jusqu'à l'infiniment petit, il espérait trouver des réponses. Il divisait les atomes d'une cellule en deux, en quatre en 1 000, 10 000, 100 000 jusqu'à s'apercevoir que cela ne pouvait jamais s'arrêter, qu'il y avait toujours quelque chose à diviser. Mais surtout, sa grande découverte, c'est qu'en poussant l'expérience au maximum du possible quantique, il n'avait trouvé que du vide ; du vide pour un scientifique c'est effrayant. Le fondement même de la vie ne serait que du vide. Rien, le néant. Ce qui signifie que tout ce qui est, tout ce qu'on vit, ce qu'on est, est vide. Il n'a pas supporté cette vérité, et plutôt que d'aller chercher des réponses au-delà du savoir empirique et scientifique, il a mis fin à ses jours. Histoire tragique.

En réalité, la vacuité de la nature de l'esprit, n'est pas un vide néant, un vide d'existence propre et égotique. La vérité de la vacuité est une réalité d'amour, de compassion et de sagesse créatrice. C'est un vide plein. Si ce scientifique avait eu la chance de rencontrer le bouddhisme et de travailler sur son propre esprit plutôt que d'utiliser uniquement son intellect qui n'est qu'une partie infime de cet esprit, un outil limité et faillible, il aurait découvert au cœur de lui-même, non point le vide froid et mort, mais le vide lumière amour et plénitude et tout son être se serait embrasé de vérité et de certitude heureuse.

C'est en se posant les bonnes questions que nous mesurons l'étroitesse des frontières de notre raison, et avec du discernement et de la fascination pour le vivant et l'être, nous pouvons dépasser ce besoin de comprendre et de tout expliquer, et nous abandonner au non-choix d'emprunter une autre voie. Celle de la foi qui se nourrit, se cultive et s'accroît par une expérience très intime, non transmissible avec des mots puisque tout se passe au cœur du vivant, au cœur de nous-même.

Je suis au monastère pour cette raison : cultiver ma foi. J'ai enfin trouvé le bon endroit, les bonnes méthodes, et j'en suis profondément soulagée et heureuse. Tout mon parcours pédagogique reste à faire. Parcours qui passera par les études et l'apprentissage, mais aussi par des journées de travail difficiles, des liens compliqués, et des émotions troublantes.

La sagesse n'est pas toujours là où nous la cherchons. Mais je suis aidée et guidée par et vers elle.

9.
MON PREMIER TRAVAIL

Malgré la première nuit blanche dispensée à discuter avec Maïa et l'absence de sommeil compensatoire, le lendemain matin, 8 heures, j'embauche sur mon premier chantier en pleine forme, portée par l'euphorie de trouver ce lieu garant d'espoirs et de sens.

Lors de notre premier entretien, lama T. a douté de mon endurance et de ma capacité d'adaptation, j'ai à cœur de garantir ma motivation et ma résistance. Ce premier travail me donne l'opportunité de faire mes preuves afin d'installer un rapport de confiance. Alors que Maïa travaille au monastère des hommes, je suis placée dans l'une des équipes qui œuvre au monastère des femmes, un kilomètre cinq plus bas dans la vallée. Ma tâche consiste à fixer des fermes de toiture, des immenses triangles de bois sur lesquelles repose le revêtement de toit. Elles mesurent environ huit mètres de longueur sur trois de hauteur et sont disposées sur les murs porteurs du monastère.

Mon enthousiasme du matin retombe très vite pour faire place à un désenchantement total doublé d'une impatience croissante. Déjà, il fait très froid, surtout en altitude, et malgré ma couche de vêtements superposés, je suis congelée. Je sens un vent sibérien s'engouffrer sous mes vêtements, saisir ma nuque et mes reins telle une pince d'acier qui mord et fige mon sang et mes muscles tétanisés. Étant incommodées par les gants pour travailler correctement, mes mains nues, léchées par l'air humide, ressemblent à deux statues engourdies toutes bleues.

Heureusement, je n'ai pas le vertige et je suis plutôt à l'aise perchée sur les poutres à cinq mètres d'altitude. Seulement, pour ajouter une complication à mes tourments, ma perceuse fonctionne mal et tourne dans le vide. Je dois appuyer très fort pour enfoncer les vis dans les chevrons, ce qui génère sur mes doigts meurtris, des ampoules douloureuses qui se creusent avec la gifle de l'air. J'ai beau exposer avec pédagogie, le problème à mon chef de chantier, qui par malchance, est allemand, lui démontrer, en langage de signe, la désuétude de mon outil, il ne comprend absolument rien. « Nein ça marcheu, tou sé pas féreu » me répond-il avec une voix nasillarde agaçante. Et comme je suis la petite nouvelle arrivée, je n'ose pas me manifester avec insistance. Cela me stresse énormément car je ne peux pas faire mon travail rapidement et correctement et j'ai peur que lama T. me renvoie.

Pour ajouter du malheur à mon malheur, on m'a collé en binôme une Allemande très gentille, mais amorphe et lymphatique : Briguita. Elle travaille sans aucune ardeur et n'arrête pas de faire des pauses pour discuter. Tout ce qu'elle me raconte ne m'intéresse pas car, non seulement, cela me demande énormément d'efforts pour la comprendre, en outre, elle a un côté béni oui-oui très ennuyeux. Et puis, contrairement à elle, je suis très motivée. Il faut que je fasse du bon travail efficace et rapide donc ça m'irrite d'endurer chaque seconde le tourment du froid, de planter chaque heure trois vis et devoir l'attendre constamment car mademoiselle est toujours à la traîne, perdue dans un espace de contemplation proche des petits oiseaux cui-cui, petit Qi-Qi…

Je passe une journée très difficile qui se renouvellera malheureusement et se poursuivra par une interminable semaine à besogner avec cette maudite perceuse. Ma tête tourne comme une ballerine dans sa boîte à musique avec des sautes d'humeur regrettables que je n'extériorise heureusement pas. À la fin de la première semaine, j'ose enfin exprimer avec insistance mon problème de perceuse, qui n'est d'ailleurs pas le seul problème, seulement, à chaque jour suffit sa peine ; enfin, mais je dis bien « enfin », je suis considérée et on me donne un bon outil efficace, léger qui ne me demande aucun effort de pression pour introduire ces foutues vis. Je peux alors faire un excellent travail rapide et propre et cela change absolument tout.

En une journée, j'abats le triple de travail jusqu'ici établi sur une semaine. Tout va mieux, je suis pleine d'énergie, très fière du résultat bien fait. Je me sens détendue, enfin, du moins sur le plan professionnel, car moralement, c'est une autre histoire ; Briguita est adorable, mais me lasse profondément avec ses discussions soporifiques et son balai dans le derrière. Cela fait déjà presque deux semaines que je me la coltine huit heures par jour et je n'en peux plus. J'en deviens, malgré moi, désagréable.

« Briguita, pfffffff, s'il te plaît, stop, vraiment, stop, arrête de parler.

– Dans le village famille et avec ma mère, il y a arbre qui pousse. Et oune sœur maman, tonte, tonti ? comment on dit tata ? oui c'est ça et elle a garçon qui est couzon à moi et il a planté flore… » patati, patata et repatata. Ses digressions sont interminables.

Auprès de Briguita, les journées sont un enfer. J'ai 20 ans et j'ai besoin de bouger, d'être légère et d'avancer dynamiquement dans mon travail. Le soir je me plains auprès de Maïa, qui, de son côté, souffre aussi. Elle travaille en maçonnerie au grand temple dans une équipe composée uniquement d'Allemands. Nous voulons absolument travailler ensemble.

Mon calvaire auprès de Briguita va durer deux semaines. Entre-temps, je demande à repousser mon départ afin de rester quatre semaines, voire davantage. Sans concerter lama T. qui supervise l'organisation des chantiers, Maïa et moi suggérons à Briguita de prendre le boulot « supergénial », *großartig*, *außerordentlich* de Maïa avec ses super *freunde* allemands. Gentille et naïve, elle ne réfléchit pas une seconde et accepte avec gratitude notre super cadeau. Libérée, délivrée je le suis enfin de sainte Briguita, et en plus, je récupère ma petite Maïa. À partir de ce moment-là, tout change. Outils caducs, doigts paralysés, froids, faim, travaux difficiles, rien ne nous empêche de travailler vite et surtout de rire. C'est vraiment du pur bonheur d'être ensemble.

Ce chantier sur les toits s'étendra sur plusieurs mois. Désormais très heureuse au monastère, je ne veux plus rentrer chez moi et, de semaine en semaine, je prolonge mon séjour, sans pour autant m'engager à long terme. Et les semaines deviendront des mois et des années. Mais nous n'en sommes pas encore là.

Maïa et moi adorons travailler en hauteur sur les toits et surtout ensemble. Ainsi, pendant environ six mois, à toutes les deux, nous fixons toute la charpente du monastère des femmes, nous clouons des centaines de liteaux sur lesquels nous agrafons une espèce de toile noire de plusieurs mètres qui délimite le plafond du toit.

Ah, cette fameuse toile noire. Que de souvenirs : un jour, une vieille Allemande extrêmement pénible, voire odieuse, Olga, s'incruste dans notre binôme sans qu'aucun chef ne le lui ait demandé. De toute façon, Olga n'écoute personne et n'en fait qu'à sa tête. Elle prétend vouloir nous aider à nous discipliner et nous influencer positivement car elle nous trouve dissipées. En réalité, elle ne réussira qu'à nous pourrir la vie et nous laisser une empreinte bruyamment négative dans le cerveau du fait de son caractère insupportable.

Olga hurle tout le temps pour tout et rien si bien que même son propre fils, un petit jeune très sympa, la fuit comme la peste. Il dissimule à tout le monde qu'Olga est sa mère tellement il a honte. Je l'apprendrai d'ailleurs, des années plus tard et non sans stupéfaction. Olga se mêle toujours de ce qui ne la regarde pas et crie sur n'importe qui avec son mauvais français à l'accent nazi. Et bien sûr, nous ne faisons pas exception à la règle. Maintenant qu'elle s'est jointe à nous, nous devons supporter ses brimades toute la journée. Elle nous reproche de trop parler, de trop rire, de ne pas être sérieuses ni dignes. Elle nous le répète tant que lorsqu'elle s'adresse à nous avec rage, nous l'ignorons totalement et continuons à parler par-dessus ses aboiements agressifs, ce qui la rend complètement dingue.

Notre fonction est assez dangereuse car nous sommes disposées chacune sur un pan du toit, l'une face à l'autre, en équilibre sur de très fines poutres suspendues à trois mètres au-dessus du sol de béton. Il nous faut redoubler de vigilance et d'agilité pour étirer, stabiliser et agrafer par-dessus le vide qui nous sépare cette toile noire, un revêtement épais et large de plusieurs mètres, qui va venir recouvrir toute la structure.

Malgré l'exercice difficile et le poids de la toile qui nous déséquilibre, du haut de nos 20 ans, nous sommes agiles et lestes et cela ne nous pose aucun problème de marcher sur les fines faîtières ; bien au contraire nous adorons cet exercice de funambulisme. Mais Olga a largement dépassé la soixantaine d'années et son corps est aussi raide et lourd que son esprit. Elle n'est pas du tout à l'aise, se déplace très lentement en griffant les murs. Elle nous encombre, nous ralentit bien et nous est absolument inutile. Par précaution et respect pour son âge, nous lui demandons de rester en bas et nous faire passer les outils, mais elle refuse avec suffisance, mépris et défiance. Elle veut faire comme nous.

Un jour, alors qu'elle est en train de nous hurler dessus, et que nous n'en pouvons plus de ses remontrances, dans son élan de cris et de colère inutile et infondée, elle s'entrave dans un instrument qui traîne ; elle perd alors son équilibre déjà bien fragile, vacille, tente de se redresser en battant des bras comme un gros oiseau, comme… une autruche, mais échoue dans sa tentative d'envol et tombe de trois mètres de hauteur en déchirant toute la toile noire si ardûment installée. Comme elle est très corpulente, sa chute est impressionnante et très bruyante. Impuissantes et prostrées, nous assistons à sa dégringolade avec des yeux de merlans frits, médusées et interdites, mais non sans inquiétude. Olga aurait pu aisément se tuer. Heureusement, elle tombe sur des sacs de ciment entreposés en dessous ; sans cela elle se serait certainement brisé le crâne.

Choquée par les événements et un peu désorientée, nous comprenons tout de suite qu'Olga s'est remise de sa chute aux hurlements qu'elle vocifère à notre encontre, nous accusant d'avoir volontairement laissé traîner l'outil pour provoquer l'accident. Lorsque nous constatons qu'elle a seulement des égratignures, cela nous déclenche un fou rire incompressible. Nous ne pouvons plus parler tellement nous rions, à en pleurer. Un des sacs de ciment s'étant ouvert sous son poids, son visage, ses cheveux et une partie de son corps sont recouverts de fine poudre terne qui laisse entrevoir deux yeux écarquillés furibonds.

Toujours juchées sur nos perchoirs, nous observons d'en haut ce gros pigeon tout gris piailler à travers l'énorme trou qu'elle vient de faire dans la toile. Visualisant à nouveau son battement d'ailes, sa tête décomposée et son roulé-boulé, nous sommes hilares. Encore aujourd'hui, lorsque nous en parlons, nous en rions vigoureusement.

La bonne conclusion de tout ça, c'est qu'Olga a été placée sur un autre poste sans risque, nous foutant définitivement une paix bien méritée. Après coup, nous y verrons un petit signe de Rinpoché qui lui donne une bonne leçon. Olga est dans l'abus et ses reproches belliqueux sont complètement injustifiés. La frustration, la colère sont en elle ; la cause n'est pas extérieure et nous n'avons pas à être le réceptacle de ses tourments mentaux. Cette petite chute l'aura au moins stoppée dans ses élans négatifs.

À l'époque où j'arrive en Auvergne, seul le grand temple reste à construire. Tout le reste est en cours de finition. Au départ, j'avais donc prévu de rester une ou deux semaines afin de visiter le lieu, de rencontrer des bouddhistes, de participer aux activités et de découvrir le *dharma* ; ensuite je pensais reprendre les chemins de l'université avec cette expérience ; seulement je m'adapte si facilement à la vie en communauté que je ne veux plus repartir et chaque fin de semaine je demande donc à lama T, en charge, entre autres, de gérer les *stapra*, les équipes et les travaux, de prolonger mon séjour. Il en est ravi.

La semaine, Maïa et moi travaillons toute la journée sur les mêmes chantiers. Nous mangeons avec notre petit groupe d'habitués et nous allons sans exception aux deux *poudja* du soir. Comme nous partageons le dortoir, nous sommes 24 heures sur 24 ensemble. Chaque samedi, nous allons nous balader, mais rentrons avant 18 heures pour la *poudja* de Mahakala ; quant au dimanche, nous faisons le rituel de Tara le matin, puis suivons les enseignements du *dharma* toute l'après-midi et enfin nous terminons avec les deux *poudja* du soir. Je ne quitte plus Maïa et ensemble nous nous invertissons entièrement dans chaque activité du centre, qu'elle soit spirituelle, relationnelle ou en lien avec les travaux. C'est très intense, mais je me sens comme un poisson dans l'eau, dans « l'haut ». Je suis profondément touchée et inspirée par les affairements du monastère et je n'ai plus envie de repartir. J'ai trouvé ma voie et j'envisage sérieusement de prendre « refuge », les premiers vœux de base du bouddhisme tibétain qui nous lient au *dharma*.

Le soir après le dîner, nous faisons la *poudja* de *tchenrezi*, la pratique la plus répandue dans le monde. Assis en lotus à même le sol, pendant plus d'une heure nous propageons des souhaits et de l'amour à tous les êtres grâce au support de la prière et du mantra très connu de la compassion : *Om Mani Padmé Houng*. Cette pratique est très simple, accessible à tous et magnifique. Elle est l'essence du *dharma* et distille ses vastes bénédictions à l'univers. C'est le premier rituel que je pratique et comme pour tout, j'ai le sentiment de retrouver un trésor perdu. Je suis très émue, inspirée et animée. C'est également le premier texte de *poudja* que je possède. Je suis si fière de tenir entre mes mains les litanies tibétaines déjà si précieuses à mon cœur.

Je prolonge mon séjour jusqu'aux vacances de Noël. J'ai prévu de passer les fêtes en famille. J'appréhende un peu car je vais devoir m'expliquer et me confronter à mes parents qui s'inquiètent de mon absence. Durant ces sept premières semaines au monastère, je me suis familiarisée avec une facilité heureuse et évidente aux rythmes, aux codes et aux pratiques de la vie sur le centre. C'est une période très riche et enchantée, avec deux événements importants qui entérinent définitivement ma foi à jamais : ma prise de refuge et surtout ma rencontre magique, presque énigmatique, avec lama G. Rinpoché, l'être le plus exceptionnel qui m'ait été permis de rencontrer dans ma vie…

10.
MA RENCONTRE AVEC *LAMA* G. RINPOCHÉ

Chaque jour qui s'égrène dans l'enceinte du monastère m'apporte joie, paix et certitude. Je suis heureuse de vivre ici. C'est la première fois de ma vie que je n'ai pas de doute quant à l'activité que j'exerce et le sens qu'elle donne à ma destinée. Et quelle noble activité ! À 20 ans, je consacre mon quotidien à construire un ermitage monastique et un temple. Le temple de lama G. Rinpoché qui permettra au *dharma* de se répandre en Occident.

Lama G. Rinpoché…

Il m'est impossible de vous parler de G. Rinpoché sans en altérer la magnificence. Aucun mot n'est assez éloquent pour décrire l'être exceptionnel qu'il est. C'est un bonheur et une chance unique de vivre auprès de lui. On dit qu'il est aussi rare de rencontrer un bouddha pleinement réalisé que de voir une étoile en plein jour, et pourtant j'ai l'immense fortune de vivre auprès de cet être sacré.

Comment remercier ce maître extraordinaire qui m'accueille dans sa maison et dans son cœur, et apaise le mien en le remplissant de son amour et de sa bonté. Je dois tellement à Rinpoché.

Je lui dois tout. Il m'a conduite jusqu'à lui. Il m'offre cette parenthèse de vie incroyable en la bénissant chaque jour de sa sagesse. Il me protège, me guide et m'éclaire ; il me sauve tout simplement parce que, à ce jour, sans cette rencontre, je n'aurais aucune conscience, aucune connaissance, aucun éveil et je mènerais ma vie sans lui donner de sens : le sens fondamental de la vérité et de ma propre essence, car rien d'autre ne naît et n'existe en dehors d'elle.

Contrairement à la plupart des personnes, je n'ai pas un bon souvenir de ma première rencontre avec Rinpoché. Tout se passe deux jours après mon arrivée. Depuis 48 heures, Maïa et les habitants du monastère me parlent constamment de lui comme d'un maître unique qui a atteint l'état de bouddha grâce à ces 30 années de pratique ascétique à méditer dans une grotte du Tibet. Cela me paraît complètement dingue. On dit qu'il sait tout, qu'il maîtrise toute la manifestation, et ne fait plus qu'un avec elle ; on raconte aussi qu'il lit dans les pensées, dans notre passé comme dans notre avenir, qu'il est maître du temps et des éléments, qu'il est omniprésent, omniscient, et omniaimant. Jusqu'ici je ne le connais qu'à travers les nombreuses photos qui tapissent les murs du monastère, et déjà je ressens sa merveilleuse et intense présence. Bien que ce ne soient que de pâles copies de papier sans vie, j'éprouve son énergie puissante et inexplicable émaner de ces portraits. J'imagine que la rencontre en chair et en os sera encore plus puissante et j'ai hâte de vivre ce moment.

Il est environ 22 h 30 ; il fait nuit noire et tout le monde a déjà regagné sa chambre. N'ayant pas sommeil, je préviens Maïa que je vais aller marcher autour du *stūpa*. En vérité j'ai décidé d'aller au temple, mais je ne souhaite pas le dire. En effet, la chambre de Rinpoché est attenante à ce lieu sacré et j'ai l'espoir de le rencontrer pour la toute première fois.

Lorsque je rentre, je découvre le lieu vide et je m'en réjouis ; c'est mon souhait que d'être seule avec lui. Le temple est illuminé par des dizaines de lampes à beurre qui projettent leurs 1 000 couleurs sur l'écran curieux et excité de mon esprit. Le silence de la nuit est imprégné par cette merveilleuse énergie spirituelle qui s'instille dans tout le monastère ; elle m'enveloppe comme une chaude couverture de cachemire douce et bienfaitrice. J'y reconnais déjà l'énergie de Rinpoché. Je m'assois sur un coussin au fond du temple afin d'avoir une vue d'ensemble sur ce lieu béni ; mon dos est adossé au mur qui me sépare de la chambre de Rinpoché. Cette unique paroi très fine est le seul obstacle entre mes attentes et le mystère révéré. J'ai l'autel et ses magnifiques statues en face de moi et Rinpoché, derrière moi. Contre la brique, je sens mon cœur palpiter, résonner dans mon corps et faire vibrer imperceptiblement la cloison, comme si on frappait à la porte, tel un appel de ma vie vers celle du maître.

Je pourrai rester là des heures, dans ce silence rempli de bénédiction ; et cela suffirait amplement parce que je m'éprouve heureuse et comblée. Je ressens la communion avec cet être, je sens son énergie me bénir et m'imprégner ; l'instant est magique et merveilleux. La rencontre est faite. Mais non, il faut que mon ego intervienne… Ainsi, au terme de quelques minutes de ce rien qui est tout et dans lequel je suis si enchantée, mais qui ne suffit pas à mon effronterie, je me mets à parler à Rinpoché par la pensée avec un orgueil insolent, et une défiance arrogante et impudente :

« Bonjour Rinpoché, je suis nouvelle ici. Il paraît que tu es un bouddha ; aussi, si tu es ce qu'on prétend, tu entendras mes pensées. Je te demande donc de venir me voir dans le temple. Viens tout de suite et me prouver qui tu es. »

Immobile et concentrée, pendant une bonne demi-heure, je répète continûment cette litanie ; mais, seules me répondent les lueurs des flammes vacillantes. Elles m'accompagnent dans leur danse et leurs révérences, imprégnant l'instant d'un suspense animé. Le silence est lourd de mes pensées velléitaires. On entend seulement le crépitement des lampes à beurre accompagné par quelques cris d'animaux nocturnes qui densifient au loin l'épaisseur de la nuit et ses mystères.

« Viens me voir ; montre-moi que tu es un grand maître, que tu es omniscient, que tu lis vraiment dans les pensées. Viens. »

Je renouvelle continuellement cette réplique en désirant ardemment la venue de cet être de légende ; cependant, malgré mon insistance, seul le vide de l'attente remplit l'espace. Retour à Lourdes… Une demi-heure d'arrêt sans miracle. Ni la vierge et encore moins Rinpoché ne se manifestent. À sa place, pénètre dans le temple, une énergie de plus en plus pesante qui me trouble, me dérange et me met profondément mal à l'aise. J'ai l'impression qu'elle me dit :

« Mais pour qui tu te prends ? Sors de là, tu n'es pas la bienvenue ! »

Pourtant, fière et stupide, je l'ignore et j'insiste. Au fil des minutes qui se succèdent, je me sens de plus en plus oppressée et encombrée, comme si j'étais rejetée du lieu par une force imperceptible. C'est une perception vigoureuse et très désagréable. Mais abrutie par mon arrogance, je persiste encore avec mes supplications égotiques, et malgré mes implorations pesantes, lama G. Rinpoché ne se manifeste à aucun moment, ni de près, ni de loin. Je n'entends pas le moindre bruit de sa part ni même le souffle d'une respiration qui pourrait témoigner de sa présence derrière le fin mur qui nous sépare. Je suis déçue. Tous ces discours embrasés que j'entends depuis deux jours de la bouche des pratiquants à propos de ses pouvoirs, et de sa clairvoyance sont-ils contestables ? J'ai envie de douter, d'être plus forte, de défier, d'exister et d'être importante. Mais au fond de moi, je continue à croire que Rinpoché est un être unique ; je ne sais l'expliquer, mais je le sens présent et malgré cette absence d'apparition que mon ego glane et exige, je garde la foi. C'est instinctif et impénétrable.

Au fond, je ne cherche pas vraiment à le rencontrer. C'est déjà fait… Je cherche plutôt à être une personne spéciale et à part. Je cherche la reconnaissance. Je veux qu'il ouvre sa porte pour moi, qu'il fasse quelques mètres pour venir me voir, moi, moi, moi, la nouvelle stagiaire pratiquante importante. Mais non, il n'en fera rien et ne se déplacera pas pour mon grand ego ; je l'ai espéré et supplié en vain.

Il est tard désormais ; dépitée, je me résous à cesser mes tentatives et à regagner ma chambre. En vérité, je n'ai pas vraiment le choix : je ne suis vraiment pas bien ; je me sens poussée et même jetée dehors par une force puissante qui envahit toute la pièce et m'enjoint de sortir, me transportant expressément à l'extérieur de ce lieu sacré. Aussi, avec ce malaise, je sors de la pièce du temple qui donne sur un couloir et la porte de la chambre de Rinpoché. Je m'arrête quelques secondes et même une minute ou deux, et j'insiste encore :

« Rinpoché, si tu es un bouddha, ouvre cette porte. »

Mais je ne vois rien, n'entends rien, ne sens rien, si ce n'est cette extatique odeur d'encens tibétain et cette dimension ésotérique qui s'insinue partout, tel un chuchotement enchanté et protecteur. Je mets mes chaussures, enfile mon anorak et je m'enfonce dans le froid de la nuit pour regagner ma chambre où Maïa m'attend. Physiquement, je ne me sens pas très bien, repoussée par cette force transparente, le cœur un peu retourné, mais je ne suis pas réellement contrariée. J'espérais évidemment que Rinpoché se déplace pour moi, mais le monastère, ce lieu sacré, me plaît tant que malgré ma déconvenue, je crois en quelque chose de spécial et j'espère bientôt le rencontrer, lui, cet être d'amour et de sagesse absolu.

En sortant du temple, je passe sous sa fenêtre qui se trouve à deux mètres environ au-dessus du sol, et là… je le vois ! Il est debout dans l'embrasure éclairée, au-dessus de moi, très droit, portant dans sa main gauche un *mala* (rosaire tibétain) qu'il égrappe. Jusqu'ici le rideau de sa fenêtre reste toujours fermé. Et en deux années à vivre auprès de lui, je verrai rarement le rideau ouvert, voire jamais. Mais ce soir-là il est ouvert pour moi et Rinpoché est ici, à me regarder très vivement, avec une force et une puissance dans les yeux qui annihilent les quelques mètres qui nous séparent et nous unit dans une communion intense. Il m'a donc entendue, écoutée, et a exaucé ma demande. Seulement sa présence si intense me met très mal à l'aise. Il n'a aucun sourire, son visage est fermé, courroucé et son regard fondu dans le mien est dur et glaçant. Je sens dans sa puissante présence un profond mécontentement et spontanément, je m'éprouve confuse, honteuse et embarrassée. Il a alors un geste qui renforce mon malaise : il tire brutalement le rideau et le referme sur ma présence grossière et inconsidérée.

Désormais un mur de feutrine aussi épais que mon malaise, nous sépare. Le spectacle si attendu, est aussi foudroyant qu'un éclair, c'est déjà fini. Je me retrouve seule devant cette fenêtre opaque, au cœur de cette nuit d'encre qui m'enveloppe de sa présence glacée. J'éprouve soudain une immense honte et je comprends avec une clarté instruite que mon état d'esprit est totalement incorrect et irrespectueux. Le *dharma* enseigne des valeurs nobles à l'attention de toutes formes de vie, telles que la compassion, la prière et l'amour. Les maîtres représentent et incarnent ces qualités rares et je leur dois le plus grand des respects sans aucune attente qui ne servent que les complaintes d'un ego surdimensionné. Son geste des plus symbolique est une leçon claire. Il vient de me donner mon premier enseignement d'esprit à esprit. Car effectivement, mais pour qui je me prends pour lui imposer de se déplacer pour moi ?

Ce soir-là, je perds un peu de moi-même, un peu de ce « je » qui croit tout savoir et qui veut tout pour lui jusqu'à en détourner le sacré. Je regagne ma chambre et ne raconte rien à Maïa. J'ai trop honte de moi. Je me couche vite pour me réveiller le lendemain dans ce même état d'esprit perturbé qui ne me quittera pas durant deux jours. Je suis imprégnée par le désagréable sentiment d'avoir souillé ce que Rinpoché m'a offert : le refuge de ma vie : je vis dans sa demeure, sous son toit ; il me donne de la nourriture, des amis, des enseignements rares et sacrés, et surtout un sens à ma vie ; et moi, je n'ai rien trouvé de mieux que de le défier avec orgueil et présomption d'imposture. Pendant 48 heures, je culpabilise, et ne cesse de lui présenter mes excuses sous forme de pensées et de prières.

Deux jours plus tard, nous sommes dimanche et comme tous les dimanches, il y a à 10 heures, la *poudja* de Tara où nous nous rendons tous. Après le rituel qui dure une bonne heure, Rinpoché sort de sa chambre et nous rejoint dans le temple. Il y a une cinquantaine de personnes. Je suis près de l'autel, donc assez éloignée de la porte par laquelle il entre ; À travers la foule, je ne peux pas le voir, mais il est là et j'en suis paralysée de peur, de honte, de gêne. J'entends tout le monde susurrer : « Rinpoché est là, Rinpoché est là », tandis que tous joignent leurs mains au cœur en se prosternant. Je ne me sens pas bien du tout et me place en recul, je tente de me fondre dans la masse pour disparaître. Moi qui éprouve tant l'envie de le rencontrer, je ne cherche même plus à l'apercevoir et je n'ose pas regarder à l'endroit où il est de peur de croiser son regard. Je baisse la tête et je ferme les yeux pour ne rien voir, mais bizarrement je sens fortement sa présence, son énergie incroyable et j'ai l'impression qu'il se faufile entre les gens et se dirige droit vers moi. J'ouvre alors les yeux et je découvre les pieds de Rinpoché ! Il est devant moi, à seulement quelques centimètres de mon corps courbé. Je suis tellement embarrassée que je me replie sur moi au maximum et penche la tête en signe de déférence ; je mesure à peine un mètre tant je me fais petite.

Je finis par lever les yeux pour le saluer puis à nouveau je regarde le sol, tout en répétant en pensée que je suis vraiment désolée de mon comportement et que je demande sincèrement pardon. « Pardon Rinpoché, je suis vraiment nulle, pardon, pardon, pardon. » J'ose, à nouveau, lever les yeux vers lui. Rinpoché me regarde intensément. Nous sommes si proches que j'en tremble. Soudain il se met à rire en faisant vibrer ses frêles épaules recouvertes de soie jaune, me laissant surprise et dubitative. Il est si beau, si gracieux. Il rit avec ses petits yeux en amande, tellement brillants d'amour et de douceur que c'en est magnifique. Puis il pose sa main sur ma tête, dit quelque chose en tibétain, une petite prière qui me traverse tout le corps comme un arc-en-ciel de joie et de réconfort. Il continue à rire, en me tapotant l'épaule, l'air de me dire : « tout va bien, ne t'inquiète pas », puis il repart comme il est venu, léger et radieux. Je ne touche plus terre tant je me sens remplie, libérée et heureuse. J'ai envie de pleurer. Je l'aime. C'est mon maître. C'est lui et je veux pour toujours être sa disciple.

Les autres me disent : « Tu as eu énormément de chance de recevoir une bénédiction comme ça. Il est très rare qu'il vienne aux *poudja*. Vraiment tu as de la chance pour ton troisième jour. » Moi j'écoute à demi-mot. Je flotte. Mon corps paraît débarrassé de cette pesanteur de vie que je traîne depuis des années, que je traîne depuis des temps immémoriaux. Je viens de rencontrer un bouddha. Et ce bouddha va changer ma vie, la transformer, l'embellir, et la bénir pour aujourd'hui et au-delà de toutes mes existences et ceci jusqu'à l'éveil.

11.
LE REFUGE

Cela fait un mois et demi que je vis au monastère et je suis bien. C'est ici que je veux être, je n'ai désormais plus aucun doute ni de temps pour m'en créer. Entre la construction du lieu, les enseignements, les études, la méditation et les *poudja*, nos journées sont si remplies qu'elles ne laissent aucune place à nos préoccupations personnelles. Il en résulte une grande libération mentale.

Lorsque nous nous engageons sur la voie du *dharma*, Rinpoché dit que la première chose à faire est de renoncer à l'ego et de développer l'amour et la compassion pour tous les êtres sans exception. L'ego est la source de toutes les souffrances parce qu'il n'est pas la réalité. Il est une création de la conscience universelle. Le « moi », est uniquement composé d'éléments disparates et impermanents qui n'existent pas par eux-mêmes. Ils sont connectés entre eux et à l'environnement extérieur. Nous sommes des êtres totalement dépendants et interdépendants du microcosme de notre corps au macrocosme qui l'entoure. Les éléments qui nous composent, matière, liquide, muscles, os, cellules, etc., ainsi que les manifestations de notre esprit, idées, émotions, croyances, sentiments, souvenirs… tout ce qui nous façonne et à quoi nous nous identifions, sont en perpétuelle permutation, transformation, naissance et déclin. Ce que je suis à cet instant, n'est pas ce que je serai dans 10 secondes. Mes cellules naissent et meurent aussi rapidement que mes pensées s'élèvent et périclitent. Seulement parce que nous sommes attachés à notre corps et à notre tête, nous en faisons un monolithe indestructible avec une histoire qui se tient, celle de notre vie avec ses amours et ses emmerdes.

Renoncer à cet ego éphémère, renoncer à l'activité mentale qui engendre l'illusion d'un passé et d'un futur, permet de nous connecter à la réalité de sagesse et d'amour omniprésente et indéfectible. En renonçant à notre facticité, nous renonçons d'une certaine façon, à la mort. À la place, nous retrouvons notre nature infinie au pouvoir illimité. Nous ne perdons rien, au contraire, nous retrouvons tout. Pratiquer le *dharma*, c'est s'entraîner à imiter cette réalité illimitée pour sortir de l'ignorance et revenir à ce que nous sommes. Et nous sommes la compassion, la vacuité et la sagesse primordiale. Et c'est merveilleux.

Depuis que je vis au monastère, je prends conscience à quel point j'étais égarée et aveugle. Et même s'il n'est pas facile de tout remettre en question, je me sens reconnaissante de ce changement de vue, de ce changement de vie et d'envies ; je suis sereine dans ma transformation d'état de conscience en prenant le temps de comprendre et d'intégrer ces nouvelles réalités. Quant au reste, à tout ce que j'ai essayé de construire dans le passé, cela me paraît désormais saugrenu, désuet, et inutile. Cette nouvelle vision de la vie m'a affranchi du poids stressant des ambitions, des peurs et des doutes. Je suis libre parce que je ne le suis plus.

Au terme de ces six premières semaines au monastère, il est prévu que je rentre dans ma famille fêter Noël et retrouver mon ancienne vie. Je me réjouis de passer les fêtes avec mes proches, mais pour le reste, cela m'angoisse énormément parce que je ne ressens plus aucun enthousiasme à retourner vers des schémas anciens ; j'ai changé et mes aspirations d'antan se sont délitées avec mon évolution spirituelle. Je n'ai plus goût à rien en dehors du *dharma* et je n'éprouve plus aucun attrait pour les plaisirs mondains. Retrouver les chemins de la faculté, reprendre les cours de philosophie, m'est vraiment douloureux. Tout mon être est réfractaire et en résistance. Je ressens déjà un sentiment de régression à la pensée de ce qui m'attend. Seulement je n'ai pas le choix que d'honorer mes engagements envers mes parents que j'aime tant.

Avant de repartir, j'éprouve l'exigence absolue de prendre refuge. C'est comme une injonction inévitable et inéluctable. Je sens que j'en ai vraiment besoin pour me soutenir dans ce monde de tentations et de pièges. En m'enveloppant de cette armure spirituelle protectrice, je me sentirai plus forte, reliée à chaque instant à Rinpoché et au *dharma*.

Le refuge est le premier pas officiel sur le chemin du bouddhisme tibétain. Durant cette cérémonie, nous nous en remettons à quelque chose de plus grand et de plus sûr que notre condition limitée et périssable en choisissant de prendre refuge dans la réalité de l'éveil. Nous prenons alors l'engagement de sortir de notre ignorance issue de cette croyance en la dualité entre soi et le monde, cette croyance en « moi » séparé « de l'autre ».

La vérité est simple et omniprésente. Il n'y a que cela. Mais nous ne la voyons pas parce qu'elle est justement trop simple alors que nous sommes des êtres alambiqués, compliqués et torturés. Cette vérité est en nous et nous sommes elle. Il n'y a rien en dehors. Lorsque l'ego perd de son influence, notre capacité à aimer et à aider se communique à tous les êtres sans faire d'efforts. C'est un phénomène spontané du fait que la réalité est amour, sagesse et compassion. Ce sont les qualités intrinsèques de notre nature profonde. Il suffit d'enlever un par un, les voiles qui nous dissimulent cette véritable nature. Pour y parvenir, nous devons être aidés et guidés. C'est pour cette raison que nous avons besoin d'un maître afin de nous détourner de l'ignorance et nous protéger de nos vues fausses. Le maître est le refuge.

Maintenant que je suis certaine de ma voie, avant de reprendre la route pour rejoindre les miens et fêter Noël en famille, je demande à lama T. de me donner la cérémonie du refuge. Jusqu'ici, il est le lama que je connais le mieux. Il m'a accueillie, il est très accessible, et nous nous côtoyons chaque jour. C'est avec grande bienveillance et simplicité qu'il accepte.

La veille de mon départ, je le rejoins dans sa chambre illuminée par des dizaines de bougies et parfumée par cet encens magique du Tibet dont l'odeur est si particulière. Je me sens déjà bien, confiante et joyeuse. Je m'assois en face de lui, en tailleur et je l'écoute me présenter le refuge.

Nous prenons refuge dans les trois joyaux, parce que nous reconnaissons que nous sommes dans l'illusion de la dualité et que cette illusion est source de souffrance pour soi et pour autrui. Nous souhaitons, par le refuge, abandonner cette souffrance et les causes de cette souffrance ; nous nous remettons alors entièrement, corps, parole, esprit, à ces trois supports purs, symboles de la vérité ultime.

Le premier joyau dans lequel nous prenons refuge est le bouddha, c'est-à-dire le but à atteindre : celui de libérer notre esprit de ses voiles pour s'éveiller et accéder à l'état ultime.

Le deuxième joyau est le *dharma* qui représente le chemin à parcourir. C'est l'enseignement, les moyens et les outils utilisés pour aboutir à la réalisation. Enfin, le troisième joyau, c'est la *sangha*, la communauté des pratiquants qui va nous aider et nous accompagner sur le chemin. Dans l'absolu, les trois joyaux ne sont qu'une seule et même chose : l'état de bouddha, l'éveil, la vérité. Mais dans le relatif, nous sommes prisonniers de nos voiles karmiques et nous ne reconnaissons pas cette vérité. Il nous faut donc faire un travail spirituel profond afin de nous sortir de cette confusion. Et pour cela, nous avons besoin d'aide. Ainsi nous abandonnons complètement notre ego, support de l'ignorance pour nous en remettre aux trois joyaux. Nous offrons notre corps, notre parole et notre esprit, c'est-à-dire nos actes, nos paroles et nos pensées à ces supports immaculés ; parce qu'ils sont la réalité de toute chose, ils vont purifier nos tendances et nos empreintes karmiques et nous éveiller ; et par interdépendance, cela aidera tous les êtres sans exception. En résumé, on peut dire que nous offrons notre vie au bien et nous renonçons au mal. Nous offrons notre vie à la réalité que nous sommes et renonçons à notre ignorance fondamentale.

Après ces explications succinctes, lama T. récite des textes en tibétain. Je répète après lui quelques phrases qui m'engagent sur la voie spirituelle ; un serment simple qui consiste, à réciter sept fois par jour la prière de refuge, et à respecter les cinq premiers vœux de base : ne pas tuer, ne pas voler, ne pas mentir, avoir une conduite sexuelle correcte et enfin ne pas prendre de substances illicites. Ces actes négatifs, reconnus pour engendrer de la souffrance pour soi et autrui, sont à tout prix proscrits. Ainsi un bouddhiste ne détruit pas la vie des êtres sensibles, y compris les insectes. Il ne prend pas ce qui ne lui appartient pas ou ce qui ne lui est pas donné. Il n'a pas de relations sexuelles illégitimes (adultère, consanguinité, violence, etc.) ou indécentes (faire l'amour en public ou près de lieux sacrés). Il ne dit pas de paroles fausses ou inexactes, ni ne calomnie et enfin il ne consomme ni alcool ni drogue.

Prendre ces vœux n'est pas une contrainte puisque j'ai déjà cette éthique depuis plus d'un an. Ensuite, lama T. me coupe une petite mèche de cheveux et me donne mon nom de refuge : « Trinlé Wantchouk » qui signifie « puissante activité ». Je lui offre une *kata*, la traditionnelle écharpe de soie blanche, symbole de bon augure qui marque d'une note positive, le début d'une action ou d'une relation, soulignant les bonnes intentions de la personne qui l'offre.

Je lui donne également encens et bougies, et le remercie vivement d'établir ce lien impérissable entre moi et les trois joyaux.

Je vis la cérémonie avec beaucoup de sérénité et de confiance heureuse. J'ai l'impression de me marier, non point par amour, mais pour l'amour. Je m'unis à un univers lumineux qui me protège continuellement de tout, et m'accompagne à chaque instant dans ma vie, avec ses affres, ses obstacles, ses agressions et ses peines. Le refuge est une main qui prend la mienne et ne la lâchera plus y compris et surtout au moment de ma mort. Certes le refuge ne me dispense pas de la mort. Personne n'est immortel. Mais on ne meurt plus seul. Et ça, c'est la grande et extraordinaire différence. Par ce rituel, lama T. vient de planter en moi la graine de l'éveil que tous les êtres réalisés ont reçu eux-mêmes de leur propre maître. Il vient de me transmettre un présent indestructible que je porte en moi pour l'éternité. Je fais partie désormais de ce rosaire de perles précieuses, qui s'étire sans fin dans le temps, protégeant et aidant chaque être qui a la chance d'en recevoir la bénédiction. Ma vie ne changera pas après cette cérémonie ; je ne suis pas devenue une autre personne. Cependant plus jamais je ne me sentirai seule, et dans les plus grands et sombres tourments de l'existence, je sais que je possède cette graine en moi qui brille, me guide et ne m'abandonnera jamais : le refuge.

12.
RETOUR À LA FAMILLE

Au monastère, les jours s'enchaînent avec une diligence insaisissable, distillant les secondes précieuses de nos existences sans que nous en discernions l'irrévocable déclin. Nous finissons une activité pour en commencer une autre et les pauses exceptionnelles que nous avons, sont remplies par la présence des autres dont l'esprit est tourné vers le *dharma*. Tout en est imprégné, de nos actes à nos paroles et nos pensées. Nous n'avons le temps de rien, seulement pour l'essentiel, l'essence… ciel.

La vie en communauté donne une sensation vertigineuse de mouvement et d'impulsion ininterrompue, telle une valse qui tourne et nous emporte dans sa ronde bigarrée multidimensionnelle et multiculturelle. Les rares moments où nous sommes seuls avec nous-même, sont pendant les *poudja*. Certes elles sont collectives, cependant notre esprit se tourne vers ses profondeurs et notre conscience s'ouvre à sa dimension de vérité infinie. Ainsi nous avons ce sentiment de solitude interactive ou toutes choses et êtres se rejoignent, s'accompagnent et s'unissent. La *poudja* nous porte, nous élève et nous recentre. Le groupe et tous ses esprits multiples qui le composent, avec un même but et sur le même chemin, amène notre expérience à davantage d'espace, de paix, et de clarté.

Ces rituels ont un pouvoir extraordinaire. Conçus par des êtres éveillés, ils sont le reflet de la sagesse primordiale et nous placent tout de suite dans cette bénédiction. Y participer, c'est se laisser bénir et transformer. La présence à l'instant, ici et maintenant, scelle l'immanence et la transcendance au sacré. Dans cette alchimie aux conditions parfaites peut se révéler la vérité de toutes choses, la vérité de nous-même : notre nature de bouddha. Alors, malgré le monde qui nous entoure, nous ressentons lors d'un instant béni, notre être d'ignorance et de solitude se disloquer dans un espace sans fin, s'imprégnant du divin qu'il est déjà. Dans ce temps de connexion si prompt et pourtant si puissant avec notre nature d'éveil, avec notre essence de paix et d'amour, nous éprouvons la certitude que nous sommes sur le bon chemin, et ressentons une désarmante humilité et une immense gratitude envers les instructions et les enseignements. Cela nous insuffle l'énergie vigoureuse et le courage de continuer et de persévérer quels que soient les obstacles et les difficultés. Sans les *poudja* et la pratique, nous ne pourrions pas vivre sur le centre avec ce rythme éreintant et effréné. Notre engagement bénévole est sustenté par la rétribution de la foi.

Souvent, on me dit : « Tu choisis la facilité. Tu te coupes du monde, tu fuis et ne fais rien de ta vie. » Pourtant, le chemin spirituel n'a rien de facile et n'a rien d'une fuite. C'est tout le contraire de la vie ordinaire. Au monastère, non seulement nous travaillons durement sans dédommagement financier, en outre, nous n'avons aucune distraction pour fuir. Chaque instant nous devons faire face à nous-même, faire face à la vérité de notre condition. Il n'y a aucune échappatoire possible. Dans la vie mondaine, on reçoit un salaire en compensation pour notre travail accompli ; cet argent, on le disperse dans de nombreux plaisirs sensoriels ; nous ne faisons rien gratuitement ; nous remplissons notre quotidien d'ambitions, d'activités, de rencontres, d'addictions ou d'abrutissements ; nous fuyons constamment. Nous poser avec nous-même, quelques minutes, une heure, un jour, sans distraction ni aucune activité, nous panique. Cela nous est presque insupportable et impossible. Même dans les moments d'inaction, nous avons toujours un livre, un téléphone dans la main, ou bien un flux de pensées affairées pour nous distraire et nous occuper.

La voie spirituelle nous dépossède de tout cela pour nous mettre face à notre ignorance, à nos erreurs et à notre souffrance. La méditation nous confronte à cette solitude atavique si difficile à accueillir. Elle nous confronte à nos limites, à nos angoisses, à nos émotions fortes, à notre hyperactivité cérébrale, et surtout elle nous met face à notre finalité à tous : la mort et l'incertitude du moment où elle se présentera. Aucune fuite facile sur le chemin. Heureusement, nous avons le *dharma* qui met à disposition des outils pour transpercer l'illusion de notre condition étriquée et impermanente ; grâce aux *poudja* et à la pratique, notre dimension illimitée d'amour, de sagesse et de compassion peut se révéler dans son imprégnation absolue de tout ce qui a été, est, et sera. Ainsi nous comprenons que nous ne sommes pas une unité coupée parmi d'infinis autres, mais que nous faisons partie d'un tout lumineux, heureux et éternel. Je crois à cette dimension.

Vivre auprès de Rinpoché, pratiquer le *dharma*, expérimenter l'enseignement, et effleurer la vérité, entérinent mes convictions et ma confiance. Cependant, malgré cette évidence que ma place est auprès de mon maître, il m'est important de passer les fêtes de fin d'année auprès de ma famille. J'en éprouve autant de réjouissances que d'appréhension. En effet, mes parents attendent beaucoup de mon retour. Une attente sustentée par le mystère de mon absence et les incompréhensions qu'elle soulève. J'ai des comptes à leur rendre. De leur point de vue, il est désormais temps que je me responsabilise et reprenne mes études. Seulement ce n'est pas le mien parce que pour quoi faire ? Discourir sur la vie, la mort, la vérité ? À quoi bon ? Tous ces thèmes qui autrefois me passionnaient, me laissent aujourd'hui complètement indifférente. Et pour cause : j'ai désormais les réponses à toutes mes interrogations.

Et puis je n'ai aucune ambition professionnelle. Je me suis orientée vers la philo pour trouver un sens à ma vie et non pour en faire mon métier, et après cette parenthèse de vie au monastère si précieuse à mon cœur, je suis désormais indifférente et insensible à tous projets et démarches ordinaires. Je n'y pense même plus. Je suis obnubilée par la spiritualité, le seul chemin que je désire offrir à mes pas. Comment vais-je expliquer à mes parents l'inexplicable ?

Je passe un Noël très chaleureux auprès de ma famille. Retrouver les miens me procure une immense joie, toutefois, je me sens en décalage total, comme si je revenais d'une autre planète ; mais, « décalée », je l'ai toujours été. Nous passons deux semaines joyeuses et remplie d'amour. Je leur parle avec grand enthousiasme de mon séjour. Pour ne pas les contrarier, j'attends que les fêtes se terminent pour leur dire que je désire retourner une dizaine de jours au monastère car Maïa et moi avons un chantier important à terminer. À mon plus grand soulagement, mes parents ne manifestent guère d'opposition. Je crois qu'ils sont fatigués de moi et de mes idées saugrenues. Il faut dire que cela fait 20 ans que je les balade de passion en passion. Je me suis essayée à tous les sports inimaginables, j'ai appris et pratiqué toutes les disciplines artistiques possibles. J'ai même brillé dans certaines, remportant des concours et des championnats ; je me suis emportée corps et âme. Et puis du jour au lendemain, j'ai tout abandonné. Je ne vais jamais au bout de rien. Mes parents me connaissent bien. Ils sont persuadés que dans quelques semaines, j'aurai trouvé une autre lubie et je rentrerai sagement à la maison. Sauf que, cette fois-ci, ils se trompent…

Début janvier, avec hâte, je remplis ma voiture et je reprends la route du monastère pour un séjour officiel de trois semaines. Une joie immense m'envahit lorsque j'aperçois les montagnes, les volcans, les pâturages verdoyants, et en leur cœur, le toit du monastère que les réflexions solaires transforment en un carré d'or étincelant. Le soleil s'incline devant Rinpoché et mon cœur suit sa lumière avec gratitude. À mon arrivée heureuse devant la ferme, je retrouve lama T. qui discute avec Tom. Tous les deux me réceptionnent pour la deuxième fois. Je ne suis pas encore descendue de ma voiture que lama T. me reconnaît à travers la vitre et vient spontanément vers moi m'ouvrir la portière. En me saluant, il s'exclame avec une banalité déconcertante qui va faire chavirer ma vie :

« Ohh Christelle, c'est super, tu es de retour parmi nous ; content de te revoir. Alors ça y est ? Tu t'es décidée ? Tu viens vivre ici pour de bon ? »

Je suis médusée par sa question. Je ne m'y attendais absolument pas. Et c'est le plus naturellement possible, telle une exhalation du cœur impulsive et irréfléchie, que je lui réponds :

« Ben… Euh… Vous me demandez si je viens vivre ici pour toujours ? Euh… C'est ça ? Ben… Euh… oui, oui, oui c'est ça… Je viens vivre ici pour toujours ici. »

Je m'entends et réalise le sens de mon énoncé à l'instant où je le prononce. Je suis autant actrice que spectatrice de ma spontanéité, et ma réaction se fait tout aussi immédiate : je sens un énorme poids, le poids des inquiétudes, des incertitudes, des questionnements, le poids de toute une vie se déverser sur ce sol consacré, sur la terre bénie de lama G. Rinpoché pour, à jamais, m'en affranchir. Je suis libre dans ce non-choix : celui de vivre ici.

À partir de cet instant, de ce jour béni, je n'ai plus aucun doute quant à mon avenir. Je ne remettrai plus jamais les pieds dans une université, je ne chercherai plus de travail, je ne penserai plus à mon avenir. Je veux rester ici dans cet instant plaisant au cœur présent de lama G. Rinpoché…

13.
UNE NOUVELLE VIE COMMENCE

Dès le mois de janvier, soulagée et libre, je m'installe définitivement dans ma nouvelle maison. Au cours de mes deux semaines d'absence, Maïa en a profité pour se poser des questions à propos de son avenir et a pris une importante et capitale décision qui va changer beaucoup de choses. À peine nous venons de nous retrouver qu'elle s'écrie avec sa jolie bouille tout enjouée :

« Chris, faut que je te dise un truc trop génial, suis trop contente : j'ai demandé à faire la retraite de trois ans. Et Rinpoché a accepté. »

C'est un choc pour moi. Je suis à la fois heureuse de la voir si contente, mais malheureuse d'envisager la vie au monastère sans elle, car au-delà de ma foi sa présence m'est indispensable.

La retraite, qui dure exactement trois ans, trois mois, trois jours, ce qui correspond, entre autres, au cycle du renouvellement complet des énergies du corps, est le parcours traditionnel auquel aspire la majorité des pratiquants investis. L'isolement est une exigence absolue afin que l'esprit puisse avoir les meilleures conditions pour se pacifier et se purifier de ses émotions et tendances négatives. C'est très intense et difficile et il faut vraiment s'y préparer pendant plusieurs années afin d'établir au préalable une maturité et une stabilité spirituelle ; on dit qu'une retraite de trois ans équivaut à 100 années de karma négatif purifié.

Les deux tiers des *stapra* se préparent à la retraite de trois ans. J'envie Maïa. J'aimerais être à sa place, mais jamais Rinpoché ou les lama ne m'accepteront en retraite. Certains des futurs retraitants s'y préparent depuis plus de 10 ans. Ils connaissent le *dharma*, ses pratiques et ont l'habitude de méditer. En outre il est nécessaire de savoir jouer des divers instruments et surtout lire le tibétain car les textes que nous étudions en retraite, sont exclusivement écrits en cette langue sacrée et sa somptueuse calligraphie. Je suis une néophyte. Je connais encore si peu du bouddhisme et de sa pratique. Je dois avec regret oublier ce désir farfelu, mais ce n'est sans compter l'enthousiasme communicatif, de ma petite Maïa qui poursuit :

« Faut que tu la fasses avec moi. On ne se quitte pas. On va se soutenir. »

Malgré mon pessimisme, la graine de souhait vient d'être arrosée d'espoir et commence à germer.

« Mais bien sûr que si, ils vont t'accepter. Attends un peu pour en parler. De toute façon, les retraitants sortent seulement dans deux ans ; nous avons donc le temps d'apprendre le tibétain et de nous préparer. »

Et c'est sur cette nouvelle perspective séduisante que je commence l'année 1996. En un mois, ma vie a basculé à une vitesse fulgurante. J'ai l'impression d'être ballottée dans tous les sens, et dans ce tourbillon, je perds à chaque instant beaucoup de moi-même, des parties troubles, tristes et craintives. Elles sont supplantées par la foi, la solidarité et le sacré. La dernière page d'une vie se ferme et un nouveau chapitre est en passe d'être rédigé avec un projecteur lumineux qui l'éclaire, et en rend l'écriture légère et la lecture facile. Ce projecteur lumineux, c'est Rinpoché.

Maïa et moi travaillons toujours sur les toits du monastère des femmes. Dès 8 h 15, plusieurs voitures amènent les équipes sur les chantiers à deux kilomètres plus bas dans la vallée ; elles nous ramènent à la ferme à midi le soir. Le matin, mon amie et moi n'empruntons jamais les navettes. Quelles que soient les intempéries même fâcheuses, qu'il pleuve, qu'il neige ou qu'il vente fortement, nous descendons toujours à pied. Cela nous contraint à nous lever bien plus tôt pour arpenter ces deux kilomètres qui s'ajoutent à une journée déjà physiquement harassante. Pourtant, quel que soit l'état de notre fatigue, nous ne ratons ces promenades matinales pour rien au monde.

Nous descendons le chemin jusqu'au chantier, habillées comme des bibendums, emmitouflées dans de nombreuses couches de vêtements très chauds, tellement trop grands que cela nous impose de marcher avec les bras et les jambes écartés, surtout Maïa qui est bien plus petite que moi. Qu'est-ce que je peux rire par le seul fait de la regarder se mouvoir dans son accoutrement qui la fait ressembler à un sumo déguisé en skieur coloré.

Le centre demeure dans une magnifique région entre montagnes et plaines avec des forêts extraordinaires, des rivières et des lacs et surtout des levers et couchers de soleils sublimes.

Toutes les saisons sont somptueuses, mais celle que je préfère par-dessus tout c'est l'hiver, lorsque nous marchons sur la neige fraîche sous un soleil resplendissant, chacun de nos pas marquant de façon éphémère le sol immaculé. Seules des petites griffures d'oiseaux et nos empreintes poinçonnent le chemin, redonnant à l'instant sa préciosité unique et indivisible.

Nous nous délectons de ces tableaux de nature vivante qui changent au gré des jours et des saisons ; nous savourant toute cette beauté sans jamais oublier de la remercier et de l'offrir à tous les êtres et à l'univers. C'est un rituel bouddhiste que de profiter de ce qu'on nous donne tout en l'offrant. Cela permet de se rappeler que tout est impermanent et de se détacher des plaisirs de sens.

Chaque matin est si beau, si joyeux et drôle que cela nous donne une énergie formidablement positive pour le reste de la journée. Plus particulièrement, le ciel qui nimbe nos têtes est des plus admirable. Les arc-en-ciels dansent chaque jour avec les nuages aux milles nuances. Il ressemble à la toile d'un peintre fou à la créativité d'esthète exalté. Tout ce spectacle n'est que l'expression de la bonté de Rinpoché dont l'esprit ne fait qu'un avec l'espace, le magnifiant de sa présence bienheureuse. Au monastère, tout vibre, pétille, explose d'éclat, de mouvements et de vérité. Rinpoché rend à chaque chose sa présence ardente, vivante et éveillée. On dit qu'un lieu sacré est entouré de bouddhas et de protecteurs. Ils jouent avec les éléments et nous percevons tangiblement leur bonté et leur quintessence artistique imprégner chaque particule de la manifestation.

Lorsque nous arrivons plus bas dans la vallée, nous coupons par des prés pour échoir derrière le monastère des femmes, ce qui nous fait gagner facilement un bon kilomètre. Lorsqu'il pleut beaucoup, nous devons alors bondir sur des pierres et des mottes de terre saillantes, afin d'éviter de mouiller nos bottes trouées. Pour moi, c'est assez facile avec mes grandes jambes, mais, plus petite, Maïa peine beaucoup à joindre deux réceptacles. Il lui arrive souvent de manquer les protubérances terreuses et de s'enfoncer dans la gadoue jusqu'à la cheville, ce qui nous fait beaucoup rire.

Au terme du dernier champ, nous devons traverser un fossé, qui entoure le monastère des femmes ; très large et profond, nous marchons à l'intérieur pour rejoindre l'autre versant ; cependant, lorsqu'il pleut ou neige, il se remplit d'eau. Nous sommes alors contraintes de descendre jusqu'au flot, puis nous sautons pour atteindre l'autre rive. Chaque matin de pluie, c'est le stress, car, si le fossé est trop rempli, nous sommes obligées de rebrousser chemin, retraverser tous les champs en sautant sur les mottes et faire le tour par la route, ce qui nous rajoute deux bons kilomètres et nous fait perdre un temps considérable.

Un matin, alors qu'il a plus toute la nuit, déjà en retard, nous prenons le risque de couper par les terres. Évidemment, les terrains sont noyés et cela nous prend un temps considérable pour les traverser ; sautant sur ces protubérances à peine visibles et souvent ratant nos cibles, nous avons les chaussures et les chaussettes complètement trempées et pleines de boue. Lorsque nous parvenons enfin péniblement jusqu'au fossé, nous découvrons avec effroi, qu'il est rempli d'eau de pluie. Nous n'avons pas d'autre choix que de faire demi-tour ou bien d'enjamber les presque deux mètres qui nous séparent de l'autre rive.

Ayant déjà perdu un temps fou à traverser les champs inondés, la peur au ventre, nous décidons de sauter. Nous commençons par avoir un énorme fou rire en nous observant à tour de rôle échouer dans nos tentatives respectives : chacune prend son élan en dérapant dans la boue, court avec une démarche hilarante à cause de nos bottes trop grandes lestées par des kilos de terre, puis s'arrête net juste au bord, sans jamais oser sauter par crainte de tomber. Le manège dure une bonne demi-heure, et plus le temps s'écoule, plus nous stressons.

« Bon, cette fois-ci j'y vais. »

Enfin je me résous à sauter et, par miracle, j'arrive à franchir le fossé après avoir rectifié avec les bras un déséquilibre arrière qui m'aurait conduite à la catastrophe. Maïa pleure de rire de me voir battre des ailes.

Au tour de Maïa. Ben non ! Maïa n'y parvient pas. Elle est paralysée d'effroi. Elle court comme Casimir de l'*Île aux enfants*, puis stoppe net devant l'île inondée. L'observer me fait rire à foison.

« Allez Maïa, je l'ai fait, c'est facile, faut que tu sautes, il est 9 h 30. On va se faire engueuler, décide-toi à sauter, ne t'inquiète pas, je vais t'attraper. Sinon, fais le tour par la route. »

Enfin ma petite Maïa se décide. Elle prend son élan, motivée comme jamais… J'éclate de rire encore une fois en la regardant s'élancer et courir vers moi ; son corps est enfoncé et raccourci par ses grosses bottes trop grandes couvertes de terre ; ses petites jambes s'écartent pour se mouvoir, gonflées par son pantalon de ski multicolore dont l'entre jambe lui descend aux genoux. Deux doudounes sont empilées sur ses frêles épaules, et son énorme bonnet péruvien qui lui glisse sur les yeux, lui ôte toute vision claire. On dirait un gros poulet court sur pattes. Elle a une allure et une démarche hilarante et je me délecte de ce spectacle des plus comique.

Maïa l'abeille ou plutôt Maïa le poulet en obésité morbide vole au-dessus du canal et vole bien, oui, mais… seule… sans ses bottes qui, trop pesantes et complètement enlisées dans la terre, décident de rester de l'autre côté… Elle se retrouve dans l'air en chaussettes et malheureusement, bien que désormais plus légère, son saut de poulet est trop court d'un poil, ou d'une plume. J'ai déjà le souffle coupé tellement je ris, je tente de la rattraper, mais et elle m'échappe et glisse alors de toute sa face sur la berge pour s'enfoncer à moitié dans l'eau, le visage et le torse raclant toute la bordure boueuse. Perdue sous son bonnet qui lui couvre maintenant les yeux, elle penche la tête en arrière en me cherchant du regard et stupéfaite sans un mot, elle me sourit. Je ne vois que ses jolies dents et le bout de son nez recouvert de boue. Elle ressemble à Rambo en nain de jardin.

Maïa est méconnaissable, recouverte de fange de la tête aux pieds. Je l'agrippe et tire mon amie pour la sortir de l'eau, mais avec ses chaussettes, elle dérape et glisse de plus belle dans cette boue épaisse, raclant une deuxième fois la berge. Un fou rire nous prend, incontrôlable, douloureux, intarissable. On en a mal au ventre, on pleure, on ne peut plus parler tant nous rions. Il nous suffit de regarder les deux pauvres bottes de l'autre côté plantées dans la terre et nous repartons en éclat de rire. Je crois que ce jour-là, j'ai eu le fou rire le plus mémorable de ma vie.

Vu l'état de ma pauvre Maïa, je n'ai pas le choix que de me porter volontaire pour récupérer les bottes, mais, grâce à mes longues jambes, je réussis. Nous arrivons sur le chantier avec plus d'une heure et demie de retard. Mais Maïa, couverte de terre et trempée jusqu'à l'os, soulève tant d'émotions chez chacun, entre pitié et compassion, que le retard passe comme une lettre à la poste.

Cette anecdote fait partie d'une longue liste joyeuse et bénie de péripéties abracadabrantes. Travailler avec Maïa, ce n'est pas travailler. C'est rire, chanter, c'est parler de sujets profonds, c'est se soutenir dans la fatigue et les chagrins, c'est être heureuse ensemble et s'aimer très fort. Je ne la remercierai jamais assez pour tout le bonheur qu'elle m'apporte dans cette vie. Je lui dois tellement. Merci mon amie, à l'infini.

14. MANÈGE EN CHANTIER

Il est courant de penser que la vie monastique est une vie de privation, austère et triste. Je ne peux parler que de ce que je connais et chez nous, la vie n'est pas triste. Elle est dynamique et joyeuse. Bien sûr, la discipline est importante, le travail de rigueur et la pratique méditative essentielle, cependant tout est fait dans la joie et la bonne humeur. Rinpoché dit toujours qu'il est préférable d'être un laïque heureux plutôt que d'être un moine triste et frustré. Prendre les vœux monastiques n'est donc pas une finalité ; l'important est d'être un pratiquant joyeux. Nous sommes à l'école du bonheur et le bouddha nous offre des méthodes pour trouver l'enchantement en soi et nous libérer de l'emprise de l'ignorance et de la souffrance.

Travailler sur soi n'est pas toujours facile surtout en communauté. Nous devons nous adapter aux situations et à des personnes non choisies, avec ce que nous sommes et surtout ce que nous ne sommes pas, sans nous comparer ni nous juger. La voie spirituelle du juste milieu exige une appréciation méticuleuse entre une discipline indispensable et un esprit flexible et adaptable aux situations. Cette balance est fragile et difficile à atteindre et à stabiliser. Cela exige une conscience présente à chaque instant.

Moi-même je passerai par beaucoup de vues et de voies fausses qui m'éloigneront de ce point d'équilibre suspendue entre deux excès. Combien de fois, au cours de mon chemin spirituel, serai-je trop dure avec moi, me contraignant à une exigence ascétique arbitraire qui ne mènera à rien d'autre qu'à un état d'épuisement. Avec l'expérience, j'apprendrai à ajuster avec pondération l'instant précis au « ni trop ni pas assez ». Être redoutablement attentif à cet équilibre est une des clés qui ouvre la porte à l'éveil.

Beaucoup de pratiquants aimeraient ressembler à ces maîtres exceptionnels qui passent leur vie à méditer dans des conditions insoutenables, tel que le renommé Milarépa, ce yogi qui a vécu pendant de nombreuses années dans le plus grand isolement des hautes montagnes de l'Himalaya. Vêtu d'un seul drap de coton, il se nourrissait uniquement d'orties qui teintaient sa peau d'une couleur verdâtre. Son corps est d'ailleurs aujourd'hui représenté avec des nuances vertes dans toutes les figurations et les statues érigées à son effigie. De telles prouesses, de telles maîtrises ne peuvent être atteintes avec la volonté seule qui n'est autre qu'une émotion d'orgueil travesti par la peur.

Hormis une minorité de Canadiens, d'Américains et d'Australiens, la communauté est principalement composée de Français et d'Allemands. Ce brassage de mœurs et de traditions est très riche, mais clivante et soulève parfois incompréhensions et conflits qui sont vite dissolus dans l'espace de la pratique. Rinpoché nous enseigne que, dans chaque adversité, nous devons regarder notre propre esprit afin d'en saisir les perturbations. L'autre est le miroir de nos défauts. Il représente un support idéal pour développer amour et compassion, patience et tolérance. Ce n'est jamais la faute de l'autre. Les négativités sont en nous. Une table ne se met pas en colère, n'est pas jalouse ou avide. La vie en communauté et la pratique de la médiation sont un projecteur grossissant pointé sur nos défauts. Grâce à l'entraînement de l'esprit, les dissemblances se soumettent et nous fonctionnons dans un même équilibre harmonieux, comme un corps unifié au service de notre maître.

J'adore vivre en communauté car nous faisons tous ce travail sur nous-même. Aussi, la moindre querelle devient un outil pour s'ouvrir à l'autre, le comprendre et développer des qualités. Nous allons tous dans le même sens : pratiquer les enseignements, et aider Rinpoché à construire l'ermitage monastique.

Une expérience que je vivrai sur le centre illustre parfaitement ce que je tente d'expliquer : deux années se sont écoulées depuis que je vis au monastère et mon esprit est déjà clarifié par les pratiques quotidiennes ; il est moins grossier et voilé. Je ne suis pas libérée des pensées duelles et négatives, mais je les reconnais lorsqu'elles s'élèvent. C'était déjà le début du chemin.

Un jour de très grand froid, je travaille au monastère des hommes, sur le toit du temple, avec seulement des garçons, pour la plupart des Allemands. Maïa, qui œuvre toujours au monastère des femmes, me manque beaucoup. Nous avons été séparées sur les chantiers car nous nous amusions trop. Ce jour-là, j'embauche déjà avec un esprit négatif. Je me sens très fatiguée et seule car j'échange peu avec mes copains germains. Le temps est vraiment austère, pluvieux, et on ne voit rien à 10 mètres tant la brume est épaisse. Le toit du temple est balayé par un vent glacial, qui s'engouffre dans mes vêtements et me paralyse. L'atmosphère est à l'image de ma conscience lourde et épaisse. Consciente de mon état d'esprit obscurci, je prends mon mal en patience, me rappelant à chaque instant pour quoi et pour qui je suis là. Seulement cela ne me donne pas plus envie de travailler.

Mon chef, le seul Français du chantier, m'a demandé de construire un petit muret d'1,50 mètre de haut sur 2 mètres de long. J'aime bien construire des murs, de la confection du ciment, aux calculs précis et au montage ; il y a toujours une petite fierté éprouvée une fois l'œuvre achevée ; cependant, ce jour-là, il n'y a pas moyen, je n'ai pas envie. Et ce temps assassin n'arrange rien.

Malgré l'activité physique importante, je suis frigorifiée. Le mortier sur mes gants durcit et forme une strate rigide qui embarrasse l'articulation de mes mouvements. À l'intérieur, mes mains engourdies, sclérosées par le ciment qui se faufilent à travers les trous de ces protections de fortune, me font un mal de chien. Elles sont brûlées par le béton et le gel, constamment humidifiées par l'eau et la glace. Mes seaux en sont si remplis que j'ai beaucoup de peine à les déplacer. À ce poids s'ajoute celui des parpaings bien trop larges et trop lourds pour mon dos. Ployant sous les charges, il est constamment voûté et très douloureux. Mes muscles en tension se figent à chaque pas sur le sol glissant qui s'échappe sous mes pieds. Chaque minute est éprouvante autant physiquement que moralement. D'habitude, rien ne fait obstacle à mon courage car je suis avec Maïa et nous nous soutenons dans la bonne humeur. Mais Maïa n'est pas là, ni ma motivation. Ce jour-là, tout me semble infiniment pénible.

Mon chef a posé la première ligne du muret et je dois continuer son travail. Je ne m'entends pas bien avec lui. C'est un Français d'une trentaine d'années qui se croit beau, intelligent et cultivé, et qui pense avoir tout vu et tout fait. Il s'incruste toujours dans les conversations et se mêle inutilement de tout. Il a un humour très lourd parfois graveleux derrière lequel il dissimule une ironie hautaine à l'égard d'autrui. Cela ne fait rire que lui et quelques Allemands qui répondent par mimétisme à son persiflage déplacé. Sur le chantier, il ne cesse de me donner des ordres. Spécialement ce jour-là, il redouble d'incompatibilité avec mon humeur électrique. Il est constamment derrière moi à me parler de sa personne et à surveiller mon travail en me donnant 1 000 recommandations inutiles, puisque depuis que je vis au monastère, j'ai déjà construit une bonne vingtaine de murs. À croire qu'il n'a rien d'autre à faire que de m'agacer. Ressentant l'exaspération m'envahir, je feins l'indifférence et ne lui réponds pas. À chaque instant, je lâche mes pensées indisposées afin d'éviter de lui mettre ma truelle dans sa bouche.

Je monte donc le muret dans cette ambiance orageuse, et ce conflit intérieur d'un esprit qui ne cesse de baguenauder entre cohérence des enseignements altruistes et impatience exacerbée. Cela me demande deux bonnes heures pour parfaire ma tâche dans ce froid qui me gifle la peau, ankylose et meurtrie mes membres découragés. Mon muret enfin achevé, j'appelle mon chef afin qu'il me donne une autre activité à accomplir que j'espère plus agréable.

« Ça ne va pas ! Recommence ! Ton mur n'est pas droit, me dit-il avec condescendance. (Pour ne pas l'écrire en deux mots…)

– Quoi ? Ah non c'est impossible. Je suis avec précision la corde que tu as tendue entre les deux parpaings témoins. »

Je vérifie par moi-même et effectivement la bulle du niveau n'est pas centrée. Je démonte donc, dans une obéissance exemplaire mon œuvre défectueuse. Je gratte un par un, chaque parpaing afin d'en ôter le ciment et je remonte le mur avec patience et lâcher prise. Je suis en apparence très calme et pourtant la lassitude et l'agacement se font de plus en plus prégnants.

Pour la deuxième fois, je termine mon œuvre et appelle mon chef qui se donne un air lassé et blasé. Il se pointe en sifflant et, avec encore son air con… descendant, me dit :

« Ouais ben c'est nul ; comment tu te débrouilles, applique-toi, et recommence, la bulle, elle penche !

– Ahhhh ! Tu me gonfles avec ta bulle, je vais l'éclater ta bulle »

Et non, je ne prononce pas ces mots, mais je les pense si fortement qu'il doit les lire dans mon regard expressif. Je vérifie ses dires avec minutie parce que j'aimerais tant qu'il ait tort, seulement il a raison, alors je ne dis rien ; je baisse la tête et je continue à travailler sur mes parpaings et surtout sur mon irritation expansive. Je sens que mon chef prend un malin plaisir à pointer mes erreurs et à me regarder démonter et remonter ce foutu mur. Pas un instant, il ne cherche à m'aider alors que c'est son rôle. Cela prouve qu'il n'est pas très heureux. Le bonheur rend bienveillant.

Eh bien vous me croirez si vous voulez, mais il me fait démonter et remonter ce mur cinq fois de suite ! Cinq fois ! Et le pire dans tout cela, c'est qu'au terme de cette cinquième fois, le mur n'est toujours pas droit. Et durant toutes ces longues heures éreintantes ou je me brise, pas une seule fois il ne m'apportera assistance et soutien. Toute la journée, il se tiendra à quelques mètres de moi et m'observera du plafond de son arrogance en sifflotant toujours le même air détestable, se manifestant avec la poitrine haute, posant le niveau sur les parpaings sans me jeter un seul regard pour dire un seul mot austère : « Recommence ».

Cinq fois ! Cinq putains de fois à défaire un par un les parpaings pesant la moitié de mon poids, nettoyer et poncer le ciment, refaire du ciment, remonter les parpaings, les redémonter, les reponcer, rerefaire le ciment, reremonter, rereredémonter, rerereponcer, rererererere et re...

Seulement au terme de neuf heures de travail sans pause, sans avoir mangé et avec des douleurs insupportables dans tout le corps, ma patience s'est délitée. Je bous, brûle, me brise de l'intérieur. J'ai envie de pleurer, de hurler, de tout casser. Toute la journée, j'ai maîtrisé mes envies de démonter, non pas le mur, mais la tête de mon chef. Je me suis rappelé chaque instant les enseignements, la nature des émotions, leur vacuité, et la vérité de la non-dualité, de la sagesse et de l'amour, etc. Seulement, alors que la nuit commence à tomber avec toute son austérité, mon esprit vrille à cette sixième fois où il me dit et en rajoute avec sa tête d'abruti :

« Tu es archinulle, ou tu n'as aucune bonne volonté. Recommence ! »

C'est la phrase de trop. En moi, une montée de haine jaillit comme la lave d'un volcan. C'est tellement violent que je sens une chaleur brûlante se propager dans le circuit énergétique que l'émotion emprunte, de mon bas-ventre ulcéré à ma tête en folie. J'ai l'impression de m'enflammer. Perchée en hauteur sur un escabeau, j'en descends rapidement avec l'intention de le détruire, lui dire tout ce que je pense de lui, aussi grossier que ça peut sortir. J'ai passé la journée à monter et démonter gentiment, ce satané mur, « ce foutu mur pour ce gros empaffé de chef en carton, que je m'apprête à étouffer en lui faisant manger son niveau et sa bulle aussi vide que son cerveau d'imbécile. » Je n'en ai plus rien à faire des enseignements, du lâcher-prise, de la compassion envers autrui. Autrui et ma truelle vont expérimenter la non-dualité. Je suis hors de moi.

Sauf qu'en descendant, coupée de toute vigilance tant je suis envahie par la rage, je ne regarde pas derrière moi et je pose mon pied déjà tellement endolori par le froid, dans un seau d'eau glacée mélangée à du ciment liquide. Je suis trempée, réfrigérée jusqu'à mi-mollet avec du ciment partout. C'est de trop. Tellement de trop que la violence de l'émotion se décuple. Elle devient si vaste, si violente si embrasée que je ne suis plus qu'elle. Alors se passe une expérience incroyable : dans un instant infime, j'ai le rappel que peu importe la situation extérieure et son injustice, c'est sur mon esprit que je dois travailler et pas sur mon chef. Ce qui me traverse est la manifestation de mon esprit dont la nature fondamentale est pure sagesse. La colère est vacuité, sagesse et amour.

Immédiatement je reconnais mon émotion dans son essence. J'abandonne alors tout de suite toute la projection sur mon chef qui s'apprête à être lapidé. Et je regarde avec immense ouverture la violence de mon émotion. Alors ô miracle, elle se transforme spontanément en une expérience indicible de clarté et de félicité. La haine se convertit en une sensation merveilleuse de bonheur. Tout mon corps vibre de félicité ; toutes ses douleurs disparaissent ; il devient un agrégat de cellules en pleine santé, débordantes d'énergie heureuse ; quant à mon esprit, ses barrières et ses voiles ont implosé pour se dissoudre dans le vaste espace de l'esprit universel. C'est semblable à un orgasme spirituel. Pour un instant, la réalité m'apparaît dans cette dimension non duelle et mon esprit haineux devient un océan d'amour infini. Je ne fais qu'un avec tout ce qui est, y compris mon chef…

Grâce aux enseignements, grâce à la bénédiction de Rinpoché, j'évite une énorme dispute et je transforme mon émotion de haine en expérience de sagesse. Je comprends alors, combien le *dharma* est précieux, combien la réalité est belle.

Cette expérience dure seulement quelques secondes, mais assez pour que je ne l'oublie jamais.

Après cela, j'éclate de rire avec mon pied toujours dans le sceau devant les yeux médusés de mon chef. Il ne comprend rien du tout. Je lui prends le niveau de ses mains. Je mets un énorme coup de pied dans le mur qui s'écroule à ses pieds et je vérifie la première ligne de parpaings qu'il a faite. La bulle penche à plusieurs endroits… C'est sa faute !

« Ah oui, autant pour moi, me dit-il ; tu ne pouvais pas faire un mur droit avec une base si défectueuse. Désolé.

– Pas de problème, mais tu vas le monter toi-même ton mur, moi je débauche ! »

Rinpoché dit qu'il n'existe ni bonnes ni mauvaises pensées. À la racine, tout n'est que le jeu de la sagesse primordiale. En ne s'identifiant plus à nos pensées, l'esprit apparaît en sa vérité infinie. Les pensées bonnes ou mauvaises, les émotions même violentes, deviennent alors le bois qui nourrit le feu de la méditation. Plus il est vif, plus il éclaire, plus il nous éclaire.

Toutes les difficultés sont alors des occasions pour purifier nos tendances et nous mener à l'éveil. Elles sont le tremplin pour reconnaître la nature de notre esprit. Et c'est exactement ce que j'ai expérimenté. Tout est en nous et dépend de nous, bonheur comme douleur. Tout se manifeste au cœur de notre esprit en lien avec notre façon de percevoir et de transformer les situations, de rester dans l'ignorance de la vision égotique ou de la dépasser et nous ouvrir à la sagesse omniprésente dans toutes les manifestations intérieures ou extérieures.

Ce jour-là, ma foi est éprouvée, affermie, confortée. Je suis reconnaissante et motivée plus que jamais pour continuer sur ce chemin, certes pas toujours facile, mais le seul et unique vers la vérité de mon être et de tout ce qui existe.

15. MON GUIDE SPIRITUEL

Fin janvier, je rentre chez mes parents ; je dois les informer que j'arrête définitivement les études et que je vais m'installer et vivre au monastère. Appréhendant la discussion, j'ai imaginé 1 000 arguments qui entérinent ma décision. Finalement, sûre de moi et ne leur laissant aucune possibilité pour donner leur avis, l'échange se passe très bien. Les tergiversations sont inutiles, ma décision est viscérale et je ne changerai pas d'avis.

Jusqu'ici, maman m'a toujours fait confiance ; le souci de mon bonheur supplante tout désir personnel. Papa lui, expose rarement ses sentiments ou avec grande pudeur. La communication passe souvent par le langage du corps. Et à son visage renfrogné et ses quelques remarques insidieuses, je perçois avec évidence, son amertume. Maman me confiera plus tard qu'il est déçu et n'approuve pas mes choix. Il pense que je gâche ma vie. Mais il ne m'exprime rien et ça m'arrange fortement car je n'ai vraiment pas envie d'entendre ses jugements. D'abord parce que cela va me faire du mal. En outre Je ne veux pas me justifier avec un raisonnement qui lui sera, de toute façon, impossible à comprendre. La foi ne se comprend pas. Elle s'éprouve et papa en est dépourvu. Il ne peut pas s'ouvrir à ma vision et encore moins l'accepter. Je l'aime tellement et son avis m'est si cher que je préfère son silence plutôt que d'avoir à l'affronter.

En mars, soit quatre mois après mon arrivée, Maïa et moi avons l'immense privilège de quitter le dortoir de la ferme destiné aux gens de passage et d'obtenir notre propre chambre dans l'ermitage monastique des hommes. Préséance accordée seulement aux pratiquants qui s'engagent sur du long terme dans la vie communautaire. C'est un nouveau signe d'intégration et celui que j'attendais. Je ne suis plus une personne lambda de passage au dortoir. Je suis Christelle, une habitante du centre.

Notre chambre est placée sur la première branche du U que forme le monastère. Au fond, il y a les chambres des lama et sur l'autre branche en face de nous, il y a celles des moines.

Nous sommes les premières habitantes de cette pièce et les dernières aussi, puisqu'une fois la construction du monastère achevée, ses portes se refermeront à jamais, protégeant du regard extérieur, ses habitants composés exclusivement de moines.

C'est la plus belle période que je vis sur le centre. Avoir notre chambre au cœur du monastère parmi toutes ces personnes extraordinaires et à une cinquantaine de mètres du temple et de la chambre de Rinpoché, est vraiment un cadeau exceptionnel. J'en éprouve une infinie reconnaissance chaque jour. Nous sommes baignés dans la pratique de tous ces êtres d'exception, dans cette bénédiction mystérieuse qui s'exhale partout.

Notre chambre est de taille moyenne avec pour seuls et uniques meubles, deux lits ; en guise d'armoire, nous nous contentons de nos valises. Il existe toujours cette cloison invisible, qui divise en deux, nos espaces personnels respectifs car Maïa est toujours autant désorganisée. La cohabitation est harmonieuse et parfaite. Jamais nous ne nous querellons, alors que nous sommes 24 heures sur 24 ensemble.

Nous partageons une des salles de bains avec une dizaine de *stapra*. Pour notre plus grand bonheur, ce sont uniquement des hommes, puisque nous sommes seulement quatre filles habitant dans l'enceinte. Et bientôt il ne restera plus que Maïa et moi, puisque les deux autres déménagent au monastère des femmes. Il est encore inenvisageable pour Maïa et moi de ne vivre qu'avec des femmes. Nous voulons rester au monastère des hommes avec leur énergie si spécifique au lieu. Il y a une atmosphère exceptionnelle dans le monastère, d'une très grande puissance et en même temps d'une sérénité spacieuse, vivante et vibrante.

En journée, le monastère s'anime et nous avons la chance de constamment croiser des grands lama et leur énergie bienveillante. Les nuits sont tout aussi merveilleuses parfumées d'une quiétude protectrice. Souvent, le soir, lorsque le silence remplit l'atmosphère rafraîchie, Maïa et moi, emmitouflées dans nos duvets, allons nous adosser à la maison du K., au centre du monastère. Déposée sur un tertre dominant, elle nous offre une vue panoramique sur l'ermitage, mais aussi sur toute la région à perte de vue, avec à l'horizon ses volcans imposants. Les contrastes de gris percés par des milliards d'étoiles rutilantes nous offrent un spectacle époustouflant. Nous pouvons alors rester des heures à admirer cet univers parfait.

On s'y amuse aussi beaucoup. Chaque fois que nous apercevons des moines ou *stapra* regagner leur chambre, nous nous jouons d'eux en faisant des bruits bizarres et effrayants. Dans le noir, ils ne nous voient pas et nous pouffons de rire d'observer leurs réactions, tandis qu'eux, aveuglés par les lumières des coursives, cherchent avec leurs yeux écarquillés d'où proviennent ces sons mystérieux.

Nous avons des super copains de notre âge qui viennent souvent dans notre chambre après le travail ou une *poudja*. Notre cocon accueille énormément de rires, de grandes discussions, de moments forts de soutien et de tendresse. Nous nous encourageons mutuellement, nous parlons de nos journées sur les chantiers, des enseignements, des lama, de la retraite, de notre foi… Les autres *stapra* plus âgés, sont plus pondérés et calmes. Nous sommes seulement un petit groupe de cinq ou six, avec ce grain de folie à contresens de l'énergie monastique. Et heureusement que nous avons cette alliance joyeuse car ce n'est pas facile tous les jours ; à notre jeune âge, pendant que nos anciens camarades sortent en boîte de nuit et tombent amoureux, nous tentons de renoncer à une vie de plaisirs et de projets. Notre choix implique une redoutable détermination car les tentations sont nombreuses et souvent nous ressentons l'appel du large. C'est dans ces moments-là que notre lien et nos fantaisies sont indispensables et d'un grand soutien. Les lama acceptent complètement notre comportement parfois régressif, parce qu'à côté de cela, nous sommes très sérieux et engagés.

Je me sens très heureuse ici. Il ne me manque plus qu'une seule chose et pas des moindres. Je dois trouver désormais un maître spirituel pour me guider, me conseiller, me soutenir. Et je sais déjà à qui m'adresser. À lama Y.

Je l'ai rencontré lors de mon premier week-end d'enseignements au monastère. Et cela a été instantanément un coup de foudre spirituel. L'évidence même. Chaque dimanche après-midi, durant près de trois heures, nous recevons des instructions profondes du *dharma*. Je pense que j'ai reçu en neuf ans, entre les dimanches d'études, la retraite et les retranscriptions qui seront mon activité principale postretraite, des milliers d'heures de pédagogies d'une richesse exceptionnelle.

Lama Y. est le principal enseignant et l'écouter c'est se laisser remplir d'or. Il a fait deux retraites de trois ans et il est le traducteur principal et un des plus proches disciples de Rinpoché, pour ne pas dire le plus proche. C'est pour moi une personne hors du commun, brillante et sage, qui se singularise par sa radiance, sa profonde intelligence, sa finesse d'esprit et son humour délicieusement subtil. Il est très respecté, très aimé, inspirant la sagesse, le discernement et la compassion. Son activité sur le centre ainsi que dans tous les centres de retraites des hommes, est très vaste. Je le redoute autant que je l'admire car il peut faire preuve d'une grande douceur, autant que d'un courroux intimidant. Il est en réalité juste avec notre ego, telle une mère pour son enfant, débordant d'amour et de protection, le replaçant sur le bon chemin s'il s'en égare.

J'éprouve envers tout ce qu'il incarne, un attrait magnétique et une admiration inspirante et stimulante. Dès cette première rencontre, j'ai la certitude que c'est lui mon lama, c'est-à-dire l'ami spirituel à qui offrir ma confiance. Dans le bouddhisme, nous pouvons avoir plusieurs maîtres. Il y a le maître ultime qui représente la vérité absolue, c'est-à-dire l'éveil, l'état de bouddha ; de par son parachèvement spirituel, lama Guendune Rinpoché est un maître ultime ; il a atteint l'éveil définitif et son esprit est indifférencié avec ceux des bouddhas. Il est notre lama racine à tous, mais il est peu accessible. Personne ne l'a comme « ami » spirituel hormis les lama eux-mêmes. Et puis il y a le lama comme compagnon spirituel qui va nous soutenir et éclairer le chemin de la foi.

Mon cœur a choisi lama Y. pour cette noble fonction, seulement il m'impressionne tant que je n'ose pas lui présenter ma requête. Il m'intimide tellement. J'éprouve déjà une immense dévotion et je crains tant qu'il refuse ma demande que j'attendrais plus de quatre mois avant de m'adresser à lui. Je vais à tous ses enseignements, je bois ses paroles comme un alcoolique altéré, je me remplis de son rayonnement, mais je suis absolument incapable de lui parler. Rien que lui dire bonjour me paralyse.

Poussée par mon envie foisonnante et le besoin fondamental d'avoir un guide, je finis par lui demander un entretien durant lequel je vais exprimer toute l'admiration que je lui voue, mais aussi ma vulnérabilité, mes peurs, mes lacunes et mon besoin d'être éclairée et guidée. Tout au long de cette entrevue, je suis si impressionnée que j'ai le cœur qui bat la chamade, je tremble j'ai chaud, j'ai froid. C'est éprouvant, mais j'ai enfin le courage de lui parler.

Sans hésitation et avec une grande douceur, il plante son regard lumineux dans le mien, cette lumière magique qu'on ne perçoit que chez les gens indissolublement heureux, et il accepte ma requête, avec une délicatesse et une légèreté défiant toutes les plumes du monde. À partir de cet instant-là lama Y. ne me lâchera plus jamais.

Lama Y. m'apporte tellement. Il est toujours là pour moi, patient indulgent, réconfortant, il me répond, me conseille, ne me juge pas dans mes erreurs, mes carences et mon ignorance. Il est présent, imperturbable dans son amour et sa sagesse. C'est vraiment grâce à lui que je peux suivre cette voie si profonde. Il est soutenant, doux, parfois ferme et dur, ce qui me permet d'avancer à mon rythme. Il lui suffit d'un regard, d'un geste, d'un seul mot pour que je comprenne quelque chose, que ce soit dans la satisfaction comme dans le mécontentement.

Entre nous s'instaure immédiatement une communication au-delà des mots, et au-delà des maux. Pas besoin de parler, je sais et il sait encore plus…

Lama Y. sait tout sur moi et je ne peux rien lui cacher. Que ce soient mes joies, mes peines, mes erreurs, il me connaît. Nuit et jour, si je ne vais pas bien, je peux aller le voir. Je m'assois alors en face de lui à même le sol, dans cette petite chambre embaumant la grâce et le divin. Et, tandis que je n'ai pas encore dit un mot de mes peines, il se met à rire. Un rire tout doux, tout joyeux, accompagné d'un regard empli d'amour et de bienveillance. Il n'a pas besoin de dire grand-chose parce que déjà mes chagrins perdent de leur consistance et se disloquent dans l'énergie vaste de sa compassion qui emplit chaque recoin de la pièce, chaque recoin du monde. Tous mes chagrins disparaissent alors comme les nuages gris poussés par le soleil.

« Arrête de te donner de l'importance en te jugeant en bien ou en mal. Tu crois trop en toi, en ton ego et sa réalité. Tu t'attaches excessivement à tes pensées, bonnes ou mauvaises. Mais elles n'existent pas. Tu n'existes pas. Tout va bien. Tout est là. Cesse de chercher le bonheur et tu le verras. »

Avec une immense persévérance et une bienveillance attentive, lama Y. me répétera ce discours durant des années. Il ne se lassera jamais, ne perdra jamais patience ou confiance en moi et ne se découragera jamais face à mes incapacités et mon ignorance. Il est vraiment un guide et un ami spirituel extraordinaire, à l'image de son propre maître, lama G. Rinpoché. Jamais je ne le remercierai assez pour tout ce qu'il m'apportera dans ma vie.

16. SOUHAITS ET RETRAITE

Bouddha dit : « Ne croyez pas en ce que je dis, mais expérimentez par vous-même ». Depuis que Maïa prépare la retraite de trois ans, je m'angoisse beaucoup quant à mon avenir. Nous sommes si proches et elle m'est indispensable que je ne peux pas concevoir de me séparer d'elle. Et puis, je veux faire cette retraite. Je veux expérimenter le *dharma* par moi-même, éprouver l'enseignement du bouddha dans mon corps, mon cœur et mon esprit ; il m'est inenvisageable de ne pas faire cette retraite. Je suis à cet endroit pour cela. Toutes ces années à chercher le sens de mon existence, à me perdre dans mes livres et mes questionnements jusqu'à en devenir folle, à abandonner toute mon ancienne vie, ma famille, mes amis, jusqu'à mon identité première, ne peuvent pas me réduire à seulement empiler des parpaings. Certes, cette activité est sacrée et noble dans ce contexte particulier, mais cela reste un outil et non un but en soi. Je veux donner un sens à ma vie, mais à condition de le comprendre et l'éprouver et seule la retraite de trois ans me donnera accès à la sagesse intrinsèque.

Cinq mois à peine après mon arrivée, je prends la décision audacieuse d'exprimer mon souhait d'entrer en retraite auprès de lama Y. Je suis bouddhiste depuis si peu de temps que je suis plutôt pessimiste quant à sa réponse, mais j'ai vraiment besoin d'en parler car ce désir m'oppresse et me pèse. Il est si fort qu'il me faut une réponse de la part de lama Y., quelle qu'elle soit, afin de stopper ces espoirs et ces craintes trop pesants.

Les quelques *stapra* avec qui je partage mes confidences m'invitent à ne pas en parler, à attendre un peu avant d'exprimer mon souhait ; de leur avis, ce sera une réponse négative car c'est bien trop prématuré et je ne suis pas prête ; la retraite de trois ans exige une profonde compréhension des textes et un esprit stabilisé et mature, ce qui requiert des années de préparation, d'études et de pratique profondes. Les *stapra* qui se préparent à la retraite, vivent sur le centre et pratiquent le *dharma* depuis des années. J'ai encore énormément de chemin à parcourir avant d'y prétendre. Je ne me fais pas trop d'illusions, mais l'envie de ce projet me brûle et je dois absolument en parler pour me libérer de ce feu intérieur qui me consume. Et puis, si certains me dissuadent, Maïa plus que jamais optimiste m'encourage avec un enthousiasme expansif, à exprimer mes souhaits profonds. Elle aussi ne veut pas que nous nous séparions et contrairement à certains, elle est persuadée que cela sera accepté. Son exaltation enfle mon audace d'un espoir aventureux.

Après des semaines de tortures mentales, et non sans une appréhension disproportionnée, je trouve enfin le courage de demander un entretien auprès de lama Y., afin de me livrer et, par là même, de délivrer mon cœur de cette ambition envahissante. Ce projet et son aboutissement sont si importants pour moi que je me répète un discours à exposer à lama Y., durant des jours et des jours. Tout est bien clair dans ma tête, bien ficelé et je vais à cet entretien comme une actrice entre en scène, avec une maîtrise parfaite de son texte. Malheureusement, sous le poids du stress, notre conversation et surtout ma présentation vont s'avérer des plus déplorables et navrantes :

Je n'ai pas encore franchi le seuil de la porte avec mon discours appris par cœur que ce même cœur studieux, se met à battre à foison. Réalisant que mon avenir va se jouer dans quelques minutes, face à l'enjeu si grand, je panique et me laisse envahir par une profonde angoisse. Je tente de m'apaiser en respirant, en me rassurant, mais mon cœur s'emballe et cogne de plus en plus fort jusqu'à me créer une douleur vive dans la poitrine. L'appréhension croît sans retenue et lorsque lama Y. ouvre la porte, je suis en panique totale ; je m'assois face à lui, en simulant que tout va très bien, que je suis parfaitement détendue et confiante, mais en vérité je suis dans un état d'effroi absolu et j'ai perdu tous mes moyens et toute ma spontanéité. Cela se perçoit vite lorsque je commence à lui expliquer les raisons de ma venue : mon récit, qui est censé être fluide, se transforme en un flot saccadé de paroles laborieuses ; je bute sur tous les mots comme des rochers infranchissables, je bégaie, mon corps dandine, mes mains tremblent et j'oublie bien évidemment tout ce que j'ai préparé au préalable.

Je suis désorganisée, je me confonds, je perds mes idées, je pars en avant, je reviens en arrière et tout ceci en bafouillant. Quant à la mise en exergue des bonnes raisons qui m'invitent à suivre cette voie noble, avec comme ciment, la présentation de mes motivations altruistes et désintéressées, c'est un fiasco total. Ma narration est un ramassis de cafouillage, de longs silences inquiets, et de panique suspecte. Je me perds dans un méandre d'explications inutiles, contradictoires, ridicules et égotiques.

Mon récit est maladroit, grossier et totalement discréditant. Je viens de me tirer une balle dans le pied. J'avais déjà très peu de chances que ma demande soit acceptée au regard de mes lacunes et mon immaturité spirituelle, mais désormais je suis convaincue que je serai en retraite à 63 ans comme tous les Français. Je me sens dépitée et triste.

Durant toute ma prestation clownesque, lama Y. reste très attentif et stoïque. Il m'écoute impassiblement tout en me regardant avec une intensité et une attention distinctive. Comme à son habitude, il demeure imperturbable, dans une observation inquisitrice et une écoute redoutable, me laissant tout le temps de m'exprimer, et surtout de me tromper, de paniquer et de me ridiculiser davantage. Son mutisme, son regard aiguisé et attentif me rendent encore plus malhabile et étourdie. J'aurais préféré qu'il m'interrompe et mette un terme à ce discours humiliant et discréditant, mais il ne dira rien et je comblerai les silences avec davantage de confusion.

Après cet autosabotage, je finis par me taire, désespérée et honteuse. Un long silence s'installe que je ne cherche plus à occuper. À quoi bon ? Les dés sont jetés et j'ai perdu ma dernière mise. Je suis défaitiste, accablée. Le silence envahit maintenant la pièce, lestant l'atmosphère et mon échec qui pèse déjà lourdement sur mon cœur. « Qu'est-ce que je vais faire désormais de ma vie sans ce projet merveilleux. Comment vais-je vivre sans Maïa ? Je voulais tellement me consacrer à la voie spirituelle, je suis trop nulle. » Je me sens si accablée par ma tristesse que tout semble sombre autour et en moi, comme une lampe qui se serait éteinte faisant place à une pièce noire et sans vie. Je n'ai plus envie de parler, ni d'écouter ce que lama Y. a à me dire ; je veux juste partir l'échine courbée.

Après ce si long silence qui me paraît une éternité, lama Y. finit par me répondre avec cette grande douceur et cette bonté qui le caractérisent :

« Tout d'abord, ce n'est pas la peine de te mettre dans un état pareil pour ça. Calme-toi.

La retraite est une aspiration des plus nobles et c'est un magnifique projet auquel je ne m'oppose pas. Cependant c'est un chemin difficile ; aussi je ne peux pas te donner une réponse dans l'immédiat. Si c'est ton souhait profond, je n'y vois pas d'inconvénient ni d'obstacle ; mais tu dois t'impliquer avec raison et rigueur, que ce soit spirituellement, intellectuellement, mais aussi dans l'engagement et le renoncement que la retraite exige. Si, dans deux ans, date de la prochaine entrée en retraite, ton esprit est prêt, alors tu rentreras en retraite. »

Je n'en reviens pas. Suspendue à ses lèvres, je bois ses paroles comme un bébé boit le lait de sa mère. Elles me nourrissent d'une paix curative et bienheureuse, balayant toutes mes peurs et ma tristesse. Elles s'instillent dans mon corps comme une respiration légère et chaude, générant un soulagement profond et libérateur. Malgré mon manque de crédibilité, lama Y. ne me ferme pas la porte de la retraite. Au contraire, il m'encourage à m'investir tout en me mettant en garde de la difficulté du chemin. J'ai envie de hurler de joie, de le remercier à l'infini, mais je ne peux plus parler tant je suis émue. Mais n'ai-je pas besoin de lui exprimer verbalement ma gratitude ? Je prends les mains de lama Y., dans les miennes et je les serre fort en le regardant dans les yeux. Je pleure, il me sourit. Mon regard si brillant de reconnaissance, de soulagement et de bonheur, parle pour moi. Tout est dit.

Je sors de cet entretien enchantée, confondue de soulagement et de bonheur. Je cours jusqu'à ma chambre, empressée de tout relater à Maïa. Cette dernière m'attend impatiemment, tout aussi stressée que je l'étais avant mon rendez-vous, car pour elle aussi l'enjeu est important. Elle veut vraiment faire la retraite avec moi. Lorsque je lui raconte, Maïa saute au plafond en levant les mains au ciel. Elle bondit encore et encore en répétant au rythme de ses sauts : « C'est trop génial, tu vois, je te l'avais dit, c'est trop génial » et nous nous tombons dans les bras l'une de l'autre et pleurons de rire et de gaieté.

Quel grand bonheur nous partageons, quelle chance inouïe ! Non seulement, nous vivons désormais dans le monastère, en outre, je n'ai plus à m'inquiéter. J'ai un but concret et je suis motivée comme jamais je l'ai été pour réaliser mon rêve. De tout mon être, avec toute ma ferveur et une discipline intraitable, je vais me préparer à la retraite de trois ans afin de recevoir les transmissions spirituelles les plus profondes, les plus sacrées, les plus secrètes du bouddhisme tibétain. Dans mon cœur vient de s'allumer un petit feu de bonheur aux flammes qui dansent, pétillent et me remplissent d'allégresse. Je suis certaine. Je suis heureuse.

17.
PRÉPARATION À LA RETRAITE

Dès lors, Maïa et moi, motivées plus que jamais, commençons à apprendre l'alphabet tibétain. Cela fait partie des conditions à remplir pour rentrer en retraite de trois ans. En effet, les textes des pratiques étudiées, sont uniquement écrits en tibétain. Si nous ne savons pas le lire, nous ne pourrons pas réciter les rituels. Aussi, à la moindre pause, nous étudions sans relâche les caractères calligraphiques de cette langue promise. Ce n'est pas facile et, évidemment, fidèles à nous-mêmes, cela ne se fait jamais sans rire, jeu et amusement. Nous apprenons également à jouer des instruments tibétains utilisés dans les *poudja* collectives : le tambour, les cymbales, les *radong*, les *gyaling* et les *kangling*. Nous adorons jouer ensemble du *radong*. Cela se pratique en duo et nous avons une belle synchronicité et notre son est très beau. En revanche, j'ai beaucoup plus de difficultés avec les *gyaling*, instrument qui exige de maîtriser le souffle continu. Comme le son ne doit jamais s'arrêter, il nous faut garder de l'air dans les joues qu'on expire tout en inspirant ; il me faudra des semaines pour maîtriser cet exercice, là où Maïa s'en sort plutôt bien.

Durant plusieurs mois, malgré notre esprit dissipé et malicieux, Maïa et moi sommes assidues et très disciplinées. Nous étudions, apprenons, respectons les heures de chantiers, allons à toutes les *poudja*, à tous les enseignements et nous pratiquons individuellement l'accumulation des préliminaires. Nous sommes si enthousiasmées par notre objectif d'entrer ensemble en retraite que nous avons une énergie débordante et ne comptons pas nos heures d'investissement. C'est simple, nous n'avons pas une seconde de repos. Nos journées sont denses et sans aucun espace autre que ceux consacrés au *dharma* et à Rinpoché.

J'ai tellement de chance d'avoir Maïa à mes côtés. Sans elle je serais incapable d'assumer cette cadence. C'est trop intensif sans aucun instant pour se reposer ou se distraire un peu. J'admire les autres *stapra* qui font la même chose, mais seuls. Avec Maïa et son sourire, tout ce qui est difficile dans la vie du centre devient facile. Lorsque l'une est fatiguée, démotivée, l'autre prend la relève pour la soutenir et l'aider. Même sur les chantiers lorsque des travaux sont très pénibles, nous arrivons toujours à nous adapter avec ingénuité et gaîté. Le chemin est trop pentu pour apporter les lourdes brouettes de béton ? Pas grave, nous nous en servons de traîneaux et nous dévalons la piste en glissant sur la glace avec nos bottes de plastique. Le carrelage nous ennuie ? On le remplace par de la mosaïque graphique et artistique. Il fait trop chaud pour travailler ? On se rafraîchit avec une bataille d'eau. Toutes les difficultés sont toujours transformées en joie et amusement.

Malgré nos amusements, nous sommes plutôt sérieuses et toujours volontaires. Nous pouvons être affectées à n'importe quelle sorte de chantier. Nous apprenons très vite, nous sommes physiquement vigoureuses et endurantes, et nous nous adaptons à tout : maçonnerie, carrelage, placage, peinture, menuiserie, béton, etc. Nous passerons par tous les postes. Nous aimons apprendre et rien ne nous fait peur. Nous puisons notre énergie dans notre foi en le *dharma*, notre dévotion pour Rinpoché et notre amitié si solaire. Nous sommes ensemble, unies, à notre place, au bon moment, dans la meilleure des activités. Le chemin que nous avons choisi nous enchante et nous porte.

De cette période je ne retiens que des moments de purs bonheurs et de profonde gratitude. Tout va donc bien, et peut être même trop bien. Car nous vivons dans un monastère, non dans un centre aéré. Nous sommes dissipées et la méditation ne se limite pas à la position assise devant un autel. Nous manquons de conscience et de présence à l'instant.

Toutes les pratiques, quelles qu'elles soient, sont des entraînements à l'esprit d'éveil et à l'éveil de l'esprit. Elles ont pour but, de clarifier nos voiles et notre obscurité omniprésente. Elles nous conduisent à davantage de lucidité, de constance, d'assiduité à l'instant et à tout ce qui est. Lorsque nous sortons d'une cession, nous sommes censés entretenir ces états de grâce expérimentés dans la méditation, en cultivant la vigilance à nos pensées et nos émotions. Nous avons à demeurer attentifs à nos actions, à nos paroles, à nos pensées envers autrui et envers toute la manifestation intérieure et extérieure. Or Maïa et moi sommes trop distraites, nos distractions ne laissant pas la place à cette vigilance et à cet état méditatif incessant.

Notre deuxième problème se manifeste dans nos petites évasions récurrentes. En effet, après plus d'une année de conformité et d'assiduité dans toutes les activités proposées où imposées, et une constance immuable à demeurer sur le centre 30 jours sur 30 sans exception, nous commençons à éprouver, du haut de nos 20 ans, l'appel de la civilisation.

Déjà, tous les samedis après-midi, nous partons en ville nous faire un cinéma. Sortie banale pour les *stapra* que nous ne manquons pas de croiser au détour d'une rue.

Seulement, Maïa et moi aimons ces récréations citadines que nous trouvons trop rares ; aussi, parfois, nous nous autorisons ces excursions en pleine semaine. L'entrée en retraite approche et nous savons que nous ne pourrons plus du tout sortir, ce qui nous angoisse tout de même un peu ; ainsi, dès que se présente une occasion, tel qu'une course à faire, du ciment à aller chercher, un outil à acheter, nous nous proposons volontaires pour rendre service. Seulement, la course terminée, nous ne rentrons pas.

Nos plans ne sont jamais prémédités, toujours spontanés, et d'ailleurs cela se perçoit distinctement à travers notre allure douteuse. Sans tenue de rechange, nous partons en ville « nature-peinture » comme on dit, et pour le coup, c'est vraiment le cas le dire. Vêtues de nos habits de chantiers dépareillés, de nos bottes en caoutchouc percées, le visage et les mains maquillés par des vestiges de peinture et de ciment, nous débarquons en ville dans cet accoutrement remarquable et remarqué...

Au début, personne ne se rend compte de nos désertions. Nous pouvons très bien être n'importe où car les deux centres sont vastes. Mais l'esprit de Rinpoché est si présent que nous le ressentons où que nous soyons et quoi que nous fassions. Nous percevons sa vaste conscience baigner la nôtre, tel un projecteur qui éclaire de ses faisceaux lumineux, nos résistances et nos manquements récurrents. Aussi, malgré nos amusements et l'excitation de l'interdit que cela génère, nous ne sommes jamais vraiment tranquilles. Nous sentons bien dans notre esprit, cette conscience trop lucide, culpabilisante qui nous rappelle à chaque instant et malgré notre bonheur, l'illégitimité de nos actes, telle une trahison vis-à-vis des autres travailleurs, du centre, de Rinpoché et de la préparation à la retraite.

D'ailleurs, à chacune de nos sorties, il nous arrive toujours des problèmes. Petits problèmes, mais problèmes bien incommodants lorsque nous en sommes les victimes. J'y reviendrai plus tard. À force de gruger et malgré des avertissements dissimulés que nous ne voulons pas entendre, lama T. prend la décision de nous séparer sur les chantiers. Il ne nous fera aucun reproche, ni aucune leçon de morale, mais il nous expliquera que, en vue de la retraite à venir, il est bénéfique que nous soyons moins dépendantes l'une de l'autre. N'étant pas en mesure de prendre la décision par nous-même, il nous place dans un contexte qui nous permet de développer notre autonomie, ce qui lénifie par là même nos dissipations physiques et mentales excessives. Désormais, chacune passera ses journées seule, sans son précieux binôme réconfortant.

Étonnamment, ce n'est pas si difficile. Du moins au début. Déjà parce que nous partageons toujours la même chambre et les repas. En outre, nous avons compris que c'est une décision bienveillante et salutaire. Nous avons vraiment envie d'être plus matures et ressentons le besoin impératif de nous préparer plus sérieusement à la retraite ; ensemble nous ne parvenons pas à être raisonnables. Nous nous appliquons à l'être, mais notre attachement aux divertissements futiles, déstabilise notre volonté déjà vulnérable. Cette séparation est donc comprise et acceptée avec joie. La récréation est terminée pour nous. Il est temps de passer dans la classe supérieure. Mais pas pour bien longtemps…

18. QUELQUES ANECDOTES

Lorsque notre binôme est disjoint, je suis envoyée dans l'équipe des garçons du grand temple là où je construis ce fameux mur cinq fois de suite ; Maïa, elle, reste travailler au monastère des femmes. Comme je disais, au début, cela ne nous dérange guère ; nous comprenons que notre duo nous empêche de nous ouvrir aux autres, aussi, chacune de notre côté, trouvons plaisir à créer des liens avec les autres *stapra*. Seulement au bout de deux mois de désunion, nous n'en pouvons plus et nous voulons absolument nous retrouver.

Les travaux du temple sont vraiment difficiles. C'est mon deuxième hiver au Bost et il fait si froid cette année-là que le thermomètre affiche parfois moins 20 degrés. Mon activité est très diversifiée. Elle consiste à porter des parpaings aussi gros que moi et à monter des murs, à couler du béton, fixer des banches, grillager les bases, etc. Je n'apprécie pas ce que je fais car non seulement, physiquement c'est très éprouvant, mais surtout, l'énergie enthousiaste de Maïa manque cruellement à ma motivation. En sa compagnie, tout est léger et joyeux. Sans elle, les journées sont pénibles et interminables.

Mon équipe est exclusivement composée d'hommes, mais en plus ils sont allemands. Je suis la seule fille et la seule française. Ils sont adorables avec moi et font des efforts pour emprunter notre langue commune, l'anglais qu'ils mêlent à de l'allemand ; seulement je n'en demeure pas moins très esseulée car bien qu'ils soient attentifs et gentils, mon niveau scolaire ne me permet pas de bien comprendre leur conversation surtout avec cet accent germanique guttural. Je ne saisis guère leurs blagues spontanées et encore moins leur humour très spécial auquel je réponds en faisant semblant de rire ; mais en vérité, ils ne me font pas rire du tout.

Je suis toujours aussi heureuse d'œuvrer pour Rinpoché et cela reste un honneur de participer à l'édifice de l'extraordinaire grand temple, seulement sans le soutien de Maïa à mes côtés, mon esprit se focalise sur la pénibilité du travail. Je suis parfois complètement découragée. Je repense avec beaucoup de nostalgie à nos balades allègres du matin qui coloraient déjà nos journées, nos conversations riches ou drôles qui m'insufflaient la joie dans le quotidien, notre complicité de chaque moment si plaisante et réconfortante. Sans Maïa, tout est plus difficile.

Après ces huit semaines de solitude, autant sur le plan physique que moral, je craque… Je décide alors de partir plusieurs jours dans ma famille. Je ne les ai pas vus depuis deux mois et, dans cette période de vulnérabilité, ils me manquent terriblement.

Lorsque nous sommes un futur retraitant, nous sommes invités à diminuer toutes les sorties afin de nous habituer au confinement ; je visite de moins en moins mes parents et seulement deux ou trois jours, histoire de les rassurer. Seulement cette fois-ci, je pars pour me rassurer moi.

Incapable d'utiliser les outils du *dharma* pour m'apaiser, je cherche refuge et soutien dans le cocon familial. Je fais le mauvais choix, je le sais. Si je ne suis pas capable de pacifier mes émotions à l'aide les enseignements maintenant, qu'est-ce que cela aura pour conséquence lorsque je serai enfermée en retraite, avec la manifestation du karma qui sera 100 fois plus puissante ; cela présage beaucoup de souffrance. Mais dans ce sentiment d'urgence, je ne réfléchis pas, je veux rentrer chez moi.

Je reste chez mes parents plus d'une dizaine de jours. Maïa ne me voyant pas rentrer, finit par téléphoner. Non seulement je lui manque, mais les lama s'inquiètent aussi et demandent de mes nouvelles. Ils lui ont exprimé leurs incertitudes quant à ma prédisposition à entrer en retraite : Fuir devant la difficulté n'est pas une solution envisageable pour prétendre à un isolement de trois ans. Aurais-je l'aptitude à rester enfermée toutes ces années avec tous les nombreux obstacles qui s'élèveront alors que je fuis déjà ?

Les paroles des lama rapportées par Maïa me piquent le cœur et me sortent promptement de ma léthargie égotique. Ils ont complètement raison. Mon attitude n'est pas celle d'un pratiquant stable, qui dépasse ses obstacles physiques et mentaux en s'appuyant sur le refuge et la dévotion. Le *dharma* m'offre tous les moyens pour annihiler les épreuves et trouver le bonheur et la paix en moi. Je ne les utilise pas.

Dans l'heure qui suit l'appel de mon amie, je fais mes bagages pour rentrer au monastère ; à peine arrivée que Maïa et moi nous nous sautons dans les bras et pleurons de joie de nous revoir. Je suis remplie de bonheur de poser mes pieds sur le sol sacré de Rinpoché. Je retrouve ma maison, je me retrouve. Cependant, malgré ma joie et mes bonnes résolutions, je ne veux plus travailler avec l'équipe des Allemands. C'est trop difficile, je veux retrouver ma copine. Maïa partage les mêmes envies que les miennes.

Une demi-heure après mon arrivée, je vais frapper à la chambre de lama T. pour lui dire que je suis rentrée et pour m'excuser d'avoir fui. Maïa m'accompagnant, nous en profitons pour lui présenter notre besoin viscéral de retrouver mon binôme. Lorsque nous lui exposons notre requête avec nos meilleurs sentiments, lama T. a une réaction des plus inattendues : il éclate de rire. Nous ne comprenons pas vraiment cette spontanéité allègre. Il nous explique alors que nous ne sommes pas punies et que ce n'est pas comme cela que cela fonctionne ici. Notre séparation sur les chantiers n'est pas une contrainte ni un châtiment. La retraite est vraiment difficile et avec une telle attitude d'amusement, nous allons beaucoup souffrir si nous ne changeons pas. C'est pour éviter cette souffrance qu'il nous a suggéré cette séparation.

Nous écoutons son discours avec compréhension et décidons finalement de renoncer à notre binôme. Cependant, après cet échange, lama T. nous demande de le suivre et nous amène toutes les deux dans une pièce assez vaste du monastère des garçons, à quelques dizaines de mètres de notre chambre.

« Samedi, un grand Rinpoché arrive. Il dormira ici. Il faut que cette pièce soit carrelée proprement et entièrement avant vendredi. Vous êtes à nouveau ensemble sur ce poste. À vous de faire preuve de maturité et d'engagement. »

Nous sommes trop reconnaissantes et heureuses de travailler à nouveau toutes les deux ; aussi, plus enthousiastes que jamais, alors que la journée touche presque à sa fin, nous nous mettons à l'action de suite. Il n'est plus question de fuguer, de faire des pauses longues ou d'embaucher en retard. Pendant trois jours, nous ne nous ménageons pas une minute. Ce n'est pas facile. Toujours à quatre pattes, nous nous abîmons les genoux sur le béton dur ; nous nous blessons les mains sur les carreaux contendants et glacés. La peau de nos doigts est brûlée par la colle, ankylosée et flétrie par l'humidité ; quant à nos reins et notre nuque toujours pliés en deux dans des mauvaises postures, ils sont en feu. Mais nous sommes tellement contentes de nous retrouver que les douleurs n'ont plus la moindre importance.

Au terme du troisième jour, tard le soir, nous réussissons à finir le carrelage, les plaintes et les joints de toute la pièce. Nous sommes épuisées, mais soulagées et très fières. Lorsque notre chef de chantier vient vérifier le résultat, il nous félicite avec stupéfaction. Nous épatons tout le monde. Je me souviens que lama T. nous a sincèrement congratulées…

« C'est bien les filles. Vous voyez que vous pouvez être appliquées et sérieuses. »

Notre chef de chantier est également présent. Je précise que les différents chefs de chantier sont également des stagiaires pratiquants qui, pour la plupart, se préparent à la retraite. Il n'y a entre nous aucune hiérarchie. Rodrigue, de son surnom, vérifie notre travail en apparence parfait. Il pose un pied dans la pièce nouvellement carrelée, et un second et, au fur et à mesure qu'il avance, son visage se décompose. Les carreaux tremblent sous chacun de ses pas… Il nous jette alors un regard circonspect, s'agenouille et glisse une spatule sous l'un des carreaux. Celui-ci se décolle avec une étrange aisance.

« Les filles, vous avez bien enfoncé les carreaux dans la colle avec le marteau en caoutchouc, tel que je vous l'ai montré ?
– Oui j'te jure, on l'a fait. »

Seulement les carreaux se décollent un à un. Aucun n'est collé. Nous sentons que le vent est en train de tourner. Pour une fois, nous restons muettes en nous regardant du coin de l'œil. Nous n'avons pas vraiment envie de rire parce que l'enjeu est important, mais ça nous démange quand même un peu.

Lama T. ainsi que d'autres stagiaires qui passent par là pour regagner leur chambre, observent la scène. Tous ces nombreux yeux témoins ajoutent un degré de stress supplémentaire à notre situation bien embarrassante. Rodrigue, qui cherche à comprendre le problème, aperçoit un sac ouvert dans un coin de la salle.

« C'est quoi ce sac les filles ?
– Ben la colle !
– Vous n'avez pas collé tous les carreaux avec ce matériel ?
– Ben si, pourquoi ?

– Mais ce n'est pas de la colle, c'est du mortier de jointoiement ! »

Tous les *stapra* se mettent à rire… sauf nous. Nous sommes abattues. Toutes ces heures de travail pour rien. Lama T. est blasé. Il nous explique, avec un mélange de douceur et de fermeté, que nous ne sommes ni concentrées ni présentes à nos actes et que ce comportement en retraite nous apportera beaucoup d'obstacles et de souffrance. Honteuses d'avoir une fois de plus déçu et rompu la confiance qu'on nous offre, nous baissons la tête face à autant de gentillesse et de patience. Malgré cet épisode de plus dans la série de nos actes manqués, lama T., si bienveillant et indulgent, nous permet de retravailler ensemble sur les chantiers.

Ce soir-là, en rentrant nous coucher, et après avoir éprouvé beaucoup de repentance accompagnée d'une nouvelle détermination à nous améliorer, un nouveau fou rire nous emporte en repensant à la tête de notre chef avec ses yeux écarquillés. Nous entendrons parler de cette histoire durant des mois.

Durant plus d'une semaine, nous décollerons tout le carrelage, gratterons le mortier au sol et la colle à joints sur les carreaux. Puis nous recarrellerons de A à Z cette pièce mémorable qui est aujourd'hui devenue le siège de l'AHET, l'Association des hautes études en tibétologie. Nous perdrons trois semaines à cause de notre inattention. Le grand maître devra être hébergé dans une autre chambre et c'est ce qui nous chagrinera le plus : ne pas avoir fait ce carrelage pour soutenir son précieux corps, à l'image d'un tapis rouge déployé sous chacun de ses pas sacrés.

Malheureusement et malgré toute notre bonne volonté de bien faire, cette mésaventure n'est pas la dernière. Quelques mois plus tard, nous avons pour mission d'élever un mur qui scinde une partie du monastère des femmes. Il mesure 2 mètres de hauteur, s'étend sur 20 mètres environ et forme un demi-cercle, ce qui exige un savoir-faire particulier et une application soutenue ; cela rend la tâche plus difficile, mais nous aimons beaucoup construire des murs. Je ne me souviens pas exactement du temps que nous passons à parfaire notre travail, mais cela dure une semaine, peut-être davantage.

À son terme, notre chef de chantier, et manque de bol, c'est le même que celui de « la mission carrelage », Rodrigue, vient vérifier les travaux exécutés. Heureusement qu'il est vraiment adorable et patient, parce que, à chaque fois, ça tombe sur lui. Le mur est magnifique. Le niveau impeccable, la courbe irréprochable et notre humeur joyeuse. Tout est parfait. Nous sommes très satisfaites et Rodrigue l'est visiblement aussi. Nous faisons alors une petite pause bien méritée tous ensemble, discutant de tout et de rien. C'est l'été, le temps est magnifique et nous sommes bien. Maïa et moi sommes assises au sol sur le gravier, fatiguées par ces journées intenses, tandis que Rodrigue est debout en face de nous, dos à notre mur. Tandis que nous parlons, il appuie machinalement son dos contre notre fameux mur parfait, impeccable, irréprochable. Et là, c'est encore le drame…

Sous le poids de son corps, le mur s'affaisse et soudain, il s'écroule aussi vite qu'un château de cartes. Une file de dominos de plusieurs mètres, s'abat au sol, nous laissant abêties devant ce spectacle de démolition assez esthétique, il faut bien le dire. Et dans sa chute il entraîne le pauvre Rodrigue qui se retrouvera les fesses à terre. Et évidemment, notre réaction ne se fait pas attendre. Un énorme fou rire nous prend devant la tête alarmée de notre chef qui, regarde, médusé, ce rempart s'effondrer autour de lui. Blanc comme un linge, stupéfié par ce mouvement de briques inopportun, il se tient la tête avec des yeux de poisson frit, tout en battant des pieds comme une pieuvre désarticulée. Il a les cheveux recouverts de poussière de ciment et ses verres de lunettes sont gris opaques. Nous ne pouvons pas nous empêcher de rire malgré notre déconvenue face à toutes ces heures de travail qui s'évaporent avec notre mur parfait.

Nous ne comprendrons jamais pourquoi ce mur n'a pas tenu. Il n'y a absolument aucune raison, nous avons l'habitude de monter des murs solides. Aussi, nous pensons qu'il ne devait pas exister et que sa disparition provient de la providence, plus vaste que notre propre savoir-(mal)-faire.

Une supposition qui nous arrange bien, mais qui n'est pas si absurde. En effet, quelques jours plus tard, jugeant par la communauté des nonnes que c'était inesthétique et austère, ce rempart de briques sera remplacé par un joli parapet de bambous et de plantes. Ce mur n'aura existé finalement que quelques minutes.

Rinpoché, de sa main invisible, œuvre dans ce qui doit être fait et ne pas l'être. Nous le sentons incessamment présent par son esprit puissant et bienveillant. Il nous aide à chaque instant, influençant positivement nos pensées et nos actes par une pleine conscience juste et intelligente. Il arrive toujours des choses inexplicables sur le centre et dans nos vies. Son esprit omniprésent, nous guide, nous protège, nous avertit en cas de danger et nous montre le bon chemin. C'est son mandala, sa terre pure et chaque particule du sol et de l'espace en sont imprégnées, y compris nos propres esprits.

Je peux témoigner de nombreux miracles et d'instants bénis par son amour et sa sagesse illimitée. Lama G. Rinpoché a atteint l'éveil. Il est un bouddha et nous sommes touchés par sa compassion et sa sagesse jusque dans les moindres créations de la manifestation.

19.
IMPASSE

Vivre auprès de Rinpoché c'est vivre dans sa conscience et sa bénédiction. Je discerne tangiblement son énergie s'instiller en tout, y compris en moi, tel un regard bienveillant déposé sur et dans mon esprit pour ne faire qu'un avec lui. Je sens que chacun de mes actes, chacune de mes pensées, sont imbriqués à sa conscience. Cela n'altère pas mon libre arbitre, mais cela me donne davantage de clarté sur ce qui est bien de penser, ce qui bon de faire et ce qui l'est moins.

Ce n'est pas de la divagation mystique ou une ordinaire superstition égotique, mais une présence authentique, puissante et éclairante à chaque instant. Nous tous la ressentons, l'éprouvons et l'approuvons. Nous percevons nos propres pensées avec plus de facilité et de clairvoyance. Rinpoché agit sur nos consciences en les aiguisant, en les affûtant avec les lames de sa sagesse ultime et de son amour absolu. Ainsi, parce que nos esprits font davantage preuve de distinction et de discernement quant à nos pensées, complexes et souvent trompeuses, nous pouvons faire de meilleurs choix et prendre les justes décisions.

Grâce à lui, nous sommes tout simplement moins ignorants.

Il agit également sur les aspects extérieurs de nos vies, sur la manifestation même. En effet, lorsqu'on atteint l'état de bouddha, on ne fait qu'un avec toute chose. Nous sommes l'expression de toute la manifestation et nous obtenons la maîtrise parfaite de tout ce qui est. Notre esprit est avec tout, est en tout, à travers tout et par tout. Aussi, en vivant dans le mandala de Rinpoché, nous percevons notre environnement d'une façon extraordinaire. Notre regard est sacralisé par la présence active de notre maître ; tout prend alors un sens et les éventuels soucis du quotidien sont édulcorés par la nouvelle perception qu'on leur donne.

Rinpoché dit que les *siddhi*, c'est-à-dire les pouvoirs de l'esprit, doivent être utilisés seulement dans le but d'aider autrui ; on ne doit pas les utiliser pour nourrir son orgueil et son ascendance. Je n'ai jamais aperçu Rinpoché léviter ou transformer l'eau en vin ; bien qu'on dise qu'il peut tout faire, je n'assiste pas à de tels prodiges. Cependant je suis tout de même témoin de nombreux événements magiques et inexplicables. Déjà, ma simple venue sur ce centre relève du miracle. J'ai trouvé ce lieu en me laissant guider par une simple étoile filante, GPS peu commun ; le mystère de ma rencontre avec lui reste tout aussi impénétrable : la manière dont il a tiré le rideau de sa fenêtre sur moi, enclosant l'accès à mon orgueil malvenu, m'a infligé mon premier enseignement : une grande leçon d'humilité ; puis s'en est suivi notre rapprochement physique quelques jours plus tard, avec sa longue bénédiction, cette onde rutilante d'amour que j'ai éprouvé dans tout mon corps. En un instant, elle est venue recoudre, avec les fils de sa clémence amusée, mon cœur honteux et triste.

Tout ceci n'est pas le fruit du hasard. Rinpoché connaît tout de moi, de mon esprit et sait comment me conduire à davantage de maturité spirituelle, à davantage d'éveil, de « réveil » en agissant sur mon quotidien. Depuis cette rencontre, de nombreux événements inexplicables jalonnent ma vie d'appliques lumineuses, embrasant ma foi et ma reconnaissance. Nous tous, qui le connaissons et le côtoyons, pourrions écrire un livre volumineux à propos des miracles auxquels nous assistons.

Par exemple, je me souviens d'une belle fin de journée au cœur de l'hiver 1997. Le soleil s'impose dans sa primauté, admirant son reflet dans la terre transformée en immense miroir de glace. Tout est enneigé et le paysage est sublime. Après notre journée de travail, toujours pleines d'énergie, Maïa et moi allons souvent nous promener dans la campagne autour du centre.

Il est environ 17 h 30 lorsque nous quittons le monastère. Nous sommes bien, marchant à pas vifs, gravant de façon éphémère de nos empreintes, le sol immaculé des chemins sauvages. Seuls nos pas et ceux des oiseaux en forme de petites croix, se dessinent sur ces sentiers rutilants. C'est magnifique et cela imprègne l'instant de son unicité. Nous discutons et rêvons, intarissables comme toujours, refaisant le monde et notre avenir.

Pendant plus d'une heure, nous marchons au gré des chemins exposés, perdues dans nos discussions et comme d'habitude sans concentration, ni attention. Le soleil n'est plus qu'une lueur blafarde à peine perceptible à l'horizon des collines. Cela ne nous dérange pas car nous avons l'habitude de nous promener dans la pénombre et même parfois dans la nuit. Nous sommes en train de marcher dans cette atmosphère lestée, lorsque soudain, un épais brouillard se lève. En quelques minutes, le ciel brumeux embrasse et épouse la terre couverte de neige dans une alchimie si parfaite que tout devient aussi blanc et étincelant que la robe d'une mariée, sans horizon, frontière ou limite.

C'est exceptionnel, insolite et déroutant. Nous sommes phagocytées par une épaisse bruine blanche qui gomme tout bornage. Il n'y a plus rien ; plus de chemin, plus de rocher, pas un arbre, pas une couleur ou un semblant de forme et même le sol sous nos pieds n'est plus perceptible. Cela nous donne la sensation étourdissante d'être suspendues dans un espace illimité. Nous sommes heureuses, sustentées par l'exaltation de notre foi et par les promesses d'un futur qui nous a déjà trouvées, nous remercions profondément Rinpoché.

Cette opacité blanche et dense, chargée en humidité annonce la nuit ; le froid commence à se faire sentir autant que la faim qui résonne dans nos estomacs ; il est temps de regagner le monastère à environ deux kilomètres. Nous revenons sur nos pas, marchons une cinquantaine de mètres et tombons sur un premier croisement de routes goudronnées.

« Gauche ou droite ?
– Droite ?
– Non gauche… »

Nous hésitons. Comme d'habitude, nous n'avons pas été attentives. Au fil des minutes, la brume s'épaissit et nous ne distinguons absolument plus rien. Le ciel drape d'une étoffe laiteuse la terre, ses contours et reliefs. Chaque obstacle n'est visible qu'à une cinquantaine de centimètres ; il n'est pas aisé d'avancer et nous manquons plusieurs fois de tomber dans le fossé, aussi conserver notre proximité est vital. Nous avançons très lentement et à tâtons, bras dessus, bras dessous, ce qui nous réconforte et nous réchauffe un peu.

Nous décidons, au hasard la chance, de prendre à gauche. Après une centaine de mètres à peine, un nouveau croisement inattendu nous arrête. Nous choisissons par déduction, de prendre encore à gauche. Nous commençons à nous plaindre du froid. Nous parlons et rions un peu moins. La nuit est en train de tomber tel un rideau de feutrine sombre sur une vitrine de lumière. Bientôt, nous ne verrons absolument plus rien tandis qu'un troisième croisement s'annonce. Nous nous regardons inquisitrices, l'une faisant miroir à l'autre dans son désarroi difficilement dissimulable malgré l'obscurité languissante. Nous ne savons plus où aller… Nous sommes perdues…

Dans cette région, le froid est très virulent et ce soir-là, il semble particulièrement nous meurtrir. Nous sommes parties peu habillées. Nos pieds sont gelés, nos poings se contractent dans nos poches trouées. Je commence à sérieusement m'inquiéter. Nous avons marché plus d'une heure et je ne sais plus du tout dans quelle direction se trouve le monastère

« Maïa, je crois que nous sommes perdues, tu vois où nous sommes toi ?

– Je ne sais pas. Je pense que c'est à gauche.

– Moi je crois plutôt que c'est à droite. »

Nous continuons à avancer, tournons à droite, à droite, à gauche et plus nous avançons, plus nous nous égarons. Nous avons de plus en plus froid, de plus en plus faim et ce n'est plus du tout drôle. Si nous ne retrouvons pas le monastère, nous allons passer la nuit dehors. Nous sommes bien trop nombreux à la ferme et bien trop indépendants avec des activités du soir diverses. Personne ne se rendra compte de notre absence.

Nous marchons encore une demi-heure, sans rien voir ni reconnaître notre chemin. Levée depuis 5 heures du matin, je me sens épuisée et courbatue de lutter contre le froid qui tétanise mes muscles à foison. Maia, jusqu'ici optimiste, s'est murée dans un mutisme total. C'est si rare que cela m'angoisse aussi profondément que noirs sont les murs qui nous entourent. Elle brise son silence par des mantras.

« *Om taré, tuttaré, touré soha*… Faut prier Rinpoché, prier Tara.

– Oui tu as raison. »

Nous entamons alors, avec toute notre ferveur et notre foi, la récitation du mantra tibétain de la divinité protectrice. Notre chant résonne loin, rebondit dans l'espace et s'enfonce dans la tranquillité humide des éléments. La brume parfaitement scellée à la blancheur de la neige, donne une dimension lourde, opaque, mais vivante et vibrante, comme si des milliards d'yeux invisibles nous épiaient. On ressent une présence intense dans toute la nature environnante qui propage nos prières avec une quiétude porteuse, généreuse et heureuse. C'est juste beau.

Nos chants portent l'intensité de notre détresse, mais aussi de notre dévotion profonde. Serrées l'une contre l'autre pour nous réchauffer, nous ne bougeons plus. De toute façon, nous ne savons plus quelle direction prendre. Le paysage est chargé d'une densité habitée et pétillante de vie. Nous nous sentons aspirées par cette immensité invisible qui nous observe sans que, nous puissions en retour, sonder sa complexité. Nous prions de tout notre cœur, Rinpoché indifférencié de Tara, afin qu'il nous aide.

Soudain, il se passe un événement incroyable. Le mur opaque de notre prison est perforé par un éclat de lumière d'une intensité exceptionnelle. Une boule d'or étincelante, aveuglante, apparaît dans l'obscurité impénétrable du ciel. Elle se propage avec une lenteur anormale vers la terre et se désagrège très lentement en filaments dorés et petits diamants de lumière. Cela ressemble à une étoile filante d'une largeur et d'une intensité anormale. Peut-être nous la percevons de la sorte parce qu'elle est très proche de nous, seulement à une dizaine de mètres. C'est un spectacle magnifique, inégalable, unique. Nous sommes ébahies, muettes, chacune cloisonnée dans notre stupéfaction. La scène terminée, nous nous regardons sidérées en s'écriant en même temps :

« T'as vu ! Mais t'as vu ? T'as vu ?

Nous éclatons de rire.

– C'est sûr c'est Rinpoché, le temple doit être dans la direction de l'étoile. »

Folles de joie et de soulagement, nous nous empressons de couper directement par les champs clôturés, enjambant les fils barbelés, traversant les haies de conifères et les buissons de ronces, nous griffant à leur passage et déchirant nos vêtements, mais cela n'a aucune importance ; nous sommes toutes deux convaincues que Rinpoché est venu à notre aide.

Dix minutes plus tard, nous apercevons la route de la ferme et des lumières blafardes que nous reconnaissons tout de suite. Nous nous mettons à courir en riant de soulagement joyeux. Nous arrivons vers 19 h 45, en plein milieu du repas. Les *stapra*, sont déjà installés à table lorsque nous faisons notre entrée dans la ferme, trempées par la brume et couvertes de branchages dans les cheveux et de petites griffures sur le visage et les mains. Nous nous joignons aux autres, affamées, frigorifiées, mais si reconnaissantes et heureuses.

Nous ne racontons à personne ce que nous venons de vivre, trop préoccupées par nos assiettes chaudes et bien remplies. Cela n'a aucune importance qu'ils sachent. Nous savons et cela suffit. Et puis, c'est si parfait et si beau que ça doit rester impénétrable, enfermé dans le coffre intime de notre foi, avec toutes ces expériences inspirantes et inspirées qu'il contient déjà. Ce coffre que Rinpoché remplit chaque jour de trésors, déployant sa richesse par des dons d'amour et des leçons de sagesse, accroissant notre confiance et notre immense gratitude envers lui.

20.
BÉNÉDICTION DE RINPOCHÉ

Cette histoire d'étoile filante, appartient aux tableaux extraordinaires que Rinpoché, tel un artiste philanthrope, peint chaque instant sur les toiles filantes de nos vies pour amener nos consciences à davantage de clarté et d'éveil. Chaque jour nous vivons des situations peu communes. Il est toujours là à nous aider parce que nous sommes et nous vivons dans son mandala, dans son corps de lumière et son esprit sans limite. Sa compassion créative s'exprime dans chaque instant de nos vies.

Elle se manifestera avec éclat, lors d'une soirée durant laquelle je ne me sens vraiment pas bien. Physiquement, je suis très éprouvée par le travail d'une grande intensité et moralement mon esprit est envahi par de nombreuses angoisses difficiles à canaliser. Cela fait deux ans que je suis sur le centre et nous ne sommes plus qu'à quelques mois de l'entrée définitive en retraite. À cette période nos plannings sont extrêmement chargés et nous n'avons plus une minute pour souffler.

Même si je fais le programme de préparation avec les autres futurs retraitants, je ne suis toujours pas complètement certaine d'entrer en retraite car lama Y. ne veut pas me donner une réponse définitive, ce qui me laisse en proie aux doutes et aux incertitudes ; soucieuse de mon futur, je suis traversée par des peurs et des inquiétudes profondes qui pèsent sur mon esprit, telle une chape de nuages sombres qui m'ôte toute vision panoramique sur mon devenir. En outre, même si, au fond de moi, je suis convaincue par ma décision, je n'en demeure pas moins éperonnée par de multiples contradictions qui piquent mon cœur agité.

« Trois ans c'est interminable, ma famille va trop me manquer, je ne peux pas les abandonner. Et si je me trompais ? Et si ce n'était pas la bonne voie pour moi ? Et si je n'y arrivais pas ? »

Je crains particulièrement de ne pas parvenir à suivre le programme. C'est l'exceptionnel chemin des grands maîtres prodigieux, des yogis admirables et moi, je ne suis qu'une gamine qui a lâché toute sa vie sur un coup de tête. Je suis encore en proie à de multiples émotions, entre passion, peur et désir ; je n'ai aucune pratique stable, enracinée dans le terreau du renoncement et du lâcher-prise heureux. Mon esprit est si versatile et tellement éloigné de ceux des grands maîtres sacrés à la conscience éclairée et la sagesse infinie.

Quant à mon attachement à ma famille, il est toujours aussi prégnant. La séparation est imminente, et mon père désapprouve toujours profondément mon choix, ce qui est un poids très dense à porter. Maman, mon petit frère et mes grands-parents dont je suis si proche, ont accepté ma décision, mais ils souffrent terriblement et je culpabilise à foison de les abandonner trois années consécutives. J'ai peur pour eux ; je ne peux pas m'empêcher de craindre le pire ; s'il arrive une tragédie durant mon absence, il me sera impossible de sortir et de les aider.

Quelles que soient les circonstances extérieures et intérieures, notre engagement est absolu. Nous entrons pour trois ans et allons jusqu'au terme de la retraite. Si nous faisons le choix de sortir, même 10 minutes, nous ne pouvons plus revenir en arrière. Nous sortons définitivement.

Toutes ces questions délétères et ces peurs harponnent mon cerveau à chaque instant et le submergent de doutes et d'angoisse. L'activité et les occupations journalières me permettent de ne pas saisir ces courants négatifs, mais ce soir, je suis complètement envahie par mon mental ; tout mon être est négatif et je me sens totalement inapte, inadaptée et nulle.

Lama Y. nous répète que c'est normal d'éprouver de telles émotions car la bénédiction de Rinpoché fait ressortir notre karma négatif. Il ne faut tout simplement pas croire à nos pensées, mais au contraire, se réjouir que les souffrances s'élèvent dans cette vie alors que les conditions sont si privilégiées et protégées. Nous devons laisser passer le marasme et rester concentrés sur le *dharma*, détourner notre esprit du négatif et l'orienter vers les moyens habiles de l'enseignement avec confiance, et résolution.

Pourtant, là, tout de suite, je n'y arrive pas. Je n'arrive à rien. C'est la première fois que je suis autant imprégnée par mes émotions, sans aucun espace pour prier et respirer. Je me sens lourde, égarée en moi-même, en marche vers cet avenir inquiétant trop ambitieux pour la pratiquante défectueuse que je suis. Malgré mes efforts pour me raisonner et m'apaiser, je reste morcelée, scindée entre plusieurs extrêmes et totalement éloignée de ma foi, seule protection contre ces troubles qui me submergent.

Pour rajouter du pouvoir à mon malheur, Maïa est absente depuis quatre jours. Elle est partie en Dordogne dans l'autre centre, emmenant ce sourire joyeux capable de faire éclater cette forteresse qui m'emprisonne. Je ne peux donc ni me confier, ni me distraire, ni même pleurer. Toute échappatoire m'est impossible, ce qui pourtant me soulagerait grandement.

Je suis à la limite de faire mes valises et de tout abandonner définitivement et pour toujours. Je ne vois que cette solution pour me calmer. J'ai tenu toute la journée sur le chantier avec ces pensées noires. J'ai tenté de dissimuler mes souffrances derrière un sourire en carton placardé sur mon visage. Je ne veux pas qu'on voie ma détresse et je préfère faire semblant car j'ai honte d'avoir tant de doutes. Nous avons tellement de chance d'être ici que je ne peux pas me permettre d'aller mal. Aussi je me cache derrière cette contrefaçon et préfère me taire. J'ai tort parce que nous sommes une communauté d'amour et d'entre-aide et ses membres et leur grand cœur ne demandent qu'à me tendre la main, d'autant plus que nous traversons tous semblables marasmes.

Vers 22 heures, ne sachant plus quoi faire de moi-même, parce que même le sommeil ne veut pas de mes confusions, je pars marcher dans l'enceinte du monastère. Je vais jusqu'au *stūpa*, support de souhaits et prières afin d'y déverser mes chagrins, en espérant que cela m'aide à faire taire cette oppression physique et mentale. Nous sommes en plein hiver et il fait considérablement froid, mais sa piqûre brûlante ne me sort pas de mes pensées. À chaque pas dans l'obscurité, je m'enfonce davantage dans mes ornières internes. Je tourne longtemps autour du monument béni, encore et encore, sans ressentir aucune prise, aucun contrôle sur cette détresse intime dans laquelle je me noie. Malgré tous mes efforts pour retrouver la joie, la simple joie d'exister, je suis soumise à ce flot mental, assujettie à ce pessimisme anxiogène. C'est hors contrôle.

Au terme d'une bonne demi-heure de circumambulation, je monte au temple chercher chaleur et réconfort. Dans ce théâtre de lumière et de bénédictions, règne une atmosphère rassérénante, calme et heureuse. Assise sur un coussin de méditation, adossée contre le mur qui me sépare de Rinpoché, je me dépose avec toute ma lourdeur mentale dans ce silence habité. Fait du hasard, j'occupe la même place que la première fois ou j'ai découvert ce lieu béni et invoqué stupidement Rinpoché. Mais ce soir-là je n'ai pas la moindre vigueur pour l'invoquer. Je n'ai aucune force, aucune ardeur pour rien, alors je reste là, à ne rien faire, à ne rien vouloir et à ne rien attendre.

L'instant est solennel ; il n'y a pas un bruit hormis le crépitement des flammes des dizaines de lampes à beurre qui vacillent et réchauffent l'air froid. Elles projettent des ombres dansantes sur le plafond aux 1 000 couleurs, transformé pour la nuit en une scène de théâtre où viennent tournoyer ces marionnettes folles, d'ombre et de lumière. Au même rythme que ces ballerines agitées, mes pensées continuent aussi à danser, m'absorbant toujours un peu plus dans un tourbillon obscur. Je me sens impuissante, abêtie et abattue. La paix extérieure qui règne dans ce lieu sacré, percute l'enveloppe de mon corps. Mais tel un écho enchanté, il rebondit sur ses parois raidies sans pouvoir en pénétrer l'épaisse alluvion qui l'encombre.

Je n'arrive à rien faire, ni à prier, ni même à demander de l'aide à Rinpoché qui est juste là, à un ou deux mètres de moi derrière ce mur coloré. Malgré la sacralisation du lieu, je reste seulement quelques minutes dans cet antre céleste, incapable de rester immobile alors qu'en moi, tout n'est qu'agitation désordonnée. Il y a trop de contrastes entre cet espace d'amour tranquille et mon état émotionnel délétère. Demeurer assise sans mouvement, exacerbe mon oppression ; aussi je me lève et je quitte ce petit paradis.

Plus ça va et moins ça va. Je doute de plus en plus de moi et je suis maintenant certaine que je dois renoncer à la retraite, après tant d'années d'efforts et d'apprentissages. Je suis une imposture, indigne de vivre ici, je dois tout arrêter, partir loin, fuir pour ne jamais revenir. C'est le pire moment que je vis au monastère, je ne sais pas ce qu'il m'arrive, je ne suis plus moi, dépossédée de toutes raisons, de toute foi, je suis complètement perdue.

Je quitte le temple et m'enfonce dans la nuit froide avec le besoin de marcher encore. Je compte sur le mouvement pour m'aider à me dépouiller de ce mal intérieur qui me ronge.

Je passe par la force des choses, au-dessous de la chambre de Rinpoché, sous sa fenêtre, là où je l'ai aperçu pour la première fois. Il y a de la lumière douce et chaude qui s'échappe de chaque côté du rideau fermé, comme des filets dorés émanant de sa présence heureuse.

J'ai alors l'idée de m'asseoir juste en dessous, de me déposer avec toute mon épaisseur sombre sur l'énorme pierre plate qui recouvre le sol et sert de petit banc, tel un autel de sacrifice attendant sa pâture.

Jusqu'ici, incapable de prier, de demander de l'aide, je trouve tout de même une minuscule croisée d'ouverture, un dernier élan de désespoir pour invoquer mon maître : « Aide-moi Rinpoché ». Mon invocation est si timide qu'elle traverse presque imperceptiblement mon esprit pour se faire aussitôt avaler par le flux sombre qui le soumet. Finalement, je reste là, à même le sol, sur cette pierre aussi glacée que mon cœur, prostrée immobile et lymphatique, enserrée par la froideur de la nuit, par la froideur de moi-même.

Soudain je discerne de nombreux fourmillements très agréables, au sommet de ma tête, comme si quelqu'un me caressait avec une plume. Ces agréables picotements s'intensifient et se transforment en une pluie de lumière qui perfore le sommet de mon crâne pour remplir tout mon corps de filaments dorés. Une onde de présence intense, de chaleur inexplicable, phagocyte tout mon corps et le submerge d'amour et de bienveillance.

Toutes mes tensions physiques et mentales sont en train de se disloquer malgré moi. Chacun de mes muscles contractés se desserre, des plus épais aux plus fins et plus subtils. J'ai la perception de sentir mes cellules grandir, s'épanouir et vibrer dans une dimension illimitée ; mon cerveau s'est étiré à l'infini, fomentant dans ma tête un immense espace hospitalier et libre. Une chaleur douce et une détente merveilleuse, s'instillent dans tout mon être. Je me sens profondément bien malgré le froid, malgré mes pensées toujours aussi présentes et noires, mais qui n'ont plus aucune force. Elles ne sont désormais plus que d'insignifiantes vaguelettes, perdues dans un immense océan d'amour.

Je reste immobile dans l'expectative et l'observation émerveillée de cette étrange félicité qui me contrôle des pieds à la tête. Je me laisse complètement aller, m'ouvrant et m'abandonnant avec confiance à ces merveilleuses sensations physiques, à cette clarté d'esprit extraordinaire aux couleurs de la foi et de ses promesses certaines. Je sais sans le moindre doute que c'est l'esprit de Rinpoché, sa force, sa sagesse, son pouvoir de compassion qui gagnent mes veines et chaque micro-organisme de mon être. Je sens sa présence jusqu'à en respirer l'odeur épicée d'encens qui émane naturellement de son corps.

Les secondes passent, merveilleuses secondes tandis que tout mon être continue à se remplir de ce flot divin ; je me départis alors sans volonté ni raison, de toutes ces négativités et peurs qui me paralysent. Mon corps est devenu si léger, mon esprit si démesurément vaste, possédé par une paix exquise, stable et inébranlable que je ne suis plus moi-même. Je suis devenue amour.

Sans que je demande, Rinpoché a posé sa compassion sur moi et m'a libérée de ma souffrance. Il n'en reste plus une trace, seulement un souvenir qui me semble ridicule. Des larmes plein les yeux, mes mains jointes au cœur, je remercie mon maître extraordinaire. Je reste encore quelques minutes dans sa bénédiction, puis je regagne ma chambre, légère et métamorphosée, sans plus aucune peur de la retraite, plus aucune peur de quitter les miens. Je sais intimement et indubitablement que tout va merveilleusement bien se passer. C'est le message de Rinpoché. C'est ce qu'il m'a fait ressentir. Il m'a fait aussi comprendre que toutes mes pensées négatives ne sont qu'une illusion transitoire dont je peux me défaire lorsqu'elles se manifestent ; il ne faut tout simplement pas leur donner de crédit, ni aucune importance. Nos idées, nos croyances, nos émotions, voilent notre véritable nature, nous égarent, nous font croire à une autre réalité. Celles de nos limites. Elles détruisent toute possibilité d'atteindre le bonheur authentique. Mais elles n'ont pas d'existence si ce n'est celle qu'on leur donne. En ne leur donnant aucune importance et en revenant à leur essence, leur énergie, leur vérité même, notre nature d'amour et de sagesse nous est dévoilé. C'est ce que Rinpoché m'a encore montré ce soir. Tant que je regarde les vagues, je me noie. Si je pose mon esprit sur l'océan qui les fomente, je me libère.

Après cette expérience, je ne me laisserai plus tromper par mes peurs et mes doutes. Plus que jamais, j'ai confiance et je suis certaine d'entrer en retraite pour le meilleur et le meilleur. Je sais que Rinpoché est là et sera toujours là pour moi et pour tous mes proches. Et ceci pour l'éternité.

21.
VOIE SANS ISSUE

Cela me fait penser à une autre histoire surprenante dans laquelle nous avons clairement perçu l'activité de Rinpoché tisser avec des invisibles fils de lumière notre quotidien, afin de nous donner une énième leçon que nous ne serons pas près d'oublier.

Aujourd'hui est une journée particulièrement ensoleillée et ce magnifique beau temps nous dissocie de toute envie de travailler ; notre tâche du moment est particulièrement déplaisante et ingrate, ce qui n'aide pas à nous motiver. Nous sommes en charge de poser du placoplatre sur les murs et le plafond d'une petite salle de bains. Nous n'en avons jamais fait et notre chef de chantier, un nouveau venu, se comporte très mal.

Ce chef est arrivé sur le centre il y a un mois, pour suivre le programme de préparation de retraite. C'est un très beau jeune moine, fier et imbu de lui-même et Maïa et moi éprouvons de grandes difficultés à accueillir son autorité dédaigneuse et acerbe. Il donne des ordres à tout le monde et n'a de cesse d'asseoir son autorité malvenue dans ce lieu où nous sommes censés développer la bienveillance et l'équanimité ; peu de personnes l'apprécient et c'est bien normal.

Malgré nos vives protestations légitimes, il nous a affectées à ce poste ingrat alors que nous ne sommes pas en capacité d'en assurer l'exigence. En effet, poser du placoplatre est très difficile pour des filles et jusqu'ici ce sont les hommes qui s'en chargeaient car nous ne possédons pas le matériel professionnel adéquat ; cela requiert beaucoup de force physique pour coller les plaques au plafond. L'une d'entre nous, positionnée en équilibre sur une échelle, doit tenir à bout de bras ces lourdes plaques de plâtre très encombrantes, pendant que l'autre les perce et les fixe sur des rails de métal que nous avons, au préalable, installés avec grande difficulté.

Contraintes d'accepter, nous lui avons tout de même demandé qu'il nous explique comment procéder avec tous ces matériaux inconnus. Dédaigneux, il a donné suite à notre requête par une repartie qui nous a cloué le bec, ce qui est bien rarissime :

« Vous ne savez pas lire ? Vous avez la notice sur les paquets. Débrouillez-vous. »

Notre chef aurait-il de l'humour ? Nous sourions face à sa petite plaisanterie, jusqu'à ce qu'il tourne les talons ! Non, ce n'est pas une blague. Nous restons stupéfaites. Aucun de nos chefs ne se comporte ainsi. Nous ne sommes pas du métier du bâtiment et, quelles que soient nos tâches, tous nos chefs agréables et patients nous accompagnent en nous expliquant la marche à suivre avec pédagogie et intelligence. Ils restent parfois des demi-journées à travailler à nos côtés afin de convenablement nous former.

Notre despote nous a donc abandonnées là, confondues, au milieu d'outils et de matériaux que nous n'avons jamais vus de toute notre vie. Je crois qu'il ne s'y connaît pas plus que nous et qu'il dissimule son imposture derrière son autorité. Seules, nous apprenons donc à couper, non sans mal, des rails de métal, des plaques de plâtre, des bandes de jointure, et toute la journée, nous trouons, vissons, collons ces matériaux sur des charnières de différentes tailles, sans le moindre éclaircissement autre que les notices dépouillées aux schémas confus. Malgré notre bonne volonté, le résultat est un désastre.

Ce matin, il fait déjà très chaud, et nous sommes déjà lasses ; nous n'avons pas le cœur à l'ouvrage. Heureusement, à la pause de 10 heures, nous recevons un cadeau inattendu : lama T. nous demande si cela ne nous dérange pas d'aller de suite à la poste afin d'expédier un colis urgent. Nous sommes trop heureuses de cette opportunité en or qui nous permet de souffler une petite heure ou plus…

Nous nous regardons, sans échanger un mot et nous éclatons de rire ; nous nous sommes comprises… L'occasion est trop belle pour se faire la belle. Merci lama.

Le colis posté, nous prenons la route de la grande ville pour une journée MacDo-ciné. L'entrée en retraite est dans quelques mois et à cette période, malheureusement, il nous arrive régulièrement de nous échapper discrètement pour rejoindre la vie citadine. Bientôt nous serons totalement privées de tous divertissements éphémères, de tous ces plaisirs illusoires alors nous en profitons tant qu'on peut.

« Maïa, tu es sûre que tu as de l'argent sur ton compte ? Car moi je n'ai plus un centime et nous avons assez d'essence pour aller en ville, mais pas pour en revenir. Je te rappelle que c'est à 60 kilomètres.

– T'inquiète Chris, j'ai largement de quoi nous payer le ciné, le MacDo et l'essence. »

Maïa et moi n'avons aucune source de revenu. Chaque printemps, je rentre chez mes parents et je travaille un mois dans les vignes pour avoir de l'argent, mais nous sommes au mois de mai et cela fait longtemps que j'ai tout dépensé. Quant à Maïa, en général, elle est encore plus fauchée que moi, seulement cette fois-ci, je compte vraiment sur elle. À une vingtaine de kilomètres avant notre arrivée, le voyant d'essence s'allume. C'était prévisible et il est clair que nous ne rentrerons pas sans mettre un peu de carburant dans le réservoir.

« Mais arrête de t'inquiéter Chris, j'ai l'argent. C'est trop génial, on va en ville ! »

Maïa, toujours débordante d'enthousiasme, a beau me rassurer, je n'en demeure pas moins anxieuse. Je connais ma copine et sa capacité à attirer les problèmes malgré elle, et je présage des complications à venir.

Nous arrivons en ville, toutes excitées de cette journée qui s'annonce facétieuse et excitante. Nous parlons déjà du film que nous voulons voir, du menu que nous mangerons, des boutiques que nous visiterons. Nous sommes tellement contentes de cette parenthèse si contraire à notre quotidien d'études et de travail que nous sommes déjà très animées. La première chose essentielle à faire est de trouver le distributeur de billets. Et heureusement, nous avons l'embarras du choix car il y en a partout. Chose faite, Maïa introduit sa carte « sésame », censée nous ouvrir la caverne d'Ali baba, pianote son code et... Bim..., ce que je redoute, arrive : pas d'Ali Baba. Juste « baba » tout court.

« Opération impossible.
– Non, Maïa, non.
– Je ne comprends pas Chris, je te jure j'ai vraiment de l'argent, regarde. »

Effectivement elle a sur son compte environ 300 francs, soit l'équivalent de 50 euros.

« Viens, on change de distributeur. »

Et nous voilà à arpenter la ville à la recherche de tous les distributeurs possibles. Malheureusement, quelle que soit la route des banques, nous faisons banqueroute avec pour rappel ce même verdict qui s'impose comme un mur infranchissable : « opération impossible ». Pour quelle raison ? Nul ne le sait. À moins que Rinpoché ? Évidemment, Maïa n'a pas sa carte d'identité donc nous ne pouvons faire aucun retrait direct. Je commence à perdre mon sang-froid et j'engueule la pauvre Maïa qui n'y est pour rien, et qui, comme d'habitude, ne voit pas de problème.

« Mais c'est trop bien Chris, on est en ville, il fait beau, ne t'inquiète pas, on va trouver une solution, on va faire la manche ! »

Après tout, habillées comme nous le sommes, nous avons le profil idéal. J'essaie de retrouver mon enthousiasme, mais c'est difficile. Ne pas avoir d'argent est un peu frustrant, mais ce n'est pas un obstacle en soi. Je suis de moins en moins attachée aux plaisirs mondains. Par contre ne pas avoir d'essence est très problématique. Comment faire ? Nous ne pouvons téléphoner à personne sans passer par le secrétariat du monastère. Cela sera très malvenu étant donné que, officiellement, nous sommes censées être sur les chantiers en train de travailler.

Nous sommes donc contraintes à mendier auprès des citadins, un franc par ci, deux par là. Mais nous n'avons ni la manière ni la technique et cela ne fonctionne pas du tout. Au terme de quelques heures plutôt très drôles, nous récoltons seulement quelques pièces jaunes qui nous réjouissent car nous sommes affamées. Nous nous offrons avec notre maigre butin un pauvre petit hamburger premier prix, sans sauce ni fromage, que nous partageons comme deux miséreuses heureuses. Il est très sec, mais pas autant que notre gorge car nous n'avons rien bu depuis des heures. Nous sommes assoiffées et nous mettons longtemps à l'avaler, ce qui nous fait bêtement rire.

J'ai retrouvé le sourire. Maïa est tellement positive et enthousiaste, toujours à voir le verre à moitié plein, que c'en est communicatif. Mais si le verre est à moitié plein, le réservoir, lui, est toujours aussi vide. Nous décidons malgré tout, de passer une bonne journée. Nous divaguons dans les rues, faisons les boutiques sans rien acheter, rêvons sur des habits que nous n'avons plus l'occasion de porter depuis longtemps et que nous ne porterons plus non plus ; nous allons au cinéma choisir le film que nous ne verrons pas, nous léchons les vitrines des pâtisseries que nous ne goûterons pas, nous nous languissons devant les restaurants en humant les odeurs des pizzas, des grillades et autres succulents mets que nous ne mangerons pas, et puis fatiguées, affamées et surtout assoiffées, nous nous asseyons sur un banc, et nous observons les gens qui passent en faisant des commentaires qui ne font rire que nous. Nous passons finalement une belle journée.

En fin d'après-midi nous reprenons la route jusqu'à une station d'essence à la sortie de la ville pour faire à nouveau la manche. Pendant plus de deux heures au moins, interminables heures embarrassantes, nous demandons à une cinquantaine de personnes, la charité ; malheureusement, personne ne nous donne quoi que ce soit ou si peu. Maïa reste toujours joyeuse contrairement à moi qui me consume en impatience. Je suis éreintée, affamée et surtout inquiète. Je crains que nous ne soyons obligées de dormir dans la voiture et cette perspective est considérablement déplaisante.

Il est de plus en plus tard, la station-service est sur le point de fermer ses portes et je suis en panique. Maïa, elle aussi, commence à être gagnée par l'inquiétude et surtout la fatigue. Elle redouble d'efforts de persuasion auprès des clients de la station, mais personne ne veut nous donner une pièce. Nous prions également Rinpoché de tout notre cœur, lui promettant de ne plus jamais fuguer, mais rien ne fonctionne et personne ne nous tend la main et encore moins un billet.

La nuit est tombée, le pompiste a déjà installé la chaîne qui ferme son commerce lorsque les derniers clients se présentent, les derniers espoirs pour éviter de dormir dans la voiture. Nous nous précipitons sur eux, et tentons le tout pour le tout : nous les supplions, nous les implorons, nous les adjurons de nous aider. C'est un jeune couple bienveillant et avec beaucoup d'humour. Ils nous taquinent et nous font languir. Comme par hasard, ils sont sympathisants bouddhistes, ils connaissent le monastère et finissent par avoir pitié de nous. Ils acceptent de nous payer suffisamment d'essence pour rentrer. Ils me demandent, en gage de sécurité, de leur laisser mon permis de conduire, l'unique objet de valeur que je possède ; je n'hésite pas une seule seconde. Maintenant nous prions pour une autre raison : ne pas nous faire arrêter pour un contrôle de papier. Cela serait la cerise sur le gâteau.

Fatiguées, assoiffées et affamées, mais soulagées et reconnaissantes, nous nous empressons de reprendre le chemin du retour. Nous avons hâte de rentrer au monastère imprégné de l'énergie de Rinpoché ; nous sentons ce besoin viscéral de regagner son enceinte protectrice et de retrouver notre maison. Seulement, s'il est aisé d'aller de l'ermitage monastique à la ville, car les panneaux indiquant la destination jalonnent à profusion le chemin, il est bien moins facile de faire le parcours en sens inverse. Et encore une fois et pour la énième fois, nous nous perdons. Nous n'avons pas de GPS et le monastère est tellement isolé dans la campagne que nous nous perdons systématiquement. Et comme nous nous égarons sans jamais d'exception, et ceci bien que nous ayons emprunté la route des dizaines de fois, nous n'avons toujours pas repéré de repère afin de nous orienter. Nous sommes trop bavardes et inattentives et nos seuls jalons sont seulement les routes que nous avons déjà prises et qu'il ne faut pas prendre.

Une demi-heure plus tard, alors que nous pensons avoir pris le bon chemin, nous arrivons dans une ville dont le nom nous est complètement étranger. Nous comprenons tout de suite que ce n'est pas de bon augure. Elle est malheureusement entièrement déserte, sans âme qui vive et nous ne trouvons personne qui pourrait nous renseigner. Au terme de 20 minutes à tourner en rond, nous croisons enfin un homme qui arpente avec une démarche particulière une petite rue complètement isolée. Seulement quelle surprise en le découvrant. C'est un handicapé mental ! Il est trop tard, nous sommes à un mètre de lui avec les vitres ouvertes. Maïa me dit :

« Non Chris, roule, il n'a pas l'air normal.

– Mais si, on n'a pas le choix, ça fait une heure qu'on tourne sans croiser personne. Il n'y a que lui, vas-y demande. »

Je reste au volant tandis que Maïa aborde notre guide avec grand embarras. Mais il ne saisit rien. Sous mes recommandations, elle descend alors de la voiture pour lui montrer la carte routière ; elle essaie tant bien que mal de s'adapter à ce pauvre jeune homme innocent ; elle parle fort, articule avec emphase, ouvre en grand et tord sa bouche dans tous les sens des grands gestes, des mimes et même des dessins sur la carte, mais cela laisse le pauvre garçon impassible et penaud. Hagard, il observe la scène avec détachement ; sa tête penche légèrement sur ses épaules tombantes, ses bras pendent lourdement sur ses flans immobiles tandis que ses grands yeux écarquillés, observent Maïa avec curiosité comme on épie un animal de foire.

Après quelques minutes en suspension, soudain, il brise le silence et tout excité, et avec une énergie débordante il se met à répondre à Maïa qui, surprise, fait un bond de 2 mètres en arrière. Enfin le dialogue s'établit ; seulement tous deux ne semblent vraisemblablement pas parler du même sujet et encore moins la même langue. Je pleure de rire en observant la tête décomposée de Maïa qui tente de conserver difficilement son contrôle face à cette situation délicate. Elle s'est encore reculée d'un mètre devant ce pantin désarticulé, afin de ne pas prendre un coup, car à chacune de ses paroles, notre interlocuteur s'avance vers elle en hurlant ; il accompagne ses mots de grands gestes brusques avec les bras et la tête, tord son visage dans tous les sens, tire la langue et use d'un langage inaudible et incompréhensible. Il nous indique multiples directions opposées qui ont pour seul mérite de nous désorienter davantage.

L'échange stérile, empreint d'attitudes saugrenues et de termes incompréhensibles dure plusieurs minutes au terme desquelles nous ne sommes pas plus avancées. Chaque fois que Maïa me regarde avec ses expressions déconcertées et confondues, je pleure de rire et me retourne très vite pour ne pas saboter sa concentration à demeurer impassible face à cette situation insolite. Évidemment, nous ne voulons pas nous moquer de lui, mais la scène est vraiment burlesque, et pour le coup, c'est davantage Maïa qui ressemble à une déficiente mentale. Encore une fois, cela nous provoque un fou rire mémorable. Je dois attendre plusieurs minutes pour reprendre la route qui nous reste toujours aussi énigmatique.

C'est épuisant de nous perdre à chaque sortie en ville. La dernière fois, nous nous sommes tellement perdues que nous sommes arrivées dans un lieu positionné à plus d'une heure et demie du monastère. Nous sommes parties dans l'autre sens. Le détour a été démesuré, pas moins de 200 kilomètres de route supplémentaire. Nous sommes décidément désespérantes et il n'y en a pas une pour sauver l'autre. Nous sentons que nous n'avons jamais la bénédiction de Rinpoché, mais pour autant, nous continuons…

Pour en revenir à aujourd'hui, malgré la carte routière, nous nous sommes encore complètement perdues et la nuit vient de tomber. Nous roulons sur des petites routes de campagne qui ressemblent aux entrelacements d'un labyrinthe aux 1 000 voies infructueuses. Un hasard invraisemblable nous fait traverser des villages avec des noms complètement insensés qui font miroir à notre condition : « Bienvenue à la mouise », « Commune de la panade », « Le Trou : 48 habitants », « Lieu-dit : la Mélasse », « le village du Pétrin », «bourg de la Misère », etc. Imaginez notre tête lorsque nous découvrons au cœur de cette nuit d'encre, se réfléchir dans les phares de la voiture, de tels panneaux indicateurs. C'est complètement rocambolesque et malgré notre déconvenue d'être encore perdues, il ne nous est impossible de ne pas rire à foison.

Nous retrouverons enfin notre route, je ne sais par quel miracle, si ce n'est encore celui de notre maître qui nous donne toujours des petites leçons tout en nous protégeant et nous ramenant à lui. Il est 3 heures du matin, nous sommes sur la réserve d'essence, la réserve de notre énergie, totalement épuisées et lassées. Nous avons seulement trois heures de repos devant nous avant d'embaucher. Nous tombons dans un sommeil profond, le ventre vide de nourriture, mais remplies de leçons et bonnes résolutions pour ne plus jamais recommencer.

Chaque fois que nous nous échappons en ville, il nous arrive systématiquement des problèmes. De notre interprétation, c'est l'évidence de la manifestation de sagesse, l'œuvre de Rinpoché qui joue avec nous en semant sur notre chemin, des petits cailloux dans nos chaussures qui nous font boiter, comme autant de messages éloquents pour nous ramener au discernement :

« Bon, maintenant on arrête, on fait n'importe quoi ! Cette fois-ci, c'est vraiment fini. Plus jamais de sorties en ville. »

Nous sommes sincères, mais ce sont de bonnes intentions qui s'effacent rapidement sous la gomme de plusieurs semaines à trimer sur les chantiers.

Toute cette histoire, toutes nos histoires sont l'expression édifiante de l'activité de Rinpoché qui se révèle dans chaque instant de nos vies. Sa manifestation est si présente que nous ressentons qu'il est derrière chaque expérience rencontrée et éprouvée, comme autant d'enseignements qui nous conduisent vers davantage de clarté, de sagesse et donc de bonheur.

Le plus incompréhensible dans tout cela, c'est que toutes ces sorties ne nous rendent jamais vraiment heureuses ; certes nous sommes baignées dans une euphorie liée aux plaisirs sensitifs éphémères, mais c'est dénué de paix, d'amour et de véritable joie. Et chaque fois, quelque chose se colore comme une mauvaise peinture, avec ses fautes de tons et de nuances, gâchant le tableau que nous aspirons à former avec les authentiques couleurs de la foi et du mérite. Ces journées nous permettent sûrement de relâcher la pression, mais cette pression n'est qu'un mauvais karma qui a tout l'espace de se libérer dans les mains et le cœur de notre maître. En le fuyant, nous ne faisons que remettre à plus tard les difficultés. C'est comme mettre des pansements sur une blessure sans la soigner, ni l'aseptiser. Seule la vie au monastère, les efforts que nous faisons, le travail que nous accomplissons sur nous-même, nous remplit et nous donne profondeur et joie. Le reste n'est que le jeu de l'ego perdu dans l'illusion du désir et de la dualité. Pour mieux comprendre tout cela, nous devons entrer en retraite et saisir avec discernement les fonctionnements de cet esprit mystérieux, cet infini partout, en tout, et surtout en nous-même, au cœur de notre ignorance et de ces fondements estropiant.

22.
LA PRÉRETRAITE

De ma première requête auprès de lama Y. jusqu'à six mois avant la date d'entrée, soit un an et demi plus tard, je n'ai aucune certitude quant à mon avenir. Lama Y. ne se prononce jamais clairement quant à mon entrée en retraite, que ce soit en me répondant favorablement ou bien en me refusant l'accès à ce merveilleux chemin. J'évite de trop insister parce que je crains une réponse négative qui m'affecterait beaucoup. Je n'ai plus aucun autre but dans ma vie si ce n'est celui de faire cette retraite et je n'envisage aucun autre chemin de traverse. Parfois, au détour d'une conversation, je me risque à l'interroger, mais il me répond toujours de la même manière très claire, ce qui ne m'éclaire pas du tout…

« Tu dois t'en remettre au refuge et développer les qualités de l'éveil, les qualités de l'amour et de la compassion. Ceci est la base et l'essence de la pratique. Le reste est secondaire.

– D'accord, mais est-ce que je fais la retraite ? Oui ou non ?

– Si les choses doivent se faire, elles se feront naturellement. La retraite n'est pas un but, mais une voie parmi d'autres. Il y a d'autres moyens de s'éveiller. »

Lama Y. me donnant des réponses continuellement insaisissables, je tricote le canevas de mon avenir avec des fils d'inquiétudes pénibles et obsédants. Pourtant dans le fond comme dans la forme, tout semble me rassurer puisque je suis le programme des futurs retraitants avec les futurs retraitants et tous les lama et les *stapra* s'adressent à moi comme une future retraitante. Seulement, sans réponse précise de mon lama, jusqu'au dernier moment, je cultiverai indéterminations et tourments. Au cours de ces deux longues années, il me laissera prendre le train en marche sans m'inviter à y monter, sans poser des mots précis, ces mots rassurants tant attendus et espérés : « Oui tu fais la retraite. »

Avec le recul, j'y vois une façon de me faire travailler sur mon besoin d'être rassurée et confortée. Cette exigence que j'éprouve de tout contrôler fige le quotidien dans un schéma établi qui me rassure. Cependant, cette planification ne laisse aucune place à la confiance. En cherchant à figer les événements, on ne s'abandonne pas à la vérité. On donne de l'importance à notre ego, nos ambitions et nos peurs. Pourtant la réalité de l'instant sait ce qui est mieux pour nous ; elle sème sur le chemin de celui qui s'ouvre, des surprises et des cadeaux, marquant l'omniprésence du sacré.

« S'ouvrir annule souffrir. »

Le 22 octobre 1997, les retraites en cours prennent fin et les *droupkang*, lieux de retraite, ouvrent leurs portes après trois ans d'autarcie absolue. J'assiste à cette sortie extraordinaire accompagnée par la puissante musique des *gyaling*. Elle transperce le ciel comme un tourbillon de notes divines qui emporte tous les sons du monde. C'est d'une si grande intensité que j'en pleure d'émotion.

Découvrir cette procession de retraitants si dignes et si beaux, avec leur *shantab* bordeaux, leur crâne rasé, leur façon de se déplacer en silence, est pour moi très impressionnant. La légèreté de leur pas caresse le sol en défiant les lois de la pesanteur et du temps, les figeant dans cet instant suspendu qui nous relie tous. Nous sentons leur esprit dans une pleine conscience vaste, vive et lumineuse. Nous flairons l'atmosphère empreinte de leur spiritualité ; nous sommes immergés dans leur aura, leur force et leur éclat.

Ils sont environ 80 retraitants issus des six *droupkang* d'une quinzaine d'individus : trois groupes d'hommes et trois groupes de femmes, rassemblés autour du *stūpa*, retrouvent le monde extérieur après trois ans d'isolement absolu. J'imagine que pour eux, cela doit être un choc physique et psychologique dont je ferai moi-même l'expérience quelques années plus tard. Je suis si inspirée en les voyant que cela me confond et me conforte dans mon noble choix. J'éprouve une joie débordante à l'idée que bientôt ce sera mon tour de faire la retraite, de travailler pendant trois ans sur mon esprit et mon corps afin de me rapprocher de ce qu'il y a de plus authentique : la vérité de tout : la nature de bouddha.

Certains sont très amincis, la peau pâle et lactescente crayonnée d'épais cercles sombres autour des yeux. Ils n'ont quasiment pas été en contact avec le jour et sa lumière pendant ces trois années de pratique assidue et ils sont pour la plupart très marqués. Mais cela ne me fait pas peur. Bien au contraire, cela m'encourage et m'inspire encore plus.

La retraite n'est pas une sinécure. C'est un véritable chemin de purification durant lequel l'esprit et le corps sont éprouvés. La libération du karma négatif enfoui dans les profondeurs des mémoires immémoriales, peut s'avérer douloureuse, difficile, mais il faut passer par là pour s'en affranchir. Malgré un corps, certes, stigmatisé, le regard de tous ces retraitants si vif et lumineux, témoigne du merveilleux résultat du travail sur eux-mêmes. La paix, la sérénité, la joie douce et spacieuse, émanent de leur personne avec éclat.

Depuis trois mois, Maïa et moi habitons le monastère des femmes. Cela faisait longtemps que les lama nous invitaient à déménager et à nous placer dans le contexte de la retraite exclusivement féminine, mais nous repoussions constamment l'échéance. Nous aimons trop vivre à la ferme et apercevoir chaque jour Rinpoché ; cependant, l'entrée en retraite n'étant plus qu'à quelques mois, après deux années d'immense bonheur, il nous a finalement été imposé de quitter notre cocon. Nous avons été les deux dernières filles à partir et à reculons ; mais nous n'avions pas le choix, nous devions apprendre à vivre dans un environnement exclusivement féminin.

Nous nous sommes, à notre plus grand étonnement, aisément adaptées à ce lieu calme et placide. Ces deux dernières années, durant lesquelles nous nous sommes entraînées à la méditation, ont amené notre esprit à une plus grande maturité qui nous a permis de nous détacher facilement du monastère des hommes si cher à notre cœur. Plus de fugue et davantage de pondération nous allouent un équilibre dans lequel nous évoluons vite. La pudeur des nonnes, leur discrétion, mais aussi leur joie, leur douceur nous ont conquises. Nous nous sentons bien auprès d'elles, entourées de copines et de mamans de substitution.

Malheureusement notre séjour chez les nonnes sera de très courte durée puisque dès l'instant ou les anciens retraitants quittent leur *droupkang*, il nous faut redéménager pour nous installer dans les centres de retraite. On ne laisse jamais un *droupkang* vide, même pour une nuit. Aussi, le soir même de la sortie de retraite, nous intégrons et pour plusieurs années, ce lieu béni. Cette fois-ci, je suis enfin certaine de faire la retraite. Quel soulagement !

J'adore notre *droupkang*. C'est le plus joli de tous, et pour la première fois depuis plus de deux ans, j'ai ma propre chambre et je l'adore. Elle est toute petite, mais parfaite pour moi, et j'ai sous ma fenêtre des centaines de fleurs accueillantes, qui, de leurs multiples couleurs, ensemencent toute l'année, la terre consacrée.

Ce nouveau et dernier déménagement témoigne d'une transition importante dans notre quotidien avec un programme des plus soutenu. Six mois nous séparent de notre entrée en retraite, et nous devons nous préparer à toutes les difficultés et les épreuves qui nous attendent. Aussi, nous sommes placés dans un contexte de préretraite en adéquation avec ce futur choisi : plus aucunes sorties ne sont autorisées, ni vacances en famille, ni journée, soirée ou week-end de libre. Nous devons rester constamment dans l'ermitage monastique. De toute façon, même si, d'une façon ou d'une autre, nous aurions voulu nous distraire ou fuir, c'est totalement impossible car nous n'avons plus un seul instant de disponible. Le rythme de travail et d'études, jusqu'ici déjà très important, se densifie considérablement.

Sept jours sur sept, nous sommes occupées : le matin nous travaillons sur les chantiers des monastères, du grand temple, mais aussi et surtout nous faisons les travaux dans les *droupkang*. Fermés depuis trois ans, ils nécessitent des réparations indispensables. La cadence est très soutenue et éprouvante. Nous sommes rentrés dans une cocotte-minute sous pression. Nous nous levons considérablement tôt, car le temps nous manque et chaque longue matinée, week-end compris, nous vaquons à nos tâches. L'après-midi, nous recevons des enseignements profonds, des *loung* et des initiations nécessaires aux pratiques intraretraites.

Les *loung* et les initiations sont des transmissions spirituelles qui se font uniquement d'esprit à esprit, de maître à disciple. Durant cette cérémonie, le maître transmet une sorte de permission spirituelle d'exécuter des *poudja* et des pratiques. Pour cela, le disciple doit simplement se placer dans une écoute et une ouverture attentive à la cérémonie conduite par un grand maître et se laisser remplir par sa précieuse transmission spirituelle. Par ces rituels, le maître plante des graines d'éveil dans l'esprit du disciple. Ce dernier est alors invité à cultiver ces semences sacrées, avec l'engrais de la dévotion, de la pratique et de la méditation, jusqu'à en obtenir le fruit : l'état de bouddha. On ne peut pas pratiquer le bouddhisme tibétain sans au préalable avoir pris refuge auprès d'un maître et reçu *loung* et initiation.

Au cours de ces six derniers mois très intenses, nous recevons la visite de grands maîtres tibétains, qui vivent pour la plupart en Inde, leur pays d'accueil après l'invasion de la Chine par le Tibet. Détenteurs uniques de certains trésors du *dharma*, ils viennent spécialement nous transmettre ces initiations rares. Seuls, nous retraitants, avons cette chance incommensurable d'en bénéficier et de les recueillir en nos cœurs.

Chaque jour je remercie avec gratitude lama G. Rinpoché et lama Y. dont la bénédiction me permet d'être ce vase qu'on remplit d'or. Nous recevons également un amoncellement d'enseignements très profonds sur les diverses pratiques exercées en retraite. Nous étudions également des thèmes précis et percutants tels que le passage de la vie à la mort, la dimension illusoire de la dualité, la construction de l'ego et ses facteurs de souffrance, les qualités à développer pour être un *bodhisattva**, un être qui consacre sa vie aux autres, etc.

Ces enseignements d'une richesse exceptionnelle sont très confrontant et parfois malaisés à recueillir. En général ils mettent en lumière ce que nous ne voulons pas voir, à savoir notre condition ignorante et égoïste, notre nature impermanente et le caractère imminent et omniprésent de la mort. C'est un projecteur puissant braqué sur notre impuissance et nos limites. Ils nous réveillent et nous éveillent en nous montrant la voie très longue et difficile.

Pas une seule fois je ne sors de ces enseignements sans être profondément touchée par leur contenu. Je suis à la fois émerveillée de recevoir ce nectar de sagesse, mais aussi démoralisée par ma condition d'humaine. Grâce à leur lumière, je perçois la lourdeur de mon esprit, son ignorance fondamentale qui le promène depuis des vies et des vies, dans ce dédale inextricable de renaissances et de morts. Je suis en proie à l'ignorance, assujettie à des constructions mentales, des pensées sans fin, des idées sur tout, des perceptions limitées par mon corps, mes sens et mes croyances erronées. Je me demande comment j'arriverai un jour à me sortir de ce tunnel sombre. Et tout en m'interrogeant, je comprends que, déjà, par ce questionnement même, je rajoute une couche supplémentaire de voiles à cette obscurité originelle.

Il est très douloureux de prendre conscience de notre aveuglement, de constater la force de son empreinte qui s'autosustente, se renouvelle de pensées en pensées et de penser à panser. C'est en voulant se départir de la souffrance qu'on la consolide. Je me sens tellement éloignée de ces grands maîtres dont l'esprit est pareil à un ciel sans frontière uni à la sagesse et à l'amour sans limite. Pourtant, quels que soient mes jugements et mes négativités, j'ai la même nature d'éveil de Bouddha. Et ma foi me contraint désormais à aller jusqu'au bout du tunnel puisque j'en ai déjà aperçu la lumière ce qui implique de pénétrer les abîmes de mon esprit et l'épaisseur de mon karma. Je n'ai plus le choix. Je ne peux plus ignorer mon ignorance.

Cela me fait penser à une anecdote qu'on m'a rapportée et qui m'a beaucoup touchée.

Une fois, des *djinda* qui signifie « bienfaiteurs », c'est-à-dire des personnes qui apportent une aide financière, ont invité Rinpoché à déjeuner dans un restaurant. Croyant bien faire, ils l'ont emmené dans un prestigieux établissement qui ne servait que du poisson et des crustacés. À peine ont-ils pénétré dans le restaurant que Rinpoché, dans sa sagesse, a immédiatement saisi la souffrance des êtres prisonniers du lieu. Il n'a pas eu besoin de visiter les cuisines pour percevoir le cruel sort réservé aux êtres condamnés, leur supplice terrible, les tortures qu'on leur inflige en les plongeant dans l'eau bouillante, en les découpant vivants, en les mutilant sans conscience ni opprobre, etc. En quelques secondes à peine de présence, le visage de Rinpoché est devenu blanc et il s'est senti très mal jusqu'à être pris de vomissements. Il s'est précipité dehors puis s'est mis à pleurer en s'exclamant avec sa compassion illimitée :

« Quel endroit infernal. Quelle infinie souffrance. Des êtres souffrent à l'agonie et d'autres les font souffrir sans aucune conscience ni moindre empathie ; c'est vraiment l'ignorance de l'ignorance, le fondement même du *saṃsāra.* »

« L'ignorance de l'ignorance… » Je n'ai jamais oublié cette phrase. Oui, hélas, nous ignorons que nous ignorons et lorsque nous commençons à percevoir notre ignorance, nous paniquons face à sa densité abyssale. Des couches et des couches d'absence de conscience se superposent, et à cause de ces voiles, nous agissons mal. En nous éveillant, nous prenons conscience de tous les actes terribles que nous posons sous le joug de cette obscurité, de toutes les paroles blessantes ou inutiles prononcées à l'égard d'autrui et de toutes les pensées nuisibles et fausses que nous entretenons. C'est très douloureux et presque de voir, de comprendre et saisir notre état d'ignorance.

Mais quittons les crustacés et les petits poissons pour en revenir à nos moutons. La préretraite n'est donc pas une sinécure.

Je souffre de mon conditionnement, conditionné. Je me sens prise au piège de mon esprit, comme enfermée dans une boîte de conserve bourrée de conservateurs et d'additifs : ceux des habitudes mentales et physiques. Heureusement, encore une fois, la force du groupe me porte car je ne suis pas la seule à éprouver de tels sentiments. Tous les préretraitants sont dans le même état. C'est une étape importante de notre vie et nous nous soutenons naturellement dans nos semblables difficultés, nos peurs de tout lâcher et nos inquiétudes de ne pas y arriver.

La préparation à la retraite nous permet d'entrevoir la difficulté du chemin. Ces prises de conscience nourrissent notre admiration et notre foi envers ceux qui, comme Rinpoché, l'ont parcouru jusqu'à son terme. Nous mesurons leurs exceptionnelles préciosités à travers notre propre insuffisance. Les bouddhas n'ont pas d'ego. Ils ne sont pas des superhéros au-dessus des autres. Ils sont la réalité sans l'identification à un « moi », sans un « je », et son « jeu » trompeur. Leur nature est indissociable de la vérité de l'amour, de la compassion et de la sagesse universelle.

C'est peut-être précisément ce en quoi réside toute la difficulté de cette voie. Car on ne change pas pour devenir meilleur. L'ego ne se transforme pas en superman sauveur de l'humanité. Il ne devient pas plus fort ou davantage puissant tel un Dieu unique qui édifie son contraste par sa suprématie sur les autres. En fait, c'est tout le contraire qui se passe. On se fait tout petit pour faire place à notre nature de bouddha, à la sagesse primordiale. Cela va donc à contresens de tout ce que nous avons toujours fait et tout ce pour quoi nous nous battons depuis toujours.

Depuis notre naissance, nous sommes formatés pour nous démarquer, pour devenir des êtres uniques et plus forts que les autres. La compétition, le désir d'être le premier, de dépasser les autres et d'exister davantage sont le leitmotiv des humains. Lorsque nous nous tournons vers le *dharma*, il nous faut développer des qualités contraires ; nous nous mettons en recul, nous cultivons l'humilité, la discrétion, et nous nous appliquons à faire passer les autres avant notre propre intérêt jusqu'à se réjouir d'être le dernier. C'est une voie très difficile car nous devons tout désapprendre, déconstruire nos pensées et habitudes, les déraciner, mourir à nous-même pour laisser la place à notre véritable réalité d'amour. Et rien n'est plus difficile que de renoncer à soi et à son identité. Il faut avoir une immense foi pour y parvenir. Sans la dévotion pour nous sustenter et substituer les valeurs de l'ego par celles de l'éveil, le travail sur soi revient à de l'autodestruction gratuite et inutile.

Bien que je garde de ces six mois de préparation le souvenir d'une période éprouvante qui me confronte à mes peurs anxiogènes, mes attachements puissants, mes capacités douteuses, et mon instabilité spirituelle, je suis certaine de vouloir poursuivre cette voie.

Non seulement j'ai une foi indéfectible, en outre, je souhaite être digne de Rinpoché et de tout ce qu'il m'a offert. Je vais donc m'accrocher malgré toutes les difficultés du chemin. Et parmi toutes ces adversités, va se présenter une des épreuves les plus inconcevables et perturbantes de ma vie…

23.
VOYAGE ULTIME

Fin octobre 1997, soit une semaine après la sortie des retraitants et notre installation dans les *droupkang*, un événement des plus impensable et redouté va, à jamais, douloureusement perforer notre cœur de son sceau définitif et indélébile.

C'est un jour de lune noire et dans le bouddhisme comme dans de nombreuses autres traditions, ce sont des dates particulières où nous redoublons de vigilance quant à nos actes, nos paroles et nos pensées. En conséquence, à chaque pleine lune et à chaque lune noire, nous pratiquons des rituels spécifiques d'offrandes et de protection. Le Bouddha enseigne que durant ces périodes, la force du karma est décuplée par 1 000. Ainsi, toutes les démarches que nous entreprenons, bonnes ou mauvaises, ont davantage de répercussions karmiques ; nous sommes invités à faire de bonnes actions et surtout à redoubler de vigilance en se gardant de générer des pensées, des agissements et des paroles nuisibles.

Pour ma part, j'éprouve toujours plus de sensibilité et de fragilité durant ces temps particulièrement chargés en énergie et je reste très attentive à mon état d'esprit. Sans conscience aiguisée, je peux être emportée par des émotions désagréables. Nous sommes reliés à tout ce qui nous entoure et les puissances et lois universelles agissent sur nous, sur notre corps physique et mental. Il est donc important de le savoir et d'exercer une certaine vigilance. On dit d'ailleurs que beaucoup de personnes se suicident en particulier les jours de pleine lune.

Revenons donc au 31 octobre 1997. Ce matin-là, Maïa et moi posons du carrelage lorsqu'une agitation collective s'élève au sein du monastère des femmes. Bien que nous soyons en retrait, nous percevons au loin cette impulsion de panique assez vive : quelques *stapra* sont complètement affolés et courent dans tous les sens. D'autres sont en larmes ou complètement prostrés. Percevant tous ces troubles inhabituels, nous cherchons à comprendre qu'elles en sont les raisons. Présupposant qu'il y a eu un accident sur un des chantiers dangereux du temple, nous nous approchons de nos amis bouleversés. Mais nous comprenons tout de suite que nous nous trompons en entendant plusieurs fois cette succession de mots insoutenables et inaudibles :

« Rinpoché est mort, Rinpoché est mort. »

J'éprouve à l'écoute de cet énoncé redoutable un déchirement abyssal. J'ai la sensation qu'une vitre explose en une infinité de morceaux. Cette vitre, c'est moi. Je glisse avec les fragments de moi-même dans un sombre labyrinthe sans issue. La ligne du temps jumelant mon passé et mon futur vient de se déliter, me suspendant vertigineusement dans ce présent brûlant, dépouillé de sens.

« Ce n'est pas possible ! Ce n'est *pas* possible. »

Complètement en état de choc, j'ai le réflexe de me boucher les oreilles. Je ne veux pas entendre ces mots mortuaires, comme si me refermer sur moi-même avait encore un pouvoir sur les événements. Je veux oublier ce que je viens d'entendre, convertir la réalité en ce que je ne peux pas et ne veux concevoir : la mortalité de mon maître. Je répète cette phrase en l'utilisant comme une barrière de protection

« Non ce n'est pas possible. Non, c'est impossible. »

Malheureusement, plus nous nous enquérons d'éclaircissements au gré des rencontres, et plus les faits se précisent dans leur authenticité. L'impossible est possible, et c'est même, la réalité : Rinpoché est mort…

Commence alors une journée des plus troubles de ma vie tout au long de laquelle je demeure dans un état de sidération. Je suis complètement abêtie et désarmée de tout discernement. Je suis le mouvement commun, les échanges, les réactions diverses, mais je suis incapable de réagir ou de m'exprimer. Alors que tout en moi est bruit, chaos et désordre, je ne montre que silence et fermeture. Je suis figée dans ma douleur, totalement prisonnière de mon corps qui agit comme un bouclier face à mon esprit en état de choc traumatique. Parler, pleurer, m'exprimer comme tous mes amis le font, me libérerait certainement et m'aiderait à moins souffrir, mais rien ne sort. Je suis statufiée, otage d'une douleur muette et anxiogène.

J'ai mis des années à trouver un maître qui personnifie, dans son incarnation, la vérité que j'ai tant cherchée. Je m'apprête à abandonner mes proches durant plus de trois ans, je vais tout quitter pour lui et tout vient de s'écrouler en un instant.

Rinpoché n'est plus là. L'étoile qui m'éclaire chaque jour depuis deux années vient de s'éteindre.

Je sais que Rinpoché a atteint l'état de bouddha ; il est donc au-delà de toute dualité et sa mort n'altère en rien l'omniprésence de son esprit puissant. Seul son corps n'est plus. Seulement, j'ai besoin de ce corps. J'ai besoin de le voir, de le toucher, de l'écouter, de le sentir. L'annonce de sa mort me plonge dans un esseulement dépouillé de tout repère, de tout « re… père ».

Les ermitages monastiques ressemblent à deux fourmilières à qui on a kidnappé la reine.

L'agitation est partout. On parle, on pleure, on prie, on s'étreint, on se console comme on peut. Nous sommes tous désorientés et désemparés. Beaucoup montent à pied au monastère des hommes. Nous avons besoin de nous rapprocher du corps de Rinpoché qui, pour l'instant, est inaccessible.

De par son omniscience, Rinpoché savait qu'il allait bientôt quitter son corps ; il avait prévenu les lama et les avait préparés à cette étape tragique, mais inévitable. Les lama de la première génération, tels que lama Y., sont pour l'heure à son chevet et suivent toutes les instructions que Rinpoché leur a laissées afin que son passage dans le *bardo** ainsi que sa renaissance soient bénéfiques à tous les êtres. En effet, lorsqu'un grand maître quitte son corps, son esprit éveillé continue son activité bienfaisante au-delà de cette vie. La mort devient alors un état particulièrement favorable pour libérer des êtres en errance.

Nous, *stapra*, ignorions les prédictions de Rinpoché. Nous percevions sa fatigue, mais il en dissimulait la gravité en poursuivant son activité de *bodhisattva*. D'ailleurs, malgré sa santé déclinante, en août 1997, trois mois avant sa mort, Rinpoché a tenu à transmettre pendant plusieurs jours consécutifs une série d'enseignements en Dordogne. Cet événement était exceptionnel pour les milliers de personnes présentes, mais épuisant et dangereux pour le corps malade de Rinpoché. Le soleil était de plomb sous l'immense chapiteau qui nous rassemblait et la température y était intenable. Pourtant, chaque jour, durant plusieurs heures d'affilée, Rinpoché nous a transmis le cœur du *dharma*, le cœur de son être, le cœur de son cœur sans jamais perdre son magnifique sourire. Il émanait de sa présence un rayonnement puissant et une générosité absolue. Nous sentions tangiblement son épuisement, mais sa détermination était redoutable : donner et transmettre ; alors puisant dans ses dernières forces, il nous a offert ses derniers trésors, ses dernières lumières avec un amour sans limite, délicieusement teinté de son humour pétillant. Il nous a bénis à pléthore, pareil à un riche océan qui vient recouvrir et nourrir la terre aride de notre esprit. C'était son dernier voyage en Dordogne, la terre d'accueil et le berceau de toute son activité depuis son arrivée en France ; c'était également le dernier et ultime enseignement qu'il donna.

Sept jours avant son décès, pour la sortie de retraite, Rinpoché nous a encore honorés de sa présence si intense. C'était une belle surprise parce que nous ne savions pas s'il aurait la force d'être physiquement avec nous. Depuis plusieurs semaines, les rumeurs de sa mauvaise santé perforaient chaque jour les murs du monastère, rebondissant en sombres échos dans nos cœurs inquiets. Les lama nous avaient invités à accumuler la prière de longue vie qui lui était dédiée, ce qui n'était pas de bon augure. Pourtant, malgré toutes ses épreuves physiques, envers et contre tout, Rinpoché était là, posé sur son trône tel un lotus majestueux sur un lac placide, les délicats pétales de son cœur, grandes ouvertes, prêtes à offrir le nectar nourricier à ses disciples. Mais comme toute fleur qui s'ouvre vient le jour ou elle se referme à jamais : c'est la dernière apparition publique de Rinpoché et la dernière fois que je l'ai vu vivant.

Ce jour-là, je me souviens avoir été troublée par sa présence très particulière et saisissante. En effet, Rinpoché avait changé physiquement et énergétiquement. Il avait le visage fermé, les traits tirés et le teint cireux. Son regard était particulièrement soutenu et de tout son être émanait une aura puissante, telle une impérieuse armure défenseuse et défensive. Sa présence consciente était renforcée, affermie ; elle semblait aux aguets et préoccupée. Il paraissait muré sur des tourments dont nous ignorions la nature, mais qui altéraient distinctement son faciès et sa posture. Il nous avait toujours habitués à ses sourires lumineux et heureux, à cette constance solaire vaste et rayonnante et la dissemblance était manifeste pour nous tous.

C'était la première fois que nous faisions une cérémonie dans le grand temple. Pour la sortie des retraitants, nous avions redoublé d'efforts ces derniers mois sur tous les chantiers, afin de pouvoir faire les solennités d'accueil des retraitants dans cet édifice majestueux. Des équipes travaillaient même la nuit sous l'éclairage d'énormes projecteurs pour terminer les travaux. Nous étions tous épuisés, mais, grâce à notre investissement, les portes du temple, issues du mérite de Rinpoché, se sont ouvertes pour la première fois au public.

Durant toute la cérémonie, le visage cloisonné et les yeux hagards, Rinpoché, avait observé chaque recoin. Il semblait observer, guetter, surveiller, quelque chose avec une diligence redoutable. Il dégageait une vigueur plus aiguisée que d'ordinaire, comme s'il était dans une pratique de puissante protection.

Je n'oublierai jamais cette dernière fois où j'ai vu mon maître, son énergie si affûtée et son visage si grave. Durant toute la cérémonie, je ne l'ai quitté pas du regard, comme si inconsciemment, je savais que c'est la dernière fois que je le voyais. Je profitais de chaque seconde de sa présence exceptionnelle. Lorsque nous sommes passés devant lui pour recevoir chacun à notre tour sa bénédiction, j'ai mis ma main sur son genou et je l'ai laissée le plus longtemps possible qu'il soit. On ne doit pas toucher un grand maître, cela ne se fait pas. Mais je n'ai pas réfléchi. C'était instinctif et spontané. Je me suis attardée sur la soie de son *shantab* qui recouvrait l'os de son genou. Il était si maigre. Rinpoché avait perdu du poids. J'aurai voulu lui donner la force de ma jeunesse. Mais Rinpoché ne prenait rien. C'est lui qui donnait, et il m'a donné pour la dernière fois son amour.

Au cours de la semaine qui a suivi cette cérémonie, des bruits couraient qu'il avait eu des paralysies faciales et qu'il n'allait pas bien. En plus des prières de longue vie que nous multiplions, les lama nous avaient invités à conduire plusieurs rituels de protection pour Rinpoché et le monastère. Tout le monde s'inquiétait. Lama Y. nous avait expliqué que des forces négatives tels des esprits malveillants s'attaquaient au *dharma* et aux centres bouddhistes ; c'est au-delà de nos perceptions sensitives. Ces forces sont puissantes et très nuisibles. Le mal est attiré par le bien et s'en sustente.

En outre d'autres facteurs pernicieux engendraient des obstacles dans la vie de Rinpoché. Trop de gens brisaient leurs *samaya**, c'est-à-dire leurs engagements envers Rinpoché. Lorsque des vœux sont pris, que ce soient ceux d'ordinations et autres, un lien indéfectible s'établit entre le maître, la lignée, et le disciple. C'est un engagement suprême. En brisant les vœux, le disciple génère un très mauvais karma qui se répercute sur les deux protagonistes, d'où l'importance de garder ses vœux purs. Mais Rinpoché avait une si grande compassion qu'il donnait beaucoup de vœux, même s'il savait, de par sa clairvoyance, que les personnes les souilleraient. Il disait que l'important c'était qu'ils aient un lien avec l'éveil. Il ne se souciait pas des retentissements sur sa santé. Seulement tous ces *samaya* détériorés combinés à toutes les adversités extérieures des forces malfaisantes, avaient aspiré et fragilisé son énergie vitale.

Malgré ses hémiplégies et autres affections qui l'assaillissent, Rinpoché continuait à recevoir les gens en détresse, et s'engageait avec des personnes qui brisaient leurs vœux. Jamais il n'a abandonné son activité libératrice. Conscients de ce qu'il se passait, les lama l'invitaient à cesser son activité, mais il refusait, et malgré les douleurs, le visage tordu, il accueillait tous ceux qui le sollicitaient. Jamais Rinpoché ne se préoccupa un instant de lui, son esprit n'étant tourné que vers les êtres. Il répétait souvent dans ses enseignements : « Un esprit malheureux est un esprit qui se préoccupe seulement de lui-même. Un esprit heureux est un esprit qui se préoccupe seulement des autres. »

Ce 31 octobre, alors que Rinpoché est entouré de ses plus proches disciples, son cœur cesse de battre. Un des lama, ancien médecin, tentera de le ranimer à plusieurs reprises, mais vainement. Il racontera plus tard qu'à un instant précis, il a senti, l'esprit de Rinpoché lui ordonner d'arrêter. C'était le moment pour lui de quitter son corps. Bien qu'il soit libéré du cycle des renaissances, Rinpoché a prédit qu'il se réincarnerait encore deux fois sur terre afin de poursuivre sa précieuse activité spirituelle. Une des qualités des bouddhas est de posséder la maîtrise parfaite de son esprit et de pouvoir choisir sa future renaissance afin qu'elle puisse sans obstacle, venir en aide à tous les êtres. Nous, êtres ordinaires, sommes balayés par le vent du karma qui nous inflige une renaissance en fonction de nos actes passés.

Rinpoché aura consacré toute sa vie aux autres et jusqu'aux derniers jours, il nous donnera des leçons d'amour, de désintéressement, d'abnégation, de courage et de sagesse. La dignité avec laquelle il a conduit son existence et sa propre mort nous transmettent un magnifique ultime enseignement, marquant de son empreinte consacrée, notre cœur à jamais. Désormais, son esprit est partout, présent et éternellement aidant. Son départ nous donne une dernière et ultime instruction, nous rappelant la première vérité du *dharma*, à savoir que tout est impermanent et que personne n'échappe à la mort, même un bouddha.

La seule chose qu'il nous reste à faire est de suivre son exemple extraordinaire en menant une vie de dignité, d'amour et de pratique et en nous préparant nous aussi à notre propre mort tel que Rinpoché l'a fait avec sagesse, amour, confiance et détermination, pour le bien de tous les êtres.

24.
KOU DOUNG

Cela fait 24 heures que Rinpoché est mort et je suis toujours en état de choc ; je me sens perdue et orpheline. J'éprouve un curieux besoin de changement, de remise à zéro, de nouveau départ. Ce besoin posttraumatique se convertit en une sentence un peu insensée et surtout irrévocable : je décide de me raser la tête.

L'entrée en retraite n'est que dans six mois donc j'ai encore le temps pour me départir de ma chevelure, mais je ressens le besoin de marquer d'une pierre blanche, ou plutôt noire, le décès de Rinpoché. En abandonnant une partie de ma féminité, je mets un terme à mon attachement à tout ce qu'elle représente : le besoin de séduire, de paraître, le besoin d'être remarquée, d'être aimée et finalement le besoin d'exister. Par cette action je signifie une volonté de renoncement à mon apparence première et donc à moi-même.

Je ne sais pas pourquoi je ressens cette exigence. Je crois que j'ai besoin de nettoyer quelque chose. Peut-être que je veux m'affranchir de tous les doutes que j'ai pu cultiver, des hésitations et des peurs. J'ai aussi parfois transgressé les valeurs du *dharma* par la pensée, la parole et le corps. Bien sûr, rien de très grave, mais je suis trop attachée à moi et à mes idées, à mes plaisirs. Avec le décès de Rinpoché, j'éprouve un besoin urgent de changement. Je veux être davantage engagée sur le chemin foulé par tous ces grands maîtres si dignes. Je dois mériter cette voie que Rinpoché a ouverte et éclairée pour moi depuis bientôt deux années.

Sa mort manœuvre en mon cœur, beaucoup de peine, de questionnements, mais aussi de nombreux sentiments de culpabilité. J'ai la sensation de ne pas avoir été à la hauteur, de ne pas avoir donné le meilleur de moi-même à cet être si bon. Rinpoché m'a tant donné et son amour était si vaste que je me sens sale, maculée par mon propre égoïsme. J'estime que je dois faire une sorte de sacrifice pour m'excuser auprès de lui. Sa pureté me renvoie le reflet éclatant de mes distorsions névrotiques et égotiques.

Je décide donc de changer et je veux marquer les stigmates de mes nouvelles résolutions en me rasant le crâne. J'ai les cheveux qui descendent au-dessous des épaules, donc le changement physique sera radical. Mais ma décision est si sincère qu'il n'y a aucune place pour réfléchir aux conséquences esthétiques et superficielles d'un tel acte.

Nous sommes au début du mois de novembre 1997 et c'est un après-midi très ensoleillé. Je suis dans le jardin du *droupkang* en présence de certaines filles de mon groupe qui prennent le café. Elles vont assister à mon changement capillaire, ne manquant pas de donner leur avis sur ma future tête. Je crois que j'ai besoin d'elles pour m'encourager, bien qu'elles ne soient pas d'un grand secours. Bien au contraire : la moitié d'entre elles me disent que je suis folle et l'autre moitié se moque de moi en imaginant le futur résultat.

« Mais t'es folle Cricri, tu as le temps. Tu vas être trop bizarre avec ta tête chauve, en plus tu vas avoir super froid, ne fais pas ça. »

Ce n'est pas rassurant du tout, mais au moins leurs rires et leurs gentilles railleries ont le mérite de me détendre un peu. De toute façon, ma décision est ferme et résolue. Lorsque Maïa, à ma demande, attrape la tondeuse et la dépose sur ma tête, mon cœur se met à battre la chamade. Je suis prête… ou presque. Les filles se taisent ou du moins essaient de se taire car je perçois leurs chuchotements et leurs rires, surtout de la part de mon adorable copine libanaise reconnue pour son absence totale de discrétion, son humour bruyant et ses moqueries taquines. Maïa, qui n'est pas réputée pour être méticuleuse, redouble de bienveillante attention et s'applique dans chacun de ses gestes. Elle sait que c'est une étape importante pour moi, aussi elle prend tout le temps nécessaire pour bien exécuter sa tâche.

La lame caresse très doucement ma peau et m'assure une sensation agréable. Cela me berce et je me détends. Confiante sous les mains de mon amie, je regarde mes longs cheveux se détacher de ma tête et tomber un à un comme des plumes légères. Au fur et à mesure que le sol se recouvre de fils noirs, je me remplis, contre toute attente, de joie et de paix. Une fois terminé, je caresse ma tête avec la paume de ma main. La perception m'est voluptueuse et douce et j'éprouve une sensation de liberté très agréable, un nettoyage frais, un nouveau départ. Je ne sais l'expliquer, mais je me sens propre, au sens propre comme au sens figuré. C'est seulement quelques minutes plus tard, alors que je suis sur le point de m'apercevoir dans un miroir, qu'un formidable sentiment d'angoisse m'envahit.

Je réalise soudain l'impulsivité de mon geste et ses conséquences discernables. Je ne le regrette point, mais j'aurai peut-être pu m'offrir le temps d'une réflexion pour me préparer à découvrir mon nouveau reflet. Heureusement, avant même de me découvrir, les filles aux premières loges qui se délectent avec passion d'une scène importante de ma vie, me rassurent tout de suite avec une spontanéité que je perçois sincère :

« Oh Cricri, tu es trop belle comme ça, ça te va trop bien. Vraiment ouah. Tu as un superbe *kapala.* »

Et c'est vrai, j'ai un beau *kapala*, c'est-à-dire une jolie forme de crâne. Il est bien proportionné et équilibré ; et même si cela change radicalement mon apparence, je ne me trouve pas trop mal ainsi. Toutes les personnes que je croise par la suite, très surprises par mon geste, me disent que cela me va bien. Superficielle que je suis encore, je m'en réjouis, car finalement ce n'est pas si facile d'assumer cette métamorphose radicale. Désormais, le bonnet ou les chapeaux me deviennent des attributs essentiels car je découvre avec cette nouvelle tête, à quel point les cheveux sont indispensables. Sans écran capillaire, l'hiver comme l'été sont insupportables. Ou bien nous avons très froid ou bien nous avons très chaud.

Après la mort de Rinpoché, tout le programme de préretraite, toutes nos activités et nos plannings sont bouleversés. Les après-midi restent inchangés et nous continuons à recevoir des enseignements et des transmissions. Durant les matinées, beaucoup d'entre nous délaissons les chantiers pour préparer la crémation du corps de Rinpoché qui aura lieu 49 jours après son décès.

Dans le bouddhisme, le *bardo* de la mort, dure 49 jours. Il correspond au temps qui sépare la mort de la renaissance. Le *bardo* signifie période. Il existe également le *bardo* de la vie, le *bardo* du rêve, le *bardo* de l'éveil, etc. Ce sont des durées correspondant à des modifications d'état de conscience. Lors du *bardo* de la mort, l'esprit du défunt, poussé par son karma, va errer entre visions et états de conscience altérés, jusqu'à retrouver une nouvelle incarnation.

Rinpoché, ayant atteint l'état de libération n'a plus de karma ; il est au-delà de ce cycle de renaissance, mais, dans son immense compassion, il a fait le souhait de revenir sur terre pour répandre à nouveau l'enseignement du bouddha. Il va donc passer par le *bardo* afin d'aider et de guider les êtres qui n'ont plus d'incarnation et qui sont effrayés et prisonniers de ces états de douleurs et de confusion.

Chose extraordinaire, et pour la première fois dans notre pays, le monastère obtient les autorisations nécessaires pour respecter la tradition bouddhiste. Reconnaissant que Rinpoché est un être d'exception, le gouvernement déroge à la loi et nous permet de garder le corps de Rinpoché durant 49 jours au monastère. Également, il nous autorise à procéder nous-même à la crémation. Le corps, assis en lotus, en position de méditation, est placé dans une caisse en bois remplie de gros sel afin de conserver l'enveloppe de Rinpoché. Certains travailleurs, avec le plus grand des soins, l'ont confectionnée au préalable, chamarrée et ornée de symboles sacrés et de lumineuses peintures colorées. La caisse est magnifique.

Durant 49 jours, nous conduisons les cérémonies traditionnelles, les pratiques et les prières d'abord dans la maison du K., puis dans le grand temple saturé d'une surabondance d'offrandes. Des centaines de flammes crépitent et brillent jour et nuit, comme autant de soleils et d'étoiles dans l'univers. L'encens se consume sans interruption parmi des vingtaines de bouquets de fleurs aux 1 000 couleurs et des tas de dons précieux sur lesquels viennent rebondir en écho nos prières incessantes. C'est juste magnifique.

Pendant ces 49 jours, le corps est veillé 24 heures sur 24. À tour de rôle, nous nous relayons pour assurer une présence permanente. Quelle que soit l'heure diurne ou nocturne, Rinpoché est entouré de pratiquants récitant des mantras. C'est un bonheur indicible que d'aller prier près de notre maître regretté. Délivré du corps et de ses limites, nous pouvons ressentir son esprit encore plus puissant et étendu, imprégnant le temps et l'espace de son empreinte d'amour éternel. Sa bénédiction, sa compassion, sa force, nous inspirent et nous portent.

Durant toute cette période, nos méditations sont plus claires, plus profondes et notre pratique s'ancre dans l'instant avec une facilité déconcertante. Rinpoché rend notre conscience plus vaste, vive et lumineuse. Chaque nuit, malgré le travail qui se poursuit sur les divers chantiers, les enseignements bouleversants, le rythme intense et la fatigue, je vais prier auprès de lui. Je condamne mes heures de sommeil en faisant sonner le réveil vers 2, 3 ou 4 heures du matin et je monte au monastère des hommes rejoindre Rinpoché. C'est le moment que je préfère parce que la nuit et son mystère affine et affirme cette sensation de lien sans frontière avec mon maître. Il y a peu de monde autour du corps à ces heures-ci et j'aime cette tranquillité et ce silence qui danse avec les récitations des mantras. Il m'arrive parfois d'être seule avec Rinpoché et c'est à chaque fois des intenses instants de plénitude heureuse. Sa présence et sa bénédiction sont si puissantes que mon esprit est beaucoup plus limpide et les expériences méditatives s'élèvent sans effort, me ramenant à lui dans une communion d'évidence inspirée, vivante et féconde. C'est de cette manière que je fais rapidement le deuil de Rinpoché pour la bonne et simple raison qu'il n'y a finalement aucun deuil à faire. Je sens Rinpoché si présent, si vivant que rien n'a changé et rien ne change. Rinpoché est là et sera toujours là.

Sur le chantier, j'ai la chance d'être affiliée à l'équipe qui s'occupe d'ériger un *stūpa* en béton dans lequel le corps va être exhumé. J'aide aussi l'équipe de couture à fabriquer la bannière de la victoire qui ornera le monument ; j'ai le grand privilège de l'accrocher au sommet du *stūpa*, tel le couronnement de l'esprit d'éveil sur le *saṃsāra*. C'est tout un symbole que je ne peux oublier. Je veux y voir mon lien avec Rinpoché sur le chemin vers l'éveil, un lien victorieux, qui, malgré d'innombrables difficultés, triomphera toujours.

Sept semaines après que Rinpoché a quitté son corps, nous procédons à l'incinération.

Toute la journée, sans interruption, les innombrables sons des rituels percutent l'air hivernal. Tous les lama du centre ainsi que de très grands maîtres tibétains, venus spécialement d'Asie, conduisent cette exceptionnelle cérémonie. Le feu dans le *stūpa* où repose le corps, alimenté par des centaines d'offrandes, de l'eau pure, des parfums, des tissus précieux, des médecines sacrées, de l'encens, des nourritures, se consume durant une douzaine d'heures. Il laisse échapper de longues flammes de plusieurs mètres, aux couleurs surprenantes, allant du vert puissant au doux violet, du bleu profond au rouge sanglant, du jaune éclatant au rose apaisant. C'est extrêmement beau et étrange. Elles lèchent les parois en dispersant une épaisse fumée grise qui, au gré du vent, vient nous caresser, nous recouvrir jusqu'à parfois embarrasser notre regard et notre respiration. Elle s'élève en volute noire vers le ciel excessivement versatile et incertain. Parfois nous en admirons le profond bleu très réconfortant, baigné par un soleil éclatant, puis l'instant d'après, l'empyreume se laisse encombrer par d'épais cumulus blancs, gris, puis noirs, chargés de pluie épaisse qui tombe en cascade quelques minutes, nous donnant l'impression de laver, par là même, nos larmes et nos peines. De fortes bourrasques valsent, nous bousculent, soulèvent nos habits et nos cheveux et dispersent la fumée dans tous les sens. Puis le calme revient, et alors se succèdent des kyrielles d'arc-en-ciels qui transpercent la danse anarchique des nuages aux formes très étonnantes. Nous percevons dans ces volumes ouatés, des bouddhas, des protecteurs, des symboles sacrés se mêler à des traînées cotonneuses aux couleurs insolites. C'est totalement irréel et nous sommes tous avalés par cette fiction à la cadence phénoménale et éclatante qui nous balance et nous secoue dans tous les sens, au sens propre comme au sens figuré. C'est une journée incroyable, extraordinaire et d'une puissance indicible.

Puissantes sont aussi nos émotions. L'esprit si fort de Rinpoché est partout autour de nous, mais aussi en nous ; notre propre esprit envahi et imprégné par sa bénédiction, se purifie en même temps que le feu sacré qui consume son corps. Je suis brassée par toutes sortes de pensées troublantes. À l'image du ciel, ma conscience est troublée et agitée, baguenaudant entre colère et joie, tristesse et paix, doutes et foi et tout ceci sans aucune raison extérieure. C'est très perturbant et désagréable pour quelqu'un comme moi qui n'a pas vraiment la maîtrise de son esprit.

Les lama, eux, doivent vivre la même situation intérieure, mais leur pratique les amène à une stabilité imperturbable. Ils demeurent en parfait *samadhi*, menant avec conscience les rituels sacrés. Ainsi, leurs émotions n'ont aucune prise sur eux et même mieux : elles sont autant d'occasions à des expériences de félicité, de vacuité et d'union avec l'esprit de Rinpoché.

Moi, je suis bien, puis je me sens mal, je suis heureuse puis malheureuse, calme ou en colère, confiante ou perdue, etc. C'est complètement fou et déstabilisant de constater la versatilité grossière de mon esprit qui permute en un instant sans raison ; alors, pour ne pas subir ces distorsions et être emportée par ces vagues puissantes, je me raccroche au rappel que tout ceci n'est que le jeu de la sagesse primordiale créatrice. Je me place dans l'esprit de Rinpoché pour simplement regarder tout ce mouvement sans le subir. Ce n'est pas facile car je n'ai jamais vécu une instabilité intérieure avec autant de puissance sans aucune cause extérieure.

Après la cérémonie, je me confirai à différents *stapra* qui me révéleront avoir également expérimenté de semblables désordres émotionnels. Eux aussi auraient été en proie à des confusions puissantes tout au long de cette journée spéciale. Lama Y. nous expliquera plus tard que, lorsqu'un grand maître meurt, son esprit libéré du corps est partout et sa puissance consume et brûle le karma négatif des êtres. Les perturbations que nous expérimentons ne sont que notre karma négatif qui s'élève pour se purifier.

La cérémonie qui a commencé très tôt le matin, se termine en fin de journée. Après profusion de prières, les sons des instruments se taisent, laissant place à un calme profond chargé de bénédictions. Les nuages, le vent, les tempêtes qui n'ont cessé de se succéder toute la journée dans une danse démente, disparaissent pour laisser place à un ciel bleu immaculé et un soleil magnifique qui enlumine de joie et de sérénité le crépuscule à venir et nos cœurs tranquilles.

Nous sommes tous en paix, heureux, comme si Rinpoché avait nettoyé toutes nos peines au fur et à mesure que son corps brûlait et disparaissait à jamais. C'est encore une fois illogique et magique. Les mots ne peuvent pas décrire ce que nous avons expérimenté ce jour-là, mais jamais je ne pourrai oublier ces heures et leur puissance extraordinaire.

Au fil des jours, les cours de nos vies reprennent normalement. Rien ne change au monastère. La chambre de Rinpoché reste éclairée jour et nuit et nous le sentons toujours présent derrière le rideau de feutrine, comme s'il était encore assis en lotus devant son autel, en train de prier et répandre sa protection et son amour à l'univers. Certes, son corps n'est plus et ne plus apercevoir son sourire me manquera à jamais, mais son esprit et son cœur nous veillent, nous aident, nous aiment et ceci pour l'éternité.

25. DERNIÈRES RÉVÉRENCES

Un mois après la crémation, je quitte exceptionnellement l'ermitage monastique pour aller passer Noël dans ma famille. C'est le dernier voyage avant l'entrée en retraite et il est très important. Je vais revoir mes parents, mon frère, mais aussi mes grands-parents, mon oncle et ma tante et mes cousins, pour la dernière fois. Nous sommes une famille très unie car nous habitons dans trois maisons individuelles construites sur un même terrain. J'ai grandi auprès de ces neuf personnes qui, depuis ma naissance, partagent chaque jour mon quotidien.

Ces derniers moments ensemble sont aussi émouvants que précieux. Je tente à chaque instant de profiter de leur présence si aimée avec une attention des plus épurée. Je les regarde avec une acuité insistante, en observant chacun de leurs gestes ; je photographie avec minutie la forme d'un visage et ses expressions particulières, les boucles d'une chevelure, ou le grain d'une peau. J'écoute le son de leur voix, les différentes tonalités de leur rire et je prends soin d'enregistrer ces mélodies précieuses dans mon cœur, comme autant de chefs-d'œuvre rares ; je hume leurs différentes odeurs et m'imprègne de ces phéromones affectives afin de pouvoir en raviver les souvenirs ; je touche leurs mains et attarde mes lèvres sur leurs joues, dupliquant dans ma mémoire la texture et la sensation éprouvée au contact de leur peau chaude ; je dévore avec emphase leurs présences comme pour les phagocyter et les faire miennes afin de les emmener en moi.

C'est ainsi que nous devrions nous comporter avec ceux que nous aimons : en leur apportant toute notre attention avec une profonde qualité, comme si chaque instant était le dernier. Car malheureusement, c'est parfois le cas. La plupart du temps, parce que nous sommes habitués à la présence de l'autre, parce que nous sommes emportés par nos quotidiens répétitifs, nous donnons très peu d'attention aux personnes qui nous entourent, notre esprit étant absent, absorbé par des préoccupations égocentriques. C'est lorsqu'une tragédie survient que l'on mesure la dimension tragique et irréversible de notre négligence. Le plus beau cadeau que nous pouvons offrir aux autres et à nous-même est notre entière et fine présence. Être vraiment là, dans chaque instant, et ouvrir et offrir tous nos sens. La vie mérite cette obligeance.

C'est ce que je fais lors de cette ultime visite auprès des miens. J'honore ces dernières heures en présence de ma famille. Je dévore leurs manies, leurs fantaisies, leur vie. Parce qu'il n'est pas possible de sortir de retraite quelles qu'en soient les raisons, je suis terrorisée à l'idée de perdre un des miens au cours de ces trois années. J'ai si peur pour mes grands-parents tant fatigués. Je les aime tellement. Cela m'obsède. Je n'arrête pas de les regarder, de les embrasser et de prier silencieusement pour eux. Je grave des B partout, B comme bouddhas, B comme bonheur pour eux, pour tous.

Bien que ce soit notre dernier Noël, il est comme tous les autres : rempli de tendresse et de rires. Nous sommes tous ensemble, et profitons en conscience de ce cadeau. Mes parents sont censés venir au monastère deux semaines avant l'entrée en retraite. Une visite est organisée spécialement pour les proches des futurs retraitants. Un enseignement sera donné par lama Y., et abordera des questions relatives au sens et au contenu d'une retraite. Il répondra aux interrogations et exigences des familles. Je ferai donc mes derniers adieux à mes parents pour cette occasion.

Dire au revoir aux autres membres de ma famille est une épreuve intensément douloureuse ; je verse énormément de larmes en les quittant. Ils sont ma vie, mon sang, mon quotidien et mes habitudes. J'ai été élevée au sein de cette grande famille si importante à mon cœur et les quitter m'écorche à vif. Je souffre surtout de leur faire du mal. J'essaie de ne pas montrer mon affliction, mais c'est difficile. Ma grand-mère me tourne le dos pour dissimuler ses pleurs incontinents. Quant à mon papi à la carrure de travailleur si robuste, au cœur habitué à éprouver les peines et les épreuves, il fond en larmes en me serrant dans ses bras. C'est la première fois que je le vois pleurer et ça m'est insupportable d'infliger tant de douleur. Je culpabilise à foison en mesurant l'étendue de leur peine. Pourtant je sais que je n'ai pas le choix et que le bienfait que je vais accumuler en retraite, retombera sur eux à profusion et leur apportera soutien et protection ; j'y crois et je m'accroche à cela malgré ce déchirement d'amour que j'impose à leur cœur aimant.

Heureusement, mes grands-parents ont désormais confiance en mon choix. Cela a été très long pour qu'ils acceptent mon engagement ; leur vie a été si difficile qu'ils se sont entièrement détournés de toute foi. Ils détestent Dieu qui ne les a jamais aidés, et il faut se marier à l'église et être baptisé. Peut-on détester et honorer ce qui n'existe pas ? C'est le paradoxe de toute une éducation judéo-chrétienne. Quoi qu'il en soit, me voir partir dans un monastère leur a été insupportable. Ma grand-mère a longtemps été persuadée que j'étais embrigadée dans une secte :

« Quand est-ce qu'ils vont te libérer ? Ils t'ont lavé le cerveau. »

Cela m'attristait lorsqu'elle parlait ainsi, mais son parcours de vie, ainsi que celui de mon grand-père, ont été jalonnés par trop d'épreuves qui ont marqué d'empreintes négatives leur regard sur la religion. Trop de bonheur rend niais, mais trop de souffrance accable et ferme le cœur. Mes grands-parents sont dans la survie et n'ont pas d'espace pour s'ouvrir à d'autres courants et connaissances spirituelles. Leur culture est aussi pauvre que leur cœur est immense.

Après une année de rejet et d'incompréhension, ils changeront d'opinion le jour où ils découvriront le monastère et accepteront de recevoir une bénédiction de Rinpoché. En effet, mes parents, qui me rendaient visite deux fois par an, m'avaient fait la surprise d'amener mes grands-parents. J'avais été émue aux larmes en les découvrant parce que je savais à quel point cela leur demandait des efforts de quitter leur campagne rassurante. Comme ils travaillaient tous les quatre, ils avaient fait l'aller-retour, soit 800 kilomètres, dans la journée pour moi. Un sacrifice de plus qui témoignait de l'intérêt et de l'amour qu'ils me portaient. Néanmoins, je les savais fiers et têtus et j'avais peur de leur réaction. Si, lors de cette visite, ils continuaient à rejeter mon choix, je n'aurais plus d'arguments pour les convaincre, et nos relations futures en seraient forcément affectées. Heureusement et contre toute attente, tous les quatre à l'unanimité, trouvèrent le lieu sublime.

Mamie était la plus enthousiaste. Elle était même ébahie :

« C'est magnifique ici. Toutes ces couleurs sont si belles. Ce n'est pas comme dans les églises où c'est tellement moche. » (Tiens, prends ça !)

Elle ne cessait de regarder partout, émerveillée par les décorations et ornements d'or, les peintures chatoyantes, les 1 000 statues et objets d'ornement.

« Et puis les gens ici, ils sont gentils. Ils sont polis, ils disent bonjour et ils sont beaux en plus. Ce n'est pas comme ces hypocrites de chrétiens. » (Et prends ça aussi !)

Sacrée mamie si touchante. Elle m'a bien fait rire.

Au départ, ils refusèrent de rencontrer Rinpoché et de recevoir sa bénédiction ;

« Je ne vais pas m'agenouiller devant un vieux Chinois que je ne connais pas, s'exclamait papi.
– Ils me font peur ces espèces-là », avait rajouté mamie.

Ce n'était pas gagné, mais ils m'aiment tellement qu'ils feraient n'importe quoi pour me faire plaisir, aussi en insistant un peu, ils avaient accepté une entrevue. Sous mes insistances, ils s'étaient même pliés à la tradition en joignant leurs mains au cœur et en courbant l'échine devant Rinpoché. C'était beaucoup leur demander car cela n'avait absolument aucun sens de se prosterner devant un « vieux Chinois ». Hormis Bruce Lee à la télé, papi et mamie n'avaient jamais vu un Asiatique. Ils étaient sortis de ce rendez-vous un peu déroutés et avaient gardé le silence plusieurs minutes alors que je brûlais d'envie de connaître leurs impressions.

Mes parents étaient très contents. Maman surtout. Papa, lui, ne s'était pas exprimé, mais s'il en avait retiré une mauvaise impression, je l'aurais à coup sûr entendu critiquer ; donc j'avais jugé son silence comme de bon augure. Quant à mes grands-parents, je les interrogeais avec hâte.

« Alors mamie ? Dis-moi.

– Il a l'air très gentil. Il est beau aussi. Il sentait bon la fumée. (Elle faisait référence à l'encens.) Il a les yeux qui brillent comme le petit Jésus.
– Le petit Jésus ?
– Oh oui euh ben euh. On pourra le revoir avant de repartir ?
– Et toi papi ? »

Silence.

Papi ne semblait pas très bien. Il était pâle et il était resté taciturne toute la matinée, mais j'apprendrai plus tard par maman qu'il avait été bouleversé par cette rencontre. Je n'en saurai pas davantage. Seuls Rinpoché et papi, connaissent le secret qui les lie, désormais captif de l'éternité. À partir de là, je n'entendrai plus jamais parler de cette secte qui m'avait lobotomisé la cervelle. Au contraire, papi et mamie me demanderont régulièrement de revenir sur le centre. La magie de Rinpoché…

Bien qu'aujourd'hui ils aient confiance en mon choix, cela n'adoucit en rien l'acuité de la peine qu'ils éprouvent à l'idée de ne plus me revoir durant trois ans. C'est vraiment un des instants les plus difficiles de ma vie que de leur faire mes adieux. Je m'accroche à l'enseignement pour ne pas m'enliser dans la tristesse. On dit que tout le mérite d'un retraitant retombe sur ses proches et améliore leur vie. Je crois à la force de la prière. Cette séparation est un présent de douleur en vue d'un futur meilleur.

Je repars le cœur pesant d'attachements pour cette famille si indispensable à ma vie. La route qui me sépare du monastère est longue et éprouvante. Je pense trop… Pendant plus de trois années, je ne verrai plus ma petite famille, mes amours, ma chair, mon sang. Je ne pourrai plus communiquer avec eux ni par téléphone, ni par courrier. Tel est l'engagement que nous prenons en entrant en retraite et je vais évidemment le respecter. Je m'évertue à ne pas saisir la stridence de cette réalité qui distend ma peine et mes peurs. Je tente de placer tout ceci au fond de moi, comme autant de petites aiguilles piquantes et d'obstacles potentiellement dangereux sur le chemin que j'ai choisi. Je laisse remonter à la surface de ma conscience, la joie et la fierté de voir se profiler dans un futur proche, la fermeture des portes de notre *droupkang*. Bientôt le verrouillage des accès à toutes distractions mondaines. Bientôt le commencement de ce profond travail sur moi-même. Je vais emprunter et explorer cette voie spirituelle sacrée que je cherche depuis toujours.

Après ces fêtes tout aussi joyeuses que douloureuses, j'emprunte, pour la dernière fois, cette route qui me sépare du monastère. J'ai caressé 100 fois cette voie, mais aujourd'hui elle m'apparaît désormais comme un passage entre mon passé et mon avenir. Je conduis mon véhicule comme j'ai à conduire désormais ma vie : en regardant droit devant, laissant défiler le paysage du passé et ses affections, sans me retourner, foulant l'asphalte avec un seul objectif : tracer cette dernière ligne droite jusqu'au point de non-retour. Telle est ma voie.

À une dizaine de kilomètres de mon arrivée, lorsque j'aperçois le toit du temple briller comme un champ d'or dans le vert des collines, je pleure. Je suis arrivée à la maison et cette fois-ci, je ne vais plus repartir ni m'en éloigner. Tel un arbre, je vais m'enraciner ici, et sous le soleil de la foi, je laisserai pousser et grandir mes branches et mon feuillage avec un jour, l'espoir de m'unir à l'essence ciel.

26.
ENTRÉE EN RETRAITE

Comme je l'ai mentionné précédemment, le soir même de la sortie des retraitants, nous nous sommes installés dans les *droupkang*, lieux qui, traditionnellement et impérativement, ne restent jamais sans occupants.

Il y a au total huit *droupkang* répartis sur les deux monastères. Quatre *droupkang* sont destinés à la première retraite de trois ans ; deux sont consacrés à ceux qui poursuivent le cycle par une deuxième retraite et enfin les deux derniers *droupkang* accueillent les retraitants à vie.

Le nôtre est, à mes yeux, le plus joli de tous. Il forme un grand L composé de deux bâtisses et leur jardin en dénivelé d'environ trois mètres. Le premier bâtiment du haut se divise en plusieurs salles qui s'ouvrent sur l'extérieur par de larges portes-fenêtres dans chaque pièce qui nous offrent une vue panoramique sur le jardin du bas et la forêt qui le relaie. Dans ce bâtiment du haut, il y a d'abord notre temple, puis le *kounié**, dans laquelle nous préparons les lampes à beurre. À sa suite vient le *bep kang*, destiné à la pratique des yogas ; vient ensuite la cuisine avec sa réserve et enfin notre petite salle à manger commune. Lorsqu'il fait beau, le jardin devant ce premier bâtiment nous sert de vaste terrasse pour manger, boire le thé ou bien pour confectionner les *torma**, sorte de petites statues qu'on offre lors des *poudja* quotidiennes.

Cette terrasse végétale domine par trois mètres de hauteur, le jardin du bas, plus vaste et sauvage. Ce dernier est ensemencé de quelques jolis arbres autour desquels poussent de magnifiques fleurs que les anciennes retraitantes ont semées ici et là avec une générosité artistique délicate et poétique. Quelques rochers poinçonnent le sol, tels de vieux sages silencieux à la présence ancestrale mystérieuse et vivante. Ce jardin, des plus charmant, vibre de son histoire et de ses prières. Non seulement il nourrit par sa beauté nos yeux d'esthètes, mais également nos papilles grâce à ses baies délicieuses et autres petits fruits sucrés, mais aussi ses champignons et parfois des cèpes qui apparaissent miraculeusement de temps à autre.

Cet espace magique est un précieux cadeau qui se transmet de génération en génération de retraitants ; durant ces trois années nous aurons à cœur, à notre tour, d'entretenir ce tableau esthétique et généreux afin que les futures retraitantes en bénéficient à foison.

Ce beau jardin du bas est délimité, entre autres par le second bâtiment du *droupkang*. Nous y descendons par plusieurs longues et grandes marches extérieures. Cette deuxième bâtisse est divisée en trois maisons mitoyennes composées chacune, de cinq chambres et d'une salle d'eau.

Avant d'emménager, nous en avons tiré au sort l'attribution. Je suis dans la première maison en haut à gauche. Maïa est dans la dernière en bas à droite. Ce sont les deux chambres les plus opposées du *droupkang*. Encore un tour de magie de Rinpoché : il est temps que nous travaillions notre attachement l'une à l'autre et cet éloignement nous y aidera. Et puis nous sommes si heureuses de faire la retraite ensemble que le reste n'est pas important.

Au fur et à mesure que la retraite approche, les plannings s'intensifient. Nous recevons des initiations tous les jours sans exception par de très grands maîtres, nous écoutons durant des heures des enseignements très élaborés, pas toujours faciles à comprendre, et tout ceci en poursuivant les travaux sur les chantiers et dans les *droupkang*. C'est aussi difficile physiquement qu'intellectuellement. Nous sommes sous pression et avons hâte que cela prenne fin avec le début de la retraite.

Fin février, deux semaines avant l'entrée en retraite, le monastère s'ouvre aux visiteurs et surtout à nos proches à qui nous allons définitivement faire nos adieux. Mes parents et mon petit frère viennent passer le week-end avec moi. Je ne les ai pas vus depuis deux mois et je suis émue de les retrouver et particulièrement dans ce lieu sacré. Ils visitent le *droupkang* et ma jolie chambre que j'ai déjà soigneusement décorée et dans laquelle je me sens si bien. Maman adore. Elle trouve le *droupkang* somptueux et ma chambre confortable et douillette. C'est important qu'elle soit rassurée sur mon confort. Quant à Papa, il est très attentif à chaque détail, mais ne prononce pas un mot. Il reste aussi froid et fermé qu'un triste rideau de métal tiré sur la devanture d'une boutique. Il semble ne pas avoir envie de découvrir cette boutique et ses potentiels trésors.

Tous trois acceptent d'assister à l'enseignement de lama Y. qui transmet des explications sur la nature de la retraite et répond aux interrogations, aux doutes et aux peurs des familles.

Un enseignement assez houleux puisque certains parents manifestent, à cette occasion, leur totale désapprobation :

« C'est bien beau de s'enfermer, de se reposer et rien foutre pendant trois ans, mais qu'est-ce qu'ils vont faire nos gosses à la sortie ? », « Et s'ils tombent malades, ou bien ont une rage de dents, qui va les soigner ? », « Et ça va servir à quoi tout ça ? », « Ils auront un diplôme après ? », « Et si on a besoin d'eux et s'ils veulent sortir ? », « Et s'il y a un décès dans la famille ? », « Et comment on va les retrouver après trois ans ? », « Ils vont apprendre quoi ? Pas un métier en tout cas ! »

Beaucoup de questions délicates et fâcheuses sont soulevées. Je me sens embarrassée et attristée pour lama Y. qui reçoit toutes ces attaques gratuites et je me demande bien comment il va apaiser cette assistance belliqueuse. Je me tracasse inutilement puisque lama Y. très ouvert et détendu, recueille avec grande bienveillance toute cette agressivité issue du besoin d'exulter d'encombrantes angoisses. Fidèle à sa remarquable verve d'enseignant, il répond à tous les proches des futurs retraitants avec amour, compréhension et grande sagesse. Il rassure ainsi tous les protagonistes alarmés. Encore une fois je suis médusée et admirative.

Mes parents, eux, ne posent aucune question. Ils écoutent religieusement les réponses et les explications sans intervenir. J'aurai aimé qu'ils s'expriment, mais ils ne font aucun commentaire. Et même en sortant de l'audience, ils n'évoquent pas le sujet, comme si l'enseignement n'avait jamais existé, et c'est peut-être pire parce que je ne sais pas du tout ce qu'ils pensent.

Je ne me fais aucun souci pour maman ; je sais que je l'ai dans la poche. Elle a toujours entretenu une grande confiance dans toutes mes entreprises et a toujours été fière de mes choix. Bien sûr elle n'en reste pas moins très affectée et profondément malheureuse de me quitter. Mais comme toute mère aimante, elle pense à moi et à mon bonheur avant de penser au sien. Une maman remarquable que j'admire et que j'aime sans fin.

Quant à mon père, ce n'est pas le même cas de figure et son visage est bel et bien fermé. Papa n'a jamais consenti à mes choix de vie en dehors des études et du sport, et, durant tout le week-end, il ne manifestera aucune parole qui me renseignerait sur ses ressentis. Il reste enfermé dans un mutisme consistant. Sa communication passe seulement par des expressions faciales réprobatrices qui ne me rassurent pas du tout. Je crois que papa est démissionnaire. Depuis bien longtemps, à chaque conversation à propos de mes orientations « loufoques », dit-il, nous finissons par nous fâcher. Nous évitons donc les sujets délicats et ces non-dits pèsent comme une ombre lourde sur nos relations, obstruant la lumière de notre amour réciproque.

Il faut dire que depuis des années, je prends des chemins tellement inextricables qu'il ne me comprend plus et n'a plus envie de faire des efforts. Cela me fait énormément souffrir de le décevoir autant. J'aurai aimé, non point qu'il soit fier de moi, je n'en demande pas tant, mais au moins qu'il apprenne à me connaître. Malheureusement ce n'est pas le cas. La communication et le lien affectif ont été coupés il y a deux ans lorsque je décroche le bac et réussis, sous ses recommandations, le concours d'infirmière. En ouvrant le champagne pour fêter l'événement, je leur annonce que je veux faire des études de philosophie. Ce fut un choc pour papa. J'avais déjà abandonné mes études sportives pour fumer des joints et maintenant je choisissais une impasse. Et pourtant, il m'a encore soutenu et a payé l'université et ma chambre en ville. Deux ans de sacrifice financier pour que j'abandonne et m'enferme dans un monastère. C'est trop pour lui et à la veille de mon entrée en retraite, papa est définitivement déçu et fermé. Mon cœur éperonné par son attitude se tait. J'ai trop peur de lui parler et qu'il m'exprime en retour sa profonde répréhension, ce qui serait un véritable obstacle pour ma retraite. Je préfère le silence suggestif au dialogue redoutable. On peut composer et s'arranger avec des suppositions, les tordre et les distordre à notre convenance. En revanche, on ne peut pas effacer ce qui est prononcé.

Au moment des adieux, je serre très fortement maman dans mes bras. Je ne peux pas me détacher d'elle. Nous pleurons beaucoup ; ses larmes se mêlent aux miennes et forment une rivière de douleur. Je sens sa souffrance dans mon corps. Elle ne fait qu'un avec le mien. C'est insupportable de l'abandonner, de lui infliger une pareille peine. Je lui dis que je lui écrirais de temps en temps. Il m'est inconcevable de couper les ponts avec elle ; une pauvre promesse qui ne la console en rien. Par amour et abnégation, elle tente de dissimuler la profondeur de son chagrin, mais j'éprouve dans mon propre corps toutes ses souffrances. Et c'en est de même pour elle. Son affliction me chavire, rajoutant à mon propre tourment, une brûlure insupportable.

Mon petit frère est également présent. Il ne parle pas beaucoup et je ne sais pas vraiment ce qu'il ressent. Davy a toujours entretenu la pudeur de ses sentiments ; même à la séparation de mes parents, il n'a rien exprimé alors qu'il souffrait autant que moi. Il laisse la place aux autres, se plaçant en tant que soutien, plutôt que victime. Et puis il a 18 ans, et autre chose à faire que de se préoccuper de sa sœur et cela me rassure de le savoir dans les sphères joyeuses, relatives à cet âge de désinvolture. Je pense que cela l'affranchit des peines de cette séparation. Je me trompe. Nous nous étreignons très fort à nous en faire mal aux côtes. Moi je pleure comme une madeleine. Lui se retourne et s'éloigne de plusieurs mètres. Je ne vois que son dos. Maman le rejoint et ils se consolent dans les bras l'un de l'autre. Quand mon petit frère se retourne pour me jeter un dernier regard, je découvre son visage inondé de larmes. Je suis choquée. J'ai si mal de les voir souffrir…

Papa s'est déjà installé au volant, porte ouverte, visage fermé. On sent qu'il a hâte de quitter ce lieu de déchirement, pensant ainsi que, en s'éloignant, les souffrances s'éloigneront aussi.

« Regarde. Tes choix font du mal à toute la famille, tu es nuisible, c'est ta faute tout ça. Vivement le départ. »

C'est ce que je pense qu'il pense. Mais je n'en sais rien en fait. Nous n'avons toujours pas échangé un seul mot de la journée. Non ce n'est pas possible de nous quitter sur ces non-dits. Je veux entendre la voix de mon père une dernière fois. C'est trop dur de se séparer de la sorte. Alors je trouve enfin le courage et prends le risque et lui adresser la parole avec la gorge serrée par la tristesse et l'appréhension de sa réaction.

« Papa, tu n'as pas parlé de tout le week-end. Je sais que tu m'en veux, que je te déçois terriblement. Mais je t'aime. Nous n'allons plus nous revoir pendant plus de trois ans, dis-moi quelque chose s'il te plaît. »

Il me regarde alors pour la première fois depuis 48 heures. Je découvre ses yeux et ils sont tellement tristes. Lui qui semblait si fort, presque insensible, cela me bouleverse. Papa ouvre la bouche. Il va enfin me parler. À la fois stressée et impatiente, je me suspends à ses lèvres comme une assoiffée perdue dans un désert.

« Je vais te répondre et ce n'est pas facile…, mais… ce lieu est exceptionnel. Les lama sont des personnes avec une intelligence hors du commun. Quant à Rinpoché, j'ai un souvenir de lui indescriptible. Je ne sais que dire. Il est au-dessus… Je n'y comprends rien, mais il y a quelque chose de magnifique ici. On se revoit dans trois ans. Je t'aime. Fais ce que tu as à faire, ma perle. Tu as toute ma bénédiction. »

J'éclate en sanglots dans ses bras et nous pleurons tous les deux à chaudes larmes. Comme je l'aime mon p'tit papa…

La porte de la voiture claque, me séparant des trois personnes les plus importantes de ma vie. Je regarde l'auto disparaître à l'horizon dont les contours se mêlent à mes larmes de plus en plus nombreuses. Je suis si affligée. C'est vraiment une terrible épreuve, mais le sacrifice est nécessaire et irrévocable. Désormais je suis libre.

Après six mois de préparation, d'enseignements, d'initiations, et d'adieux, nous sommes officiellement tous prêts à entrer en retraite. Six jours avant que le *droupkang* referme ces portes, nous recevons les vœux de moine et de nonne et sommes autorisés à porter la robe monastique. Certains d'entre nous pour trois ans, d'autres pour la vie. C'est une cérémonie merveilleuse où j'affile ma conscience afin d'être parfaitement présente à chaque instant, répétant avec conviction ce en quoi je m'engage : respecter mes vœux, porter dignement la robe de bouddha et ne pas sortir de la retraite avant terme.

Ce jour-là, je suis consciente de recevoir un trésor dont je dois profondément prendre soin.

Jamais je ne me suis sentie aussi bien que dans la tenue monastique. Je la trouve belle et elle me rend reconnaissante, responsable et intègre. J'aime profondément porter le *shantab*, la jupe traditionnelle, et le zen, la grande étoffe bordeaux. Je me sens fière et digne. J'éprouve également une vaste gratitude envers lama Y. qui me permet de réaliser mon souhait, tout en étant triste de bientôt devoir le quitter. Tristesse annihilée par notre dernier entretien durant lequel il m'explique que nous ne sommes jamais coupés du lama.

Le lama est une représentation au-delà du corps physique. Il est le support de notre foi et nous accompagne partout où elle se manifeste. Lama Y. me rappelle la chance si rare et précieuse que j'ai, d'entrer en retraite. Une opportunité qui ne se reproduira certainement jamais. Il n'y a pas de place pour les atermoiements, mais seulement pour la réjouissance et la gratitude envers Rinpoché qui a exaucé mon souhait le plus profond. Il faut profiter de ce cadeau inestimable et être heureuse, reconnaissante, disciplinée grâce aux efforts justes. Ces dernières instructions m'aident à lâcher mes dernières peurs, mes derniers attachements au monde. Je suis prête.

En mars 1998, une dernière cérémonie devant et dans notre *droupkang* s'achève, puis les énormes portes de bois protectrices se referment sur une centaine de pratiquants, dont mon petit groupe de 15 filles, toutes excitées, heureuses et soulagées qu'enfin, ça commence. Au claquement du portail, je ressens une libération indescriptible. Tous les liens avec l'extérieur sont coupés, et avec eux, tous les soucis, les inquiétudes, les préoccupations et les émotions qu'ils véhiculent. Désormais je peux me consacrer entièrement aux enseignements du bouddha et suivre la voie qu'il a ouverte et lui-même empruntée il y a plusieurs siècles. C'est une sensation d'allégresse et de légèreté indicible. J'ai l'impression d'être sur un chemin jusqu'ici sombre, broussailleux et encombré. L'entrée en retraite, le nettoie de tout obstacle et l'ouvre sur une clairière instruite par la conscience de l'éveil. Je peux avancer librement, heureuse et certaine de mon choix. Je suis au meilleur endroit, au meilleur moment, et avec la meilleure des compagnies : le bouddha, le *dharma*, la *sangha*.

27. RETRAITANTS

Nous sommes une cinquantaine de retraitantes filles, réparties en quatre groupes. Je suis dans le groupe des Françaises au sein duquel, et malgré la présence d'une Espagnole, d'une Allemande et d'une Libanaise, nous communiquons en français ; la traduction des transmissions est véhiculée dans cette langue. Un autre groupe de première retraite, composé de plusieurs nationalités différentes, communique et reçoit les enseignements en anglais. Un troisième groupe recommence un cycle de trois années avec la suite du programme de la première retraite. La même configuration se présente chez les hommes.

Tous les enseignements et instructions sont donnés par trois *droupen** femmes chez les femmes et trois *droupen* hommes chez les hommes. Les *droupen* sont les maîtres de retraite. Ce sont des lama choisis par Rinpoché, pour leur expérience, leurs vastes connaissances et leur réalisation profonde du *dharma*. Être *droupen* est un statut des plus noble et élevé, particulièrement au monastère puisqu'il supplée à la fonction qu'occupait Rinpoché, soit de transmettre la tradition pure de la doctrine. En charge de former les futurs lama et les enseignants du *dharma*, leur responsabilité est immense. Ce sont des maîtres profondément investis et habités par une foi irrévocable et un renoncement total à eux-mêmes.

J'apprécie et je m'entends avec les 14 femmes qui composent mon groupe, même si certaines suscitent déjà en moi quelques troubles. Nous ne nous sommes pas choisies et nous nous connaissons très peu. La fermeture du *droupkang* va nous aider à faire tomber nos barrières de protection et à nous dévoiler les unes aux autres sans filtre ni fuite.

L'être humain tient à son écrin doré qui ne laisse entrevoir que le meilleur de lui-même, dissimulant sous cette protection égotique ses défauts et ses travers. En retraite, les parades séductrices de l'ego sont impossibles. Nous sommes mises à nu et sortons de l'illusion de ce que nous croyons être. Toutes nos négativités nous sont projetées en pleine figure. Le karma s'élève et le groupe prend toute son importance car il est autant un catalyseur de ce processus de déconstruction qu'un soutien essentiel.

J'ai déjà commencé ce travail sur moi-même depuis bien longtemps, mais jusqu'ici les distractions encore présentes m'offraient un espace et une distance avec ce que je suis. Être enfermée avec 14 autres personnes que je n'ai pas choisies ne propose plus aucune échappatoire et je suis immédiatement confrontée à moi-même, à mon propre esprit et ses émotions subtiles que j'ignorais jusqu'alors : le désir, la colère, la peur, et en un premier lieu la jalousie.

En effet, dans la maison de Maïa, il y a « la fille au chien », Karine, avec qui j'ai parlé deux ou trois fois sur deux ans ; elle m'a toujours intriguée et cela me dérange qu'elle soit dans mon groupe. Je la trouve trop parfaite. Elle est belle, studieuse, consciencieuse, appliquée. Elle lit le tibétain, comme nous toutes, mais le comprend et le parle aussi, ce qui est très rare. Elle joue bien de tous les instruments, ne se distrait jamais et étudie sans relâche. Elle a également lama Y. comme ami spirituel, avec qui elle passait beaucoup de temps à étudier. Elle fait partie des rares pratiquantes qui ont pris les vœux de nonne à vie, contrairement à moi qui me suis engagée seulement pour la durée de la retraite. Désormais, je vais devoir vivre pendant trois années avec ce modèle admirable. Elle est un miroir qui me renvoie une piètre image de la pratiquante que je suis. Et, cerise sur le gâteau, mais là, je dirai que c'est une pastèque, sa chambre est accolée à celle de Maïa et elles se rapprochent immédiatement. Une complicité évidente s'installe entre elles et je vois beaucoup moins Maïa qui me parle constamment de sa nouvelle copine. Plutôt que de me réjouir de son bonheur, je suis très triste. J'ai peur de perdre Maïa et d'être seule durant ces trois années.

Grâce à la méditation, je reconnais éprouver de la jalousie. Jusqu'ici, je n'en étais pas consciente car c'est subtil, mais avec la clarté que m'impose la pratique je reconnais humblement que c'est en moi. Dans le *dharma*, on dit que s'il y a comparaison, même subtile, il y a jalousie. Je comprends que je me suis toujours comparée aux autres et, aujourd'hui, non seulement je souffre de cette émotion, mais je me sens également honteuse d'éprouver pareil sentiment. J'aimerais me réjouir du bonheur des autres, de celui de Maïa, mais non, je suis bel et bien une jalouse, je veux garder mon amie pour moi.

Et tout ceci n'est qu'un aperçu du défrichage spirituel à venir. Je discernerai, par la suite, bien d'autres émotions négatives qui affecteront grandement l'image lisse que je me faisais de moi-même. Regarder notre esprit, notre laideur, notre égoïsme, notre ignorance, exige beaucoup de courage. Je ne suis pas courageuse, mais je n'ai pas le choix que de passer par la désillusion car c'est au cœur de l'opacité qu'on trouve la lumière de l'éveil. C'est son essence même.

Dans notre groupe, il y a aussi Meunlam qui ne me laisse pas indifférente. Mumu, comme on la nomme, a seulement un an de plus que moi et encore une fois il m'est difficile d'éviter la comparaison. Comme Karine, Mumu est parfaite. Elle est belle, brillante, intelligente, très drôle et, en plus, on ne peut même pas la détester car elle est vraiment gentille. Malgré son jeune âge, elle est nonne depuis plusieurs années, ce qui m'inspire au plus haut point. Je la regarde évoluer avec inspiration et je l'envie. Nos chambres étant séparées par une cloison extrêmement fine, j'entends malgré moi tout ce qu'elle fait de ses journées et elle est remarquable. Elle est une pratiquante des plus assidues, elle réussit les yogas remarquablement bien, elle mène les *poudja* comme un *droupen*. En trois années, elle ne manquera jamais une seule *tune**. De 4 heures à 23 heures, sa cloche sonnera. Jamais elle ne sera fatiguée ou déprimée. Jamais elle ne sera moche, avec un bouton ou deux kilos en plus, comme cela nous arrivera à presque toutes. Elle est juste parfaite. J'adore Mumu et nous partagerons beaucoup de temps ensemble et de discussions profondes. Un jour je me confierai à elle :

« Tu sais Mumu, je suis jalouse de toi. Tu réussis tout, tu fais tout bien, tout est facile pour toi et en plus tu es belle, intelligente et drôle. Je me sens nulle à côté de toi. »

Surprise par mes confidences, humblement, elle me répondra :

« Si tu es jalouse, c'est ma faute. Comme dit l'enseignement, il n'y a pas de jalousie d'un côté, sans arrogance et orgueil de l'autre. Je montre ce que je veux, mais confidences pour confidences, ne crois pas les apparences. J'ai autant d'obstacles et de difficultés que toi dans ma pratique. Et puis, nous avons tous la nature de Bouddha, son équanimité et son indéfectibilité. Nous sommes un. »

Sa réponse, d'une grande sagesse, me touchera beaucoup. Nous parcourons ce chemin avec respectivement le poids de notre karma. Je travaille sur ma jalousie, Meunlam érode son orgueil, tandis que d'autres transforment leur colère, leur désir, leur peur et leur attachement. Selon Bouddha, il existerait 84 000 sortes d'émotions, de réactions mentales ou états affectifs qui mettent l'esprit en mouvement. Quatre-vingt-quatre mille émotions qui traversent incessamment l'être humain. Nous avons beaucoup de travail à faire sur notre esprit pour, en un premier temps, arriver à percevoir ces mouvements, s'en étreindre, puis, les purifier en les abandonnant et en cultivant la non-saisie, la bienveillance et la foi. Ce n'est pas un chemin facile, mais nous y sommes ensemble. Nous sommes dans le même navire du *saṃsāra*. Certains rament vite tandis que d'autres peinent à avancer, mais l'important est de traverser et sans se noyer.

Dans ma maison, il y a également les deux cuisinières Adelle et Tricia, deux amours de femme, qui, durant ces trois années, prendront merveilleusement soin de nos corps et de nos cœurs. Le fonctionnement du *droupkang* étant totalement indépendant et autosuffisant, leur fonction est dense. Elles réceptionnent nos courriers, font nos courses collectives, mais aussi personnelles, nous préparent des repas délicieux, gèrent notre budget collectif et sont surtout pleines d'attentions à notre égard et inlassablement disponibles. Toutes les filles les apprécient. Étant les seules à pouvoir sortir du *droupkang*, elles ont une place aussi indispensable que divertissante car curieuses comme des pies, nous cherchons toujours à glaner des informations de l'extérieur. Malgré nos malicieuses insistances, elles nous rapportent très peu d'informations. Elles ont à souhait de préserver notre esprit de toutes distractions et agitations.

Je suis proche de mes quatre colocataires et je les apprécie profondément. Partager une salle de bains crée forcément des liens privilégiés et je me sens très bien entourée par ces quatre femmes exceptionnelles à mes côtés.

Chaque maison a une énergie particulière. La nôtre est légère et silencieuse car la moitié du temps nous sommes seules avec Mumu, Adelle et Tricia étant occupées à l'extérieur. Dans la deuxième maison, le courant est bien moins fluide. Les cinq filles qui y logent sont très différentes les unes des autres et ne s'entendent pas spécialement très bien. Des conflits s'élèvent de temps à autre et nous ressentons ce manque d'homogénéité à travers les murs de leur résidence. Rien de grave, mais l'énergie est bien moins éthérée que dans notre habitat. La troisième maison, occupée, entre autres, par Maïa et Tenpi, le nouveau nom de nonne de Karine, est traversée par de nombreuses tempêtes. Une des pratiquantes s'adapte très mal à la retraite. Son mal-être et ses frustrations fomentent de nombreuses controverses perturbantes au sein de leur maison, mais aussi du groupe qui prendra parti et se divisera. Nous traverserons des crises relationnelles très compliquées à gérer que seules les *droupen* sauront apaiser.

Nous ne sommes pas des maîtres éveillés, mais des êtres humains aveuglés par des voiles sur le chemin de l'éveil. Cela fait partie de la retraite de vivre des obstacles intérieurs que nous expérimentons seules dans nos chambres, et extérieurs issus de l'interaction entre nous toutes, ce que nous nommons le « karma collectif ». Cependant, dans chaque difficulté relationnelle, nous sommes invitées à travailler individuellement sur notre propre esprit, sur nos irritations, nos impatiences, nos pensées négatives afin de ne pas les projeter sur la voisine.

On dit que l'autre est le miroir de notre esprit. L'autre n'est jamais fautif. Les racines des négativités sont en nous. Nous pouvons agir de la pire des manières devant un bouddha, jamais il ne sera en colère parce qu'il n'y a plus aucune racine de saisie égotique en lui. En revanche, un être ordinaire, si peu contrarié, s'emporte et considère autrui comme la source de tous ses maux. Nos réactions négatives face à une situation extérieure déplaisante sont des indicateurs de notre état profond. Dans chaque conflit, les ennemis doivent être considérés comme des amis parce qu'ils sont le miroir qui nous renvoie en conscience nos négativités pour les purifier.

Le *dharma* propose un remède à chaque poison de l'esprit. Si une fille nous met en colère, nous devons cultiver la patience. Si notre voisine est irrespectueuse en faisant trop de bruit, nous utilisons les sonorités agressives comme un outil de méditation. Et le bruit dérangeant, tinte comme les palpitations de l'univers. Une fille se sert trop en nourriture et ne nous laisse rien à manger, nous travaillons le renoncement au désir et la réjouissance qu'elle ait bénéficié de ce repas précieux. Nous tombons malades, notre corps est douloureux, nous nous réjouissons de purifier notre karma tout en ayant le rappel de la fragilité des agrégats éphémères et périssables.

Les émotions négatives sont des opportunités de transformation et de bonification. Nous devons les percevoir comme des circonstances favorables pour développer les qualités de l'esprit, accroître notre persévérance, notre compassion et notre sagesse. Ce n'est pas facile et seule une pratique individuelle stable nous permet d'accueillir et de transformer notre mauvais karma. Sans la pratique, un *droupkang* pourrait rapidement se transformer en champs de bataille. Ainsi, malgré les différences d'âge, de caractère et quelques éclats fâcheux, grâce à l'enseignement et à notre désir de nous éveiller, le groupe demeure relativement joyeux et dans la cohésion.

Je m'entends avec toutes les filles et en trois ans, je n'aurai jamais une seule controverse avec l'une d'entre elles. Je sais que tout s'élève de mon esprit et je suis dans un vrai travail interne. Quelles que soient mes émotions, je ne les projette jamais sur les filles ; je regarde en moi, je tente de percevoir mes négativités et de les abandonner. Lorsque je n'y arrive pas et que je suis contrariée, envahie par des pensées et des sentiments négatifs, je m'isole, récite des mantras et attends que ça passe afin de ne pas reporter la faute sur l'autre et générer des conflits inutiles.

Tout au long de ces trois années, je crée de sincères affinités, notamment avec certaines filles. Nous avons un petit groupe de franchouillardes dont Mumu fait partie, les cuisinières, et bien évidemment Maïa, ainsi que Nabi la Libanaise si drôle, au sein duquel nous rions beaucoup aux pauses déjeuners. Nous sommes joyeuses, très légères et heureuses d'être ensemble. Il y a certaines filles avec qui j'ai moins d'accointances, même si le *dharma* et les transmissions rendent le lien très profond et éternel.

Par la force des circonstances, je fais la connaissance de Karine, Tenpi, la fille au chien. Après l'avoir observée et admirée durant des années, j'ai à cœur de faire sa connaissance. Je ne veux pas laisser ma jalousie construire entre nous un mur de méfiance. Tenpi restant assez sauvage, nous nous apprivoisons très doucement. Grâce à sa proximité avec Maïa, je la vois souvent et je découvre alors une personne exceptionnelle, débordante de foi, de générosité et d'attention précieuse. Et contre toute attente, elle est délicieusement drôle et nous avons le même humour. Nous devenons finalement très amies et très complices, si bien que durant toute la retraite, Tenpi, Maïa et moi sommes inséparables. Nous avons le même âge, les mêmes fous rires et des aspirations identiques qui nous unissent pour le meilleur et le pire. Tenpi, bien plus sage et assidue que nous le sommes, nous tire vers le haut. Durant ces trois ans, elle est là pour nous, dans toutes nos joies et nos difficultés, elle nous accompagne avec sagesse, amour et humour.

Aujourd'hui, après deux retraites de trois ans, des années de vie au Népal, elle s'est unie à un très grand maître tibétain, un Rinpoché avec qui elle a eu un enfant qui s'est avéré être un *tulkou*, c'est-à-dire la réincarnation d'un grand maître. Elle-même a été reconnue comme une réincarnation d'une yogini du passé, ce qui n'est pas étonnant au vu de son parcours exceptionnel. Tenpi est une très grande pratiquante que j'aime et que j'admire. Elle est un pilier dans ma vie, une des personnes les plus importantes dans le théâtre de mon quotidien et, 30 années plus tard, pas une semaine ne passe sans que nous ne soyons en lien. Elle reste ma copine de rigolade, ma sœur de Vajra, mais aussi un de mes guides en qui j'ai une confiance absolue. Je la place au-dessus de ma tête comme je le fais pour mes autres précieux maîtres. Et je la remercie du plus profond de mon être d'être dans ma vie.

À ce jour, je garde un merveilleux souvenir de mes 14 sœurs de Vajra qui ont partagé ces trois exceptionnelles années de ma vie, avec tant d'intensité.

28.
PROGRAMME DE RETRAITE

Nous amorçons le programme de la retraite de trois ans, dès la clôture des portes, mais en vérité, cela fait déjà bien longtemps que nous avons préludé le chemin. Ce programme est très ancien et n'a jamais été modifié. Depuis des siècles, le *dharma* se transmet immuablement de maître à disciple. Rinpoché tenait particulièrement à nous léguer l'enseignement aussi pur qu'il l'avait reçu, respectant à la lettre, ce que lui-même avait recueilli de ses maîtres précieux. C'est un programme à la fois très diversifié, et paradoxalement inaltérable, s'inscrivant dans une planification journalière constante et répétitive.

Tous les repas sont communs ainsi que des tâches quotidiennes selon une logistique équitable que nous décidons ensemble. Les journées sont fractionnées par quatre *tune* de trois heures. Les *tune* sont des sessions de méditation durant lesquelles nous pratiquons individuellement dans nos chambres. Le soir, est effectué en commun, le rituel de Mahakala, divinité courroucée qui protège le *dharma* et ses pratiquants. D'autres rituels collectifs ont lieu à des moments précis du calendrier tibétain, telle que la pleine lune, la lune noire et divers événements particuliers. Nous avons environ 14 heures minimums de pratique et de méditation journalière, auxquelles s'ajoutent les affairements communs.

Nous suivons ce planning sept jours sur sept et toute l'année. La seule exception dans ce calendrier fixe, est à la période du premier de l'an tibétain, le *lossar*, durant laquelle nous avons trois jours exemptés de pratiques individuelles ; cependant nous poursuivons les pratiques collectives sans exception. Ces trois jours uniques de vacances sont presque de trop et nous déstabilisent. Sans nos habitudes si ancrées qui segmentent nos journées, nous ne savons plus vraiment comment nous occuper autrement que par la pratique. Nous en profitons tout de même pour accomplir ce que nous n'avons absolument pas le temps de faire le reste de l'année : du grand ménage, des réparations et du courrier pour nos proches, etc.

La première *tune* commence chaque jour à 4 h 35. Nous sommes réveillées au petit matin par un gong que l'une d'entre nous fait sonner sous les 14 fenêtres des chambres. Elle exécute cette tâche quatre fois par jour pour marquer le début des quatre sessions de méditation. Nous nous relayons tous les mois à tour de rôle. Malgré le fait de me lever encore plus tôt et d'être totalement frigorifiée durant ma petite tournée sonore, j'adore le mois ou je suis « de gong » et particulièrement à 4 h 35 lorsque je réveille les filles. La beauté de la nuit et son mystère n'ont pas d'égal. Ses étoiles qui brillent encore à profusion me saluent chaque matin en faisant frémir d'amour mes yeux et mon cœur. Le son caverneux de l'instrument qui se dispense dans l'obscurité noire et son silence habité, est magique ; il se mêle aux cris des animaux nocturnes puis au claquement du damarou, le petit tambour traditionnel, et aux cloches, que les filles font tinter en réponse au gong. Elles sont maintenant réveillées et toutes les mélodies provenant de chaque chambre, se répandent et répondent en échos aux palpitations de l'univers, tissant ce lien de prières vivantes et vibrantes jusqu'à l'infini.

Ces réveils collectifs sont exceptionnels, mais ils sont aussi porteurs d'énergie. Au cours de la retraite, il m'arrivera parfois d'être si épuisée que je refuserai de me lever. J'entendrai le gong sonner, mais obstinée, je m'enfoncerai sous ma couverture et me boucherai les oreilles pour ne pas entendre les cloches et les damarous claquer. Seulement c'est impossible et au bout de cinq minutes de lutte entêtée, je m'assoirai devant mon autel et commencerai mes pratiques. Et à chaque fois, à peine aurai-je débuté que je retrouverai la joie et l'envie. Chaque matin, notre pratique ressemble à une jolie fleur qui s'ouvre au jour, sustentée par la sève de cette résolution collective nourricière et enthousiaste.

Nous répétons les mêmes pratiques, quatre fois par jour, à chaque *tune* de trois heures, ce qui peut sembler soporifique, mais ça ne l'est pas. Les rituels sont extrêmement denses et riches en instructions. De la prise de refuge, à la formation de l'univers de la divinité, son mandala et jusqu'à la dédicace, l'esprit, la parole et le corps sont constamment occupés par des visualisations très détaillées, par des *mudra*, ou gestes symboliques de la main, par des offrandes, par le jeu des instruments, par des récitations de chants et de mantras, etc. Tout ceci ne laisse aucune place à l'ennui. En outre, l'esprit est immédiat et constamment en mouvement ; il se meut, se transforme, se voile et se dévoile à chaque instant ; aussi malgré la même activité, chaque *tune* se vit et s'éprouve différemment.

Nous terminons nos *poudja* 15 minutes avant la fin de la *tune* pour laisser place à un rituel d'offrande que nous faisons collectivement tout en restant chacune dans nos chambres. Durant cette courte pratique, nous offrons aux trois joyaux, à l'univers, à tous les êtres, des offrandes d'eau, de nourriture, de parfum, d'encens, de fleurs, de médecines, sous des formes différentes, tels que des bols d'eau, ou des feux dans lesquels sont brûlées des offrandes ; la fumée est le véhicule qui expanse et distribue les legs bénis par le *dharma* à tous les êtres sans exception, y compris ceux que nous ne percevons pas, tels que les défunts et les esprits prisonniers d'états de consciences différents, qui souffrent d'indigence, de faim, de soif, de solitude, de désolation et de douleurs.

La pratique du *dharma* n'a qu'un seul dessein : s'éveiller et être en capacité d'aider l'univers.

Ainsi, toutes nos pratiques, aussi infimes soient-elles, sont des formes et des expressions diverses de prières bienveillantes. Quelles que soient les visualisations, elles englobent l'ensemble de la créativité de l'esprit, dont les êtres en souffrance. Si nous-même, nous nous visualisons en train de recevoir amour bénédiction et félicité, nous visualisons à nos côtés, tous les êtres sans exception et même les plus mauvais, recevoir l'offrande.

La retraite n'est qu'une succession ininterrompue de prières qui se répandent dans l'univers et ses âmes en errance. C'est pour cette raison qu'elle apporte énormément de bienfait pour soi, mais aussi pour le macrocosme en son intégralité car des prières s'expansent incessamment des centres de retraite à l'univers infini ; c'est ce qui donne tout le sens à nos actes et nous défère la force d'agir et de poursuivre au-delà des résistances de l'ego.

De 7h30 à 8h15, nous petit-déjeunons. En général je ne monte pas au réfectoire car je ne déjeune pas. Parfois je dors un peu, je vais faire ma toilette ou je vais dire bonjour à Tenpi et Maïa. De 8h30 à 11h30, nous poursuivons par une deuxième *tune*. À 11h30, nous pratiquons une offrande par la fumée, aux bouddhas et à tous les êtres de l'univers. Pour ce faire, les cuisinières allument un feu dans une petite cheminée extérieure et font brûler des offrandes de nourritures, d'encens, de fleurs, de tissus, etc. Elles nous avertissent du début du rituel en envoyant un signal sonore avec un instrument au son très extensif, les *tin chak*. À l'écoute du premier tintement, nous toutes, depuis nos chambres respectives, répondons à leur exhortation en débutant la pratique. Par la force de la prière et de la dédicace, nous imaginons que l'expansion de la fumée se transforme en merveilleuses offrandes pour tous les êtres dans le *bardo*.

Le *bardo* est un état de conscience modifié qui signifie « intervalle » ; le sommeil, l'éveil, la méditation ou la mort sont des *bardo* du passé, du présent et du devenir. Lorsque nous faisons ces offrandes, nous les destinons entre autres, aux êtres errants dans le *bardo* de la mort qui ont seulement un corps mental. Ayant perdu leur corps physique, ils ne peuvent plus se nourrir autrement que par les visualisations d'esprit à esprit et les odeurs. Ces offrandes que nous faisons réjouissent ces êtres en souffrance, les apaisent et leur apportent ce dont ils ont besoin. Ces rituels avec comme support, l'eau ou la fumée sont constamment pratiqués dans les centres et les monastères du monde entier.

À partir de la deuxième année, le programme de la deuxième *tune* est altéré. De 8h30 à 11h30, nous nous retrouvons dans le *bepkang*, la salle de yoga, pour faire ensemble les *trulkör** ou yogas tibétains. Ce sont des séries de yogas très puissants qui se pratiquent seulement dans le cadre d'une retraite de trois ans. La transmission est secrète et cela fait partie de nos vœux de ne pas en divulguer la nature. J'adore les *trulkör* même si c'est très difficile et très intense. Ils ravivent la clarté de l'esprit, renforcent les énergies du corps en améliorant leur qualité et leur circulation. Ces yogas secrets ont vraiment de grandes vertus y compris celles de guérir les maladies physiques et mentales. C'est une de mes pratiques préférées.

De 12 heures à 14 heures, nous avons la pause déjeuner durant laquelle nous fabriquons les *torma* d'offrande, indispensables au rituel de Mahakala. Les *torma* sont semblables à des petites statues de diverses formes très précises. Elles peuvent être en plâtre et matériaux durs, mais lorsque nous les offrons dans un rituel, elles sont réalisées avec des ingrédients consommables. Au Tibet, on utilise la *tsampa*, un mélange d'orge grillé et de beurre salé qui forme une pâte malléable aisément modulable. En Occident, nous confectionnons les *torma* en semoule cuite et les travaillons entre nos mains jusqu'à obtenir cette forme particulière aux dimensions très précises. Ensuite nous les parons de *gyen*, des ornements décoratifs en forme de pétales rondes que nous fabriquons avec du beurre. Pour ne pas que les *gyen* fondent sous la chaleur de nos doigts, nous les moulons dans une bassine remplie d'eau et de glaçons, ce qui est loin d'être agréable en plein mois d'hiver où nos mains deviennent bleues sous l'effet du froid.

Les *torma* sont toujours présentes sur un autel bouddhiste car elles sont un support d'offrandes sacrées. Lors des rituels, ces petites figurines sont offertes aux bouddhas ainsi qu'aux protecteurs du *dharma* et aux êtres. La fabrication des *torma* et des *gyen* nous demandent environ une heure et demie, ce qui fait que le jour où nous sommes de corvée de *torma*, si on peut appeler cela une corvée, nous avons à peine le temps de manger et la pause déjeuner passe à une vitesse incroyable. Cependant nous en réalisons pour deux jours de rituel, ce qui nous permet d'avoir un jour sur deux de libre sans tâche ou obligation particulière, excepté si nous sommes *kounié*, c'est-à-dire la personne qui s'occupe du temple.

Nous sommes *kounié* durant un mois complet à tour de rôle. Je n'apprécie guère de l'être car cela exige beaucoup de travail : le *kounié* est chargé de fabriquer chaque jour, toutes les lampes à beurre, nettoyer le temple et l'autel, faire les offrandes et les défaire chaque matin et soir, préparer la semoule des *torma*, préparer le temple pour chaque *poudja*, etc.

Lorsque nous sommes *kounié*, nous n'avons plus aucune pause entre chaque *tune*. Nous consacrons tout notre temps à nous occuper du temple.

Cette fonction est pesante pour moi et je redoute les mois ou cette tâche m'est allouée.

Certaines de mes sœurs adorent être *kounié* ; elles ont une vision plus éveillée que la mienne. Elles perçoivent tout le mérite accumulé à faire ces multiples offrandes et à s'occuper d'un lieu aussi sacré que le temple. Ce n'est vraiment pas mon cas, et aux si rares pauses dont nous disposons, je préfère discuter et rire avec mes copines que de m'occuper du temple. Heureusement, comme nous sommes 12 à nous relayer (les cuisinières étant exemptées de toute tâche interne), et parce que cette fonction dure un mois, je suis *kounié* qu'une seule fois par an. Et cela me suffit amplement.

Nous reprenons à 14 heures jusqu'à 17 heures pour la troisième *tune*. À 17 h 15, nous exécutons ensemble dans le temple, le rituel de Mahakala qui dure environ une heure et quart, suivi d'un autre rituel d'offrandes par la fumée, destiné aux êtres nuisibles qui s'éveillent avec le déclin du soleil.

À 18 h 30 nous dînons. Puis, de 19 h 30 à 22 h 30, nous faisons notre dernière *tune*. Ensuite pour celles qui ont encore de l'énergie, nous pratiquons le rituel de Tcheu qui consiste à offrir notre corps à tous les êtres et particulièrement aux ennemis et aux démons. C'est une pratique qui a pour but de trancher l'ego à la racine.

Dans notre existence, le plus gros attachement que nous entretenons est l'attachement viscéral à notre corps. Nous nous identifions totalement à lui et dispensons notre vie à le protéger, mais aussi à le juger et parfois même le maltraiter. Nous éprouvons à travers lui la douleur physique et morale, la faim, la soif, la maladie, les angoisses, les émotions, etc.

Il semble être tout ce que nous sommes. L'identification à notre corps est une racine de souffrance qui génère au cours de notre vie, beaucoup de préoccupations, de confusion, de tourments et d'adversité et particulièrement au moment ultime de notre mort où nous allons en être séparés. Par le don symbolique de ce que nous avons de plus précieux, notre corps, nous nous évertuons à transformer notre attachement à ce dernier, en compassion et en sagesse. Également, en faisant le don de notre chair, nous remboursons les dettes karmiques, accumulées depuis des vies et des vies, à nos ennemis et à tous les êtres nocifs.

Malgré des journées bien remplies, quasiment nous toutes pratiquons Tcheu dans nos chambres. C'est un rituel très puissant. Les chants, qui sont magnifiques, sont ornés par l'accompagnement musical de la cloche et du grand *damarou*, un tambour tibétain aux sonorités précises qui cadencent le temps et nous ramènent à la conscience instantanée.

Tcheu est une de mes pratiques préférées qui m'inspire profondément. Je l'ai toujours exécutée avec une sincérité profonde et une implication totale, ce qui m'a valu de vivre de profondes expériences méditatives.

Enfin, vers 23 heures, nous pouvons nous coucher, souvent bien fatiguées par ce planning très dense qui ne laisse aucune place à la distraction. Distraction qui est, de toute façon, interdite ou plutôt déconseillée. Nous sommes invitées vigoureusement à ne pas nous perdre dans des activités autres que le programme, notre esprit étant bien assez instable comme cela : aucun livre, aucune lecture autre que bouddhiste, pas de radio, pas de musique, et évidemment pas de téléphone. De toute façon, les portables n'existent pas. Seul le courrier est autorisé, mais là encore nous sommes conviées à limiter les expéditions afin de ne pas cultiver l'attachement à nos proches et surtout à ne pas transporter des émotions négatives vers l'extérieur. En effet, c'est souvent dans les moments de découragement que nous avons envie d'écrire à nos familles. J'en comprendrai les raisons salutaires avec l'expérience.

Chaque fois que je recevrai une lettre ou un colis de ma famille, je serai éprouvée et, durant une ou deux journées, je n'arriverai plus à méditer ; mon esprit s'agitera dans tous les sens et je répondrai parfois avec tristesse ou nostalgie, ce qui inquiétera beaucoup maman. Lorsque j'en prendrai conscience, je redoublerai de vigilance quant aux termes que j'emploie. Cependant, contrairement à certaines de mes colocataires bien plus raisonnables, je ne couperai jamais le lien avec ma famille et nous nous écrirons à peu près chaque mois.

Mes parents sont vraiment extraordinaires. Ils accepteront complètement tout ce que je demanderai ; si j'explique que nous ne devons plus nous écrire durant quelques mois, comme cela nous est vivement conseillé lors de la deuxième année de retraite, ils respecteront cette parenthèse sans manifester le moindre jugement ni le moindre reproche. Jamais je ne les remercierai assez d'avoir été aussi soutenants. Cela requiert beaucoup d'amour et surtout une totale abnégation de faire passer le bonheur de son enfant avant le sien tout en souffrant de ces choix.

Je sais que maman a éprouvé beaucoup de douleur durant ces trois années puisque notre lien est fusionnel depuis toujours. Cependant, afin de ne pas me perturber dans mon cheminement ni ne me faire culpabiliser, elle entretiendra la discrétion, et m'épargnera ses peines. Durant trois années, j'ignorerai tout de ses tourments et naïvement je penserai que tout va bien pour elle. C'est seulement des années plus tard que maman me confiera la douleur viscérale qu'elle a éprouvée durant cette période. J'en serai même très surprise car je ne pensais pas qu'elle avait autant souffert. Merci ma famille parfaite…

L'exigence et la discipline du programme de retraite sont très difficiles à maintenir si nous n'avons pas la motivation juste, à savoir d'atteindre l'état de bouddha et de développer la compassion pour venir en aide à tous les êtres. Chaque fois que je me rappellerai cela, rien ne sera laborieux. Au contraire, malgré la fatigue et les obstacles, je serai heureuse et je me sentirai profondément privilégiée. Mais ce ne sera pas toujours facile d'entretenir un bon état d'esprit et au cours de ces trois années, je passerai par tous les stades, du grand bonheur aux difficultés physiques, psychologiques et spirituelles.

Le manque de la famille, des amis et des distractions, la solitude, l'agitation mentale parfois jusqu'à la folie, le découragement, la colère, le désir, l'ennui, les doutes, les peurs, la douleur, la maladie, tout se présente en retraite avec une puissance décuplée, comme autant de moments très désagréables voire parfois insupportables à vivre. Et nous n'avons aucune possibilité d'y échapper et de les résoudre. Nous devons y faire face. Ce qui me sauvera de tous ces tourments, c'est de maintenir une foi profonde en la pratique et en l'enseignement, considérant toutes ces entraves comme autant de karmas négatifs qui s'épurent. Alors, quels que soient les résistances, les grands troubles et les obscurcissements, je continuerai en m'accrochant aux instructions et je garderai toujours confiance en leur vérité unique.

La retraite, c'est comme voyager sur une mer passionnée. Ou tu restes à la surface et tu reçois les vagues de l'esprit en pleine figure, ou tu t'accroches au *dharma* et plonges dans les profondeurs calmes de ta conscience, tout en observant les flots déchaînés qui frappent à la surface. Ils sont là, violents et dangereux, mais ils ne t'atteignent plus. En début de retraite, je prendrai les vagues en pleine figure, je boirai souvent la tasse, je me noierai parfois et souffrirai beaucoup. Et puis, avec le temps je commencerai à percevoir les vagues arriver et j'apprendrai à plonger sous l'eau avant qu'elles soient sur moi et ne m'emportent. J'apprendrai tout simplement à prendre refuge dans le bouddha, le *dharma* et la *sangha*…

29. LA PRATIQUE DES PRÉLIMINAIRES

Toutes les pratiques du *dharma* ont pour but de développer l'esprit d'éveil, c'est-à-dire la *bodhicitta** relative et la *bodhicitta* absolue. Elles sont la nature de toute chose.

Nous ne pouvons pas dire grand-chose à propos de la *bodhicitta* absolue car dans son essence, elle est au-delà de la pensée et au-delà de la parole. Cependant de grands maîtres ont accédé à cet indicible et ont pu s'exprimer à ce sujet. Ils disent qu'elle est de la nature de la vacuité et qu'elle est imprégnée de l'essence de la compassion. Elle est comme une lumière pure rayonnante et immaculée ; elle transcende tant l'espace que le temps.

Son autre aspect est la *bodhicitta* relative qui est en quelque sorte son reflet absolu dans l'existence conditionnée. C'est une force active à l'œuvre dans le monde, c'est toute la manifestation qu'on perçoit, ce monde qu'on pense extérieur à nous, mais c'est aussi notre nature intrinsèque. Le sacré est omniprésent et omnipénétrant.

S'exercer à la *bodhicitta* absolue, cela consiste à considérer que tout est vacuité, esprit d'éveil, amour et compassion. Se conditionner à la *bodhicitta* relative, c'est refléter la *bodhicitta* absolue en s'exerçant à la compassion et à l'amour dans tous les actes paroles et pensées de notre quotidien. Tout pratiquant sérieux prend les vœux de *bodhisattva*, c'est-à-dire qu'il s'engage à développer toute sa vie et dans toutes ses réincarnations futures, les deux *bodhicitta*. Elles sont la quintessence du *dharma*.

Toute la retraite est tournée vers ce chemin et ce but : développer à chaque instant les deux *bodhicitta*.

Notre première semaine de pratique est une *poudja* de protection afin de nous préserver des adversités extérieures tels que les esprits malveillants et des obstacles intérieurs issus de notre propre esprit. Souvent ils fonctionnent ensemble, puisque ce sont nos fragilités et nos négativités qui ouvrent un accès aux forces noires. Cette courte période est la lune de miel de la retraite. Tout est beau, tout est nouveau. Nous sommes heureuses de nous lever à 4 h 30, heureuses de méditer, heureuses d'être ensemble. Notre gaieté collective est une source d'énergie communicative qui nourrit notre pratique et notre gratitude.

Cependant, dès cette première semaine, je constate que ce n'est pas si facile de méditer entre 14 et 16 heures par jour. Jusqu'ici, je pratiquais seulement trois heures coupées par des pauses, des distractions et les dépenses physiques libératrices des chantiers. Durant ces trois heures de pratique journalière, je pouvais facilement manipuler ma conscience et avoir des expériences méditatives. Il me suffisait de me reposer au cœur de ma foi et en me concentrant un minimum, mon esprit se libérait de ses voiles. Dans ces sessions, j'ai essayé des expériences de clarté et de félicité qui m'ont donné l'illusion d'être une bonne pratiquante. Seulement je passe désormais de 3 heures à 14 heures. C'est donc bien différent. Je ne choisis plus mes moments pour pratiquer puisque je ne fais plus que ça et il n'y a aucune pause, puisque, en retraite, durant les pauses nous vaquons aux tâches collectives.

Seule dans ma chambre face à moi-même, je découvre que, la plupart du temps, mon esprit est agité. Il va dans tous les sens et j'ai du mal à l'apaiser. Je m'exerce à le contrôler comme je faisais jusqu'à présent et j'y arrive, mais seulement quelques minutes. Or, les sessions durent trois heures et il m'est impossible de le maîtriser durant autant de temps ; et ces trois heures d'agitation se répètent quatre fois dans la journée. Le seul remède à ces troubles est de m'armer de patience, mais elle me fait cruellement défaut. Je m'agace alors et je ne comprends pas pourquoi « ça ne marche plus », pourquoi je n'y arrive plus, pourquoi je suis devenue « une mauvaise pratiquante » ; et plus je me juge, plus je m'agace, plus je m'agace, plus je veux contrôler et en contrôlant, je tends l'esprit et je suis encore plus agitée. C'est le serpent qui se mord la queue.

Dès ce début de retraite, je prends très vite conscience des obstacles qui jalonnent le chemin spirituel, de tous ces petits cailloux sur lesquels je trébuche sans avoir la clarté de grimper dessus et de m'en servir comme tremplin. Je mesure aussi, combien il est difficile de renoncer à soi, au plaisir, au confort, au désir, sans chercher à négocier, à conspirer des stratagèmes pour à tout prix exister et se sustenter. Renoncer à moi, exige un engagement absolu, ainsi que de nombreuses qualités de l'esprit dont la persévérance et cette fameuse patience. Pour l'instant mon esprit est sauvage et insoumis depuis des temps sans commencement, et je ne suis qu'au tout début du chemin.

La deuxième semaine, nous commençons le programme des préliminaires qui dure pendant cinq mois. Je ne parlerai pas du contenu de la retraite puisqu'il est tenu secret, mais je peux tout de même évoquer les préliminaires car c'est une pratique très répandue à laquelle tout néophyte s'exerce dès la prise de refuge.

La pratique des préliminaires ou *ngöndro*, qui signifie « préliminaires » en tibétain, est une pratique majeure du bouddhisme sur laquelle s'appuient toutes les autres pratiques. Elle se divise en deux parties : les quatre préliminaires communes et les quatre spéciales qui, elles-mêmes donnent accès aux pratiques profondes du *vajrayana*, l'école à laquelle nous appartenons. Les quatre communes consistent à réfléchir sur quatre vérités que le Bouddha a enseignées.

La première est une méditation sur la précieuse existence humaine : avoir un corps humain est très rare et une opportunité sans pareille. Et il est de notre devoir d'en être conscient et de ne pas gaspiller notre vie n'importe comment. Le *dharma* est la meilleure façon de donner un sens à notre existence car il va transformer notre esprit et le libérer du conditionnement.

La deuxième vérité est celle de l'impermanence et de la mort : tout est changeant et la mort peut subvenir à chaque instant. Nous avons du mal à saisir cette réalité et à l'accepter, mais rien ne dure, et nous tous allons mourir ; il est donc primordial de s'engager et parcourir le chemin spirituel.

La troisième vérité est la loi du karma : toute action produit des effets. Nous devons prendre conscience des conséquences des actions négatives, les abandonner et cultiver les actes positifs. Et il n'y a pas plus positif que la voie spirituelle pour purifier nos actes du passé et semer des graines positives.

Enfin, la quatrième vérité est celle de l'aspect défectueux du cycle des renaissances. Selon le bouddhisme, il existe six classes d'êtres qui correspondent à des états de conscience différents. Le monde des enfers, le monde des *yiddack* ou esprits affamés, le monde des humains, le monde des *asura* ou demi-dieux et celui des dieux ; quels que soient ces états, même les plus fortunés, ils sont remplis de souffrance car ce sont des états conditionnés qui ne peuvent procurer aucune joie permanente. Pour nous en affranchir, nous devons atteindre l'éveil.

Ces quatre réflexions font partie du fondement du bouddhisme, le socle incontournable de tous les enseignements et de toutes les pratiques. C'est en intégrant ces quatre pensées que nous sommes pénétrés par l'urgence de nous libérer du *saṃsāra*.

J'étudie les quatre préliminaires depuis deux ans déjà, mais il m'est toujours difficile de les intégrer. Le rappel de notre réalité m'est désagréable et incommodant. Je préfère l'insouciance à la sagesse. Mais je n'ai plus le choix et ces études m'aident chaque jour à renouveler ma foi et à soutenir ma détermination.

Les préliminaires spécifiques font appel à des visualisations et des récitations de mantras. Il y a d'abord la pratique du refuge et des prosternations. Cela fait partie des premiers yogas de base du *vajrayana*. Toutes les pratiques sont dédiées au bonheur collectif et apportent un grand bienfait. Dans mon expérience personnelle, j'ai assisté à la guérison miraculeuse de personnes malades pour qui je me prosternais où récitais des mantras.

La prière et la prosternation, ainsi que les trois autres préliminaires sont répétés 111 111 fois et nous avons seulement un mois et demi pour les accumuler ce qui représente 2 800 prosternations par jour. Afin de terminer à temps, nous n'avons pas le choix que de nous investir totalement dans cette pratique éprouvante qui sollicite beaucoup d'énergie.

Ensuite nous accumulons la récitation du long mantra de 100 syllabes de Dordjé Sempa, l'essence de tous les bouddhas, qui purifie les actes négatifs accumulés au cours des multiples vies que nous avons incarnées.

Puis vient l'offrande de mandala. Les moyens que sont la générosité, l'éthique, la patience, la persévérance, la médiation amènent à la réalisation de la sagesse, de la vacuité comme essence commune tant de celui qui donne, que ce qui est donné, et à qui cela est donné.

Enfin, le quatrième préliminaire est la pratique du gourou yoga. On récite une prière en s'en remettant au lama de la lignée et à notre lama racine. Le lama, c'est le rappel de nos propres qualités déjà en nous, notre nature de bouddha.

Bien que les préliminaires soient des pratiques élémentaires en apparence très simples, elles nous placent tout de suite au cœur de la retraite et de ses difficultés. Le nombre à atteindre nous contraint à une assiduité souveraine, une exigence absolue.

Cette redoutable discipline nous oblige à trancher l'attachement à nos pensées, à nos désirs, nos doutes, nos colères, notre fatigue, et tous les obstacles physiques et mentaux. La pratique fait naître dans notre esprit et notre corps une floraison d'adversités éprouvantes, mais il est impossible d'écouter les résistances, impossible d'apaiser les douleurs, impossible d'empêcher les manifestations quelconques, impossible d'arrêter une minute et de nous reposer. Il n'y a pas de temps pour les atermoiements et les justifications égotiques. Manquer une seule *tune* génère et inévitablement du retard dans les accumulations donc il faut pratiquer et pratiquer et pratiquer. Et de 4 heures du matin à 23 heures, nous pratiquons.

Cette sommation nous permet de découvrir immédiatement la difficulté d'une retraite, la nécessité du renoncement à nous-même et à notre quête incessante de confort et de bonheur individuel. Je ne cacherai pas que je souffre beaucoup durant la pratique des prosternations. J'ai le front et les genoux en sang, mes articulations sont complètement enflammées si bien que j'ai l'impression d'avoir en permanence des lames de couteau dans les genoux ; au fil des jours et des semaines, chaque mouvement est un supplice ; à cela s'ajoute le manque cruel de sommeil car, pour finir à temps, je me réveille à 3 h 30 et me couche à 23 h 30 ; quant à ma digestion, elle est épouvantable ; brûlant énormément de calories, nous sommes contraintes de consommer une alimentation très riche que nous digérerons mal puisque toute la journée nous sommes en prosternations. Certains jours, je suis vraiment au bout de mes capacités physiques et mentales. Cela génère parfois en moi de la colère accompagnée d'un rejet total de la pratique. Durant quelques secondes, je maudis alors les trois joyaux qui me font subir pareille torture. Mais je ne lâche rien et, malgré les épreuves, grâce à la motivation des quatre nobles vérités, je dépasse tous ces blocages et réussis à finir les prosternations ainsi que les trois autres accumulations à temps.

Ma planche, que je conserverai toute ma vie, gardera de cette période les stigmates des milliers de prosternations de mon corps allongé, trempé de sueur et parfois de sang. Ma silhouette y est distinctement dessinée comme une gravure éternelle, épitaphe d'une profonde et douloureuse purification physique et mentale, mais aussi d'une bouleversante succession de prise de conscience, de lâcher prise et de grande joie spirituelle. Je retire de cette pratique de nombreuses expériences méditatives qui me permettent de consolider ma foi dans les moyens habiles du *dharma*, même si ces derniers peuvent parfois nous pousser à bout. Mais en réalité c'est seulement l'ego qui est poussé à bout. Comme dit lama Sp., nous ne savons lâcher prise que dans la souffrance et les épreuves. Nous sommes trop têtus et bornés pour nous arrêter avant et nous ouvrir à autre chose que nos idées.

Au-delà de nos difficultés personnelles, nous sommes également confrontées à celles générées par la vie en collectivité. En effet, si, dans le bouddhisme, autrui est censé être placé au-dessus de nous, il en est malheureusement tout autre dans nos habitudes sociétales où nous sommes conditionnés pour devenir le meilleur et supplanter tout le monde ; et malheureusement nous ne sommes pas encore affranchies de nos réflexes ordinaires. Ainsi, au sein de notre communauté, les premiers sentiments de compétition et de jalousie apparaissent :

« Tu fais combien de prosternations par *tune* ? Tu es meilleure que moi…, mais toi tu es jeune toi, tu es privilégiée, etc. »

Il y a les Meunlam et les Tenpi, pour qui tout est facile. Et d'autres pour qui, c'est plus compliqué. Mais là encore, le travail sur nous-même est essentiel afin de ne pas nous rajouter davantage de souffrance ; chaque sentiment d'infériorité ou de rivalité est une opportunité pour développer les qualités d'équanimité et de réjouissance.

Le trésor du *dharma* met à notre disposition une pluralité d'outils et de clés précieuses pour décadenasser nos blocages. Ainsi, pour chaque émotion perturbatrice, pour chaque toxine mentale, l'enseignement nous propose un antidote ; pour apaiser la colère et la haine, nous cultivons la bienveillance envers autrui. Se réjouir au bonheur notre ennemi, nous délivre du sentiment de jalousie. L'humilité dompte notre orgueil ; la liberté intérieure et la vue juste, étanche le désir et les passions, tandis que la générosité rompt les racines de l'avarice. En développant ces contrepoisons, nous nous libérons de nos venins mentaux qui nous limitent à une vision étriquée de nous-même et d'autrui.

Cependant, le meilleur remède à toutes les perturbations quelles qu'elles soient, est celui de ne pas s'identifier à tout ce qu'il s'élève dans l'esprit en développant la *bodhicitta* absolue et en considérant que toute manifestation de notre esprit est pure et éveil.

En général, si j'ai de l'anxiété, je pense que je suis l'anxiété. En adoptant le point de vue bouddhiste, on va juste regarder l'anxiété sans se l'approprier, sans se juger anxieux. C'est quelque chose qui est là, qui nous traverse, qui est impermanent et transitoire, mais qui ne nous définit pas ; nous ne sommes pas la colère, l'envie, la peur ou la jalousie. Ce sont seulement des énergies qui se déplacent, qui ne sont certes, pas agréables à éprouver, mais éphémères et en essence pure. L'antidote suprême consiste à développer un état de conscience vaste qui va observer les différents états mentaux sans en saisir l'idée ni l'action à laquelle elle invite. Ainsi on regarde la colère comme un mouvement de l'esprit et on ne va surtout pas crier ou casser la figure du voisin ; quant au désir il est l'essence de notre conscience, aussi nous n'allons pas manger la plaque de chocolat. La peur n'est qu'une illusion qui ne mérite pas d'écraser la pauvre araignée. On contemple les nuages noirs qui nous traversent et grâce à une pratique élaborée, nous transcendons leur nature en reconnaissant leur essence.

Méditer, ce n'est pas avoir un esprit abêti par l'extase ou la niaiserie du calme mental ; c'est un esprit vif, percutant, qui s'entraîne à reconnaître ses pensées et ses émotions, s'en nourrit pour percevoir le feu de la sagesse primordiale omniprésente et omniaimante. Il n'existe pas de pensées bonnes ou mauvaises. Chaque état agréable ou désagréable, n'est qu'une manifestation de l'esprit créatif. Les pensées sont comme des oiseaux qui traversent le ciel inaltérable et infini de l'esprit. Nous les regardons les oiseaux sans intervenir. Si nous cherchons à nous débarrasser des mauvais oiseaux ou à attraper les plus jolis, ils se mettent à piailler si fort dans notre tête qu'ils nous rendent fous. De cette folie résultent des actes et des paroles négatives qui créent le karma négatif. La cage du *saṃsāra* est alors refermée, nous sommes piégés.

Les *droupen* nous visitent régulièrement et apportent des conseils précieux. Elles nous invitent à ne pas nous comparer, à ne pas être dans une compétition mondaine, mais à nous concentrer sur notre pratique. Chacune doit accueillir ses limites et trouver le juste milieu entre détente et discipline.

« Mais si nous ne devons pas nous comparer, pourquoi avoir un nombre à accumuler qui forcément nous conduit à cet esprit de comparaison et de compétition ? » demandons-nous aux *droupen.*

Dans la vie, nous choisissons les amis qui nous apprécient, et rejetons ceux qui nous confrontent à nos défauts ; nous favorisons les situations aisées et évitons tout ce qui nous déplaît. Ainsi, nous cultivons une image lissée de nous-même et nous ignorons qui nous sommes réellement au fond de nous.

En retraite, c'est tout le contraire. Rinpoché dit que, si tout va bien, c'est que ça ne va pas. Nous pouvons croire que nous sommes une belle personne, mais en réalité nous avons une infinie de réincarnations et une infinité de visages insoupçonnés. Si nous sommes tranquilles et protégées, comment se purifier de son désir, de sa colère, de sa jalousie, de son orgueil si nous ne les voyons pas, si nous ne faisons pas des pratiques pour faire jaillir ces émotions perturbatrices ?

Dès le début de la retraite, je comprends ce que je dois faire : lâcher mes négativités qui s'élèvent incessamment sous l'effet de la pratique, et développer les qualités portées par cette même pratique. Les textes dépeignent la vérité de soi et de tout ce qui est. M'imprégner d'eux, c'est devenir à la vérité du sacré partout et abandonner encore et encore les projections illusoires, les interprétations, les idées et les obsessions. Finalement, la retraite c'est juste cela : lâcher prise avec confiance jusqu'à ce que l'esprit se dévoile dans sa véritable nature, et ceci pendant trois secondes, trois heures, trois jours, trois mois, trois ans, pour toujours...

30.
LES *DROUPEN*

Un des premiers engagements que nous prenons en retraite, est de ne pas parler de la retraite ; il ne m'est donc pas permis de m'exprimer au sujet des pratiques diverses et des profonds enseignements transmis. Je peux seulement dire que, au cours de ces trois années, je reçois chaque jour de l'or pur. Cet or, j'essaie au mieux d'en être digne en mettant en pratique les instructions merveilleuses recueillies. Parfois c'est facile, léger et spacieux ; d'autres fois c'est difficile et même impossible de me relier à la réalité de l'éveil.

La collectivité m'est d'une grande aide ; nous nous soutenons profondément les unes et les autres. Les filles ont également des obstacles de nature différente des miens, chacune traversant des périodes plus ou moins pénibles. Les pauses entre les sessions nous font beaucoup de bien. Elles sont en général très joyeuses et précieuses et nous en profitons pour nous distraire et nous détendre. Nous ne parlons pas de la pratique, mais notre sensibilité nous permet de nous adapter et d'accueillir avec compassion les attitudes parfois désagréables de certaines. Nous percevons sa souffrance et prenons soin d'elle en la choyant, en la faisant rire. Nous savons ce que c'est que d'être éprouvé par un mauvais karma… Nous sommes très heureuses de nous soutenir, de suivre ce chemin ensemble, et cela se ressent dans ces partages légers.

Régulièrement, les *droupen* viennent déjeuner ; lorsqu'elles sont là, nous ne parlons que du *dharma* et de la pratique. Chaque *droupen* est très différente et nos réactions le sont aussi. Lorsque lama R. nous visite, nous nous faisons toutes petites. Elle est si magistrale que c'est à peine si nous osons parler. De son corps imposant, de son aura ensorcelante, émane une puissante énergie aussi éclatante qu'intimidante. Elle parle peu, mais chaque mot prononcé avec son accent anglais est aussi précieux qu'une goutte d'eau dans un désert aride. On s'en abreuve avec délectation, recueillant chaque syllabe avec une attention soutenue et obligée.

Ses transmissions sont la quintessence du *dharma*. Ils sont impossibles à comprendre sans avoir expérimenté au préalable des états profonds d'absorption méditative. Aussi lama R. enseignera seulement en deuxième année de retraite lorsque notre esprit est censé avoir acquis une maturité spirituelle. C'est elle aussi qui inocule toutes les initiations et *loung* précédant chaque pratique. C'est vraiment le lama référant et tout son être porte la bénédiction des trois joyaux.

Il y a également lama Sp. qui est la *droupen* que nous côtoyons le plus. Très drôle, divertissante, et bavarde, elle est délicieuse et agréable. Nous l'aimons toutes. Elle est un peu notre maman spirituelle. C'est toujours auprès de lama Sp. que je me confie lorsque je rencontre des difficultés. Je me sens très en confiance à ses côtés et j'ose lui parler de tout. Elle a le don de tout démystifier avec légèreté amour et humour.

Nous avons également lama Tn., une belle Allemande au regard bleu étincelant, à la démarche aérienne et à la contenance élégante et courtoise. Lama Tn. s'occupe de dispenser les enseignements dans l'autre groupe de première année qui est anglophone. Les filles y reçoivent les transmissions en anglais alors que nous les recueillons seulement en français. Lama Tn. représente le parfait mélange entre la légèreté de lama Sp. et la fermeté de lama R.

À chacune des visites des *droupen*, nous recevons des conseils précieux. Elles nous rappellent que cette vie humaine est précieuse et fragile et que la vie est brève. Comme l'eau d'une cascade, nous chutons à grande vitesse vers notre finalité. Il est primordial de préparer notre esprit à notre mort. Lama Sp. nous répète très régulièrement que la retraite passe en un claquement de doigts et elle insiste en l'accompagnant du geste de la main. Ce bruit de cliquetis, si prompt, frappe nos oreilles et empreint notre cerveau du caractère fragile et urgent de notre condition. Je ne comprends pas vraiment ses mises en garde. Assise plus de 14 heures sur mon coussin, je trouve les *tune* parfois si longues, les journées si interminables, qu'il ne me semble pas que la retraite passera vite. Pourtant aujourd'hui, presque 30 années plus tard, je suis horrifiée de constater à quel point tout est déjà fini depuis si longtemps.

La vie est fulgurante et son évanescence imperceptible et irréversible. Tout nous échappe dans cette déliquescence languissante. Quand vais-je mourir ? Je me pose chaque jour la question. Et cela sera forcément maintenant. C'est une illusion mentale de croire que nous allons mourir dans le futur. La mort c'est dans l'instant présent. Et, lorsque le moment se présente, il n'y a pas d'autre choix que de nous laisser avaler par cette sombre inconnue si redoutée et refoulée. Prêt ou pas prêt, elle ne nous épargnera pas. C'est une des bases l'enseignement que de nous rappeler l'impermanence de toute chose. Ce n'est pas triste et morbide, c'est la réalité. Fuir n'empêche pas d'éprouver. Nous sommes en retraite pour nous éveiller et ainsi préparer notre conscience à ce passage. Et le travail est immense. Nous ne sommes pas capables de nous rappeler nos rêves et contrôler notre esprit dans le sommeil alors comment allons-nous nous comporter lorsque nous serons dans le *bardo* ?

Les *droupen* insistent sur le fait qu'il n'y a pas de temps à perdre et, après chacune de leur visite, quelles que soient nos difficultés, nous retrouvons énergie, motivation et enthousiasme.

Leur visite m'est salutaire, d'autant plus qu'elles apparaissent miraculeusement toujours lorsque j'en ai le plus besoin, m'apportant les clés magiques qui me libèrent de la confusion.

D'ailleurs, avec le recul, durant toutes les années où j'ai vécu sur le centre, chaque fois que je serai dans des grandes difficultés, il y aura toujours un événement opportun qui se présentera et m'aidera à délier la situation. Je ressentirais toujours la présence de l'éveil dans chaque condition pénible, m'apportant précisément ce que je dois comprendre ou recevoir, à l'instant précis de son exigence.

Je me sens triste, fermée et une fille me fait rire et me divertit. Alors, en un instant se brise ma carapace et la lumière revient. Je me réveille avec la nostalgie de ma famille, je m'inquiète pour eux, et le jour même, je reçois une lettre rassurante remplie d'amour et de bonnes nouvelles. Une journée entière où je suis découragée et Maïa ou Tenpi débarquent miraculeusement dans ma chambre avec leur sourire et leur bonne humeur. Je suis bloquée dans ma méditation, enlisée dans des incompréhensions et un *droupen* nous visite et donne un enseignement en adéquation précise avec ma situation pesante, me libérant complètement des voiles qui obstruent mon entendement. Et pourtant je n'ai rien dit de ma situation.

Chaque jour est un miracle. Le miracle aussi de ces fleurs apparues dans la nuit, parsemant tout mon dessous de fenêtre. Alors que je suis très affligée depuis quelques jours après avoir appris une terrible nouvelle, un matin, en ouvrant mon rideau, je découvre sous ma fenêtre d'énormes fleurs de toutes les couleurs qui ont poussé dans la nuit alors que je n'en ai jamais planté. Elles sont là, à me regarder de toute leur splendeur virginale, embellissent mon jardin et surtout mon cœur. Je reste bouche bée, ébahie, et je pleure de gratitude devant ce tapis arc-en-ciel somptueux. Je l'arrose alors de mes larmes et leur chute transforme ma tristesse en joie et foi salvatrice. Je n'ai jamais besoin d'exprimer, de demander, de supplier car l'univers, sa réalité, sait avant moi et conspire toujours au meilleur. C'est la nature intrinsèque de toute chose : l'amour et son rayonnement dans la manifestation. Il n'y a d'ailleurs pas besoin de vivre dans un monastère pour avoir des miracles dans sa vie, même si la terre de Rinpoché est particulièrement protégée et bénie. Les miracles sont partout à condition d'ouvrir les yeux.

Je me souviens aussi du prodige des repas. Pendant une période, je m'inflige fréquemment des jeûnes restrictifs qui m'épuisent. Le corps dans le bouddhisme est très précieux. C'est notre véhicule unique et nous devons en prendre soin. Les jeûnes sont très positifs, mais ils doivent être intelligemment conduits. Durant quelques jours, cela me fait beaucoup de bien ; cela a le mérite d'éclaircir ma conscience, d'alléger mon corps. Cela me libère aussi du temps pour étudier et me reposer. Seulement je suis trop extrême, je n'écoute pas mon corps, je ne sais pas m'arrêter et mes jeûnes s'éternisent ; alors, ce qui au commencement est plutôt bénéfique, se transforme en lourde pénitence physique et morale. Non seulement, je suis fortement affamée, mais en plus je suis constamment frigorifiée ; nous vivons dans une région très froide et le *droupkang* ne possédant aucun chauffage, mes membres sont glacés jusqu'aux os. Sans nourriture pour me réchauffer, je vis une vraie torture qui me handicape physiquement et mentalement. Je grelotte de dureté et de rigueur.

Cette terrible exigence envers moi-même me supplicie dans ma chair, mais je n'arrive pas à lâcher prise. Je suis certaine que je dois me priver pour mériter ce qu'on m'offre, et pour obtenir l'éveil, alors qu'il n'y a rien à obtenir. J'entretiens inconsciemment la croyance judéochrétienne que toute purification implique une expiation. Je me fais martyre.

Souvent, la nuit, je rêve de certains plats dont mon corps a vraiment besoin ; des mets bien précis en capacité de sustenter les carences accumulées au cours de ces jours et parfois de ces semaines d'ascétisme préjudiciable. Et miraculeusement, en arrivant à la cuisine, j'ai la stupéfaction de découvrir devant moi les aliments dont j'ai précisément rêvé. Ils dégagent leurs odeurs envoûtantes qui viennent stimuler mon odorat et mes papilles dont la réceptivité est fantastiquement décuplée sous l'effet du jeûne. Pour moi c'est vraiment magique. Un signe du lama qui me dit : « Stop, arrête tes sottises, nourris ton corps, mange. » Ces offrandes de l'ordre du surnaturel, me touchent au plus profond du cœur, me soutirant au passage quelques larmes de soulagement. Je romps alors le jeûne avec beaucoup d'émotions en accueillant ce présent nourricier ; lorsque les aliments touchent mes lèvres et fondent dans ma bouche, je fonds moi aussi. Je suis consommée par cet amour qui rend force et vigueur à mon corps.

Ce qui est surprenant, c'est que ce ne sont pas des plats ordinaires. Je rêve de *dal* indien aux épices fortifiantes, d'une purée de potimarron à la crème coco, d'une soupe d'orties, et ces merveilleuses substances apparaissent propageant leurs arômes délicieux jusqu'à mes sens aux abois, tels des bras consolants qui m'étreignent avec amour. Une nuit, je rêve de ma grand-mère qui m'a tellement manqué durant ces trois années. Je suis triste, et, pour me consoler, elle m'offre une part de son exceptionnel clafoutis. Le matin, je me réveille sur ce souvenir onirique et, l'âme lourde, je passe toute la journée à penser à ma mamie. J'ai le cœur aussi creux que mon estomac qui jeûne depuis une dizaine de jours.

En arrivant au repas du soir pour boire ma maigre tisane, je découvre que notre cuisinière a confectionné son premier clafoutis. Et il est à la cerise, exactement comme celui de ma grand-mère. L'expression la « cerise sur le gâteau » ne peut pas mieux prendre son sens. Je suis si médusée que je reste sans voix, touchée au plus profond de mon âme. J'ai si faim de nourriture et d'amour que dans ce plat, tout y est. J'y reconnais instinctivement la bénédiction des bouddhas, de Rinpoché, qui conduisent ma tendre mamie auprès de moi pour me sustenter de l'essence… ciel. Je n'ai jamais mangé une part de clafoutis aussi lentement. Dans ma bouche amoureuse, je laisse fondre chaque miette aussi lentement que possible. Chaque seconde de plaisir nourricier éclate sous mes papilles, et transporte des perles d'affection jusqu'à mes cellules en agonie. C'est un moment extraordinaire qui sustente autant mon corps que mon esprit.

Toutes ces situations exceptionnelles ont la saveur de l'éternité. C'est tellement miraculeux de précision que je n'y vois que la bonté de Rinpoché. Ces événements d'enchantement culinaire se reproduiront prodigieusement, à chacun de mes jeûnes extrêmes. Tout au long de ma vie et particulièrement au monastère, il y a toujours une présence qui m'apporte de l'aide sous quelque forme que ce soit. On dit que le karma difficile s'élève toujours dans la mesure du supportable, la nature même des choses, veillant à nous assister et nous protéger de trop de souffrance ingérable. Chaque jour je suis témoin du pouvoir de l'éveil, de cette bienveillance intrinsèque qui conspire incessamment à protéger, venir en aide et garantir le bonheur des êtres. Et les miracles ne sont pas une exclusivité d'un lieu. C'est la réalité de tout. Si nous regardons le monde avec des yeux nouveaux, dans la foi du sacré omniprésent et l'ouverture à ce dernier, alors le *saṃsāra* est reconnu comme le nirvana et nous sommes bénis de cadeaux à chaque instant de notre vie. Tout est à sa place. Rien n'existe en dehors de Dieu. Nous sommes au cœur de tout. Et nous sommes ce tout. Aucune peur à avoir, aucun but à atteindre. Tout est là de suite. Regarde…

31. EXPÉRIENCES MÉDITATIVES

En retraite, tous les jours se ressemblent. Les mêmes personnes, les mêmes activités, les mêmes pratiques, les mêmes horaires se renouvellent inlassablement, accordant notre quotidien comme le refrain d'une chanson. Il n'y a aucune distraction en dehors de ce cadre immuable. C'est grâce à cette routine que l'esprit peut se clarifier et se percevoir. Et, bien que nous soyons assis 16 heures face à nous-même à faire toujours la même chose, chaque instant est différent parce que la nature de l'esprit est impermanence et créativité. Si nous sommes libérés de l'attachement, nous pouvons percevoir dans une sérénité joyeuse, la rivière parfois déchaînée de notre esprit avec ses émotions sombres, son chaos, sa folie et ses douleurs physiques et morales. Il n'est pas difficile d'éprouver le karma négatif si nous restons dans la bénédiction et la conscience. Mais si nous nous identifions à ce karma parfois très violent, nous souffrons énormément. Nous pouvons devenir fous en retraite si nous restons à la surface de ce qu'il s'élève.

Ma retraite est comme un florilège de saisons aux 1 000 nuances singulières, avec en fond une conscience, qui, progressivement, se détachera de toute cette confusion mentale et physique.

J'apprendrais à ne pas combattre l'esprit et ses manifestations contraires qui nous mènent par le bout du nez depuis des temps sans commencement. Les pensées et les émotions nous abusent et nous torturent. Elles tissent un monde subjectif, avec ses filtres et ses barrières qui n'ont aucune réalité si ce n'est la nôtre. Avec le temps, l'expérience des méprises, je comprendrais que je n'ai rien à faire à part rester en retrait de ce monde, de « mon monde » qui tourne autour de « moi » ; j'ai seulement à observer, à être patiente, à ne pas me juger dans cette folie qui s'élève incessamment.

Parfois, grâce à une acuité redoutable, grâce à une vigilance de tout instant, mon esprit s'apaisera profondément, détendu, distendu et dévoilé ; je pourrais alors faire l'expérience de ma propre essence et je comprendrai la nature d'amour et de vacuité de toute chose, y compris de moi-même. Les expériences méditatives se succéderont. Certaines, je les considérerais comme très mauvaises. Durant des *tune* entières mon esprit s'agitera dans tous les sens, manifestera de la colère, de la jalousie, du désir, sera déprimé, avide, excité, créatif, joyeux, somnolent, etc. Et ces trois heures de session se transformeront en éternité : je lutterai contre le tumulte et l'ignorance, mais plus je combattrais, mieux je solidifierais ce qui n'a aucune réalité propre. En combattant mes voiles, je ne ferais que les épaissir. Un ennemi n'existe que si on lui donne de l'importance. Cela me rendra dingue… Je répéterais le texte, les mantras, j'essaierais de me concentrer, mais rien n'y fera. Mon esprit partira dans tous les sens.

Lorsque le karma se manifeste, la seule chose à faire est de le regarder, de patienter, de lâcher prise. Mais dans ces moments nous sommes aveuglés par les voiles. Nous croyons au karma et nous le nourrissons. La graine devient alors un énorme arbre indéracinable.

« J'en ai marre, je suis nulle, Meunlam elle est meilleure, j'ai trop mal à la jambe, Annie fait trop de bruit, je veux voir ma famille, je m'ennuie, je n'en peux plus de cette chambre, j'ai envie d'être dehors au soleil, j'ai froid, j'ai faim, il y a quoi à midi à manger ? Qu'est-ce qu'elle fait Maïa ? Elle y arrive ? Je vais la voir ? J'y vais ? Non je n'y vais pas. Si j'y vais. Je n'arrive pas à méditer, ça y est j'y arrive. Que vais-je faire après la retraite ? Oh mon dos j'ai trop mal », etc.

Ce sont toujours les mêmes pensées centrées sur moi que je ferais exister parce que j'y croirais ; nous croyons en ma confusion, en la réalité de nos ressentis. Et il me sera difficile, voire impossible de renoncer à cette identification car en y renonçant, je renonce à moi, Christelle, ses envies, ses désirs, ses aversions, son histoire, sa vie, son nom…

Tout ce qui s'élève n'est que le jeu de la sagesse primordiale, y compris les doutes et les découragements. Tout ce que nous expérimentons ne nous appartient pas. La pratique spirituelle consiste à purifier notre saisie sur ces manifestations quelles qu'elles soient.

Sans la saisie, tout est pur. Il faut donc laisser passer, tel un oiseau qui traverse une maison. Il entre par une fenêtre et ressort par l'autre. Quelles que soient sa couleur et sa forme, nous le regardons voler sans chercher à le capturer.

En absence d'appropriation, l'esprit s'apaise, les graines du karma négatif s'épurent tandis que la sagesse et la compassion véhiculées par les textes, s'ensemencent en nous. Finalement, c'est très simple de méditer et pourtant si difficile à appliquer parce que nous tenons plus que tout à nous-même. En abandonnant nos idées, nos sentiments et nos croyances, nous avons l'impression de mourir. Et c'est d'ailleurs un peu le cas. L'ego meurt en retraite et le vide qu'il semble laisser est paniquant. Aussi nous nous accrochons à nous-même et préférons exister dans la souffrance, plutôt que de ne pas exister du tout. L'absence du « moi je » est effrayante, vertigineuse. Pourtant en réalité, la promesse de l'éveil n'est pas une inexistence, un vide sans rien. C'est un vide plein d'amour et de sagesse. C'est comme si la minuscule goutte d'eau qu'était l'ego se fondait dans un océan d'extase sans fin... Nous existons encore, mais nous ne nous appartenons plus.

Il y a des sessions où nous devenons fous parce que nous nous accrochons à nous et nous souffrons ; cependant il y a aussi des sessions qui nous rappellent la magie des enseignements, la puissance du *dharma* et son authenticité magnifique et universelle. Des instants qui donnent tout leur sens aux épreuves que nous traversons : nous sommes là pour nous libérer de la souffrance, pour trouver la vérité du bonheur déjà en nous et en toutes choses, afin que, par la suite, nous soyons capables de le transmettre aux autres.

Ce bonheur, je ne l'ai jamais autant touché, ressenti, éprouvé aussi profondément, intensément, viscéralement, qu'en retraite de trois ans. Parfois, et sans aucune raison, l'esprit est clair, calme et translucide. Ce sont toujours les mêmes sessions, les mêmes horaires, les mêmes pratiques, et pourtant l'esprit est aussi transparent qu'une eau cristalline. On dit que le karma s'élève lorsque les conditions sont réunies. À ce moment-là, c'est le bon karma qui s'élève. Cela reste des expériences éphémères de pratiquants néophytes sur le long chemin vers l'éveil, mais cela permet d'imploser tous les doutes et de renforcer une foi indéfectible en l'enseignement.

Grâce à la bénédiction des bouddhas, je vivrais des expériences méditatives merveilleuses. Mon corps, mon esprit deviendront aussi légers qu'une plume suspendue dans l'espace. Mes pensées, ces vagues qui parfois me submergent, se fondront à chaque instant dans l'immensité brillante de l'esprit. J'éprouverais une chaleur très douce dans tout le corps, un bien-être indescriptible, une félicité ineffable, un amour extraordinaire, un bonheur absolu. Ce n'est pas l'éveil parce que seuls les êtres réalisés sont l'éveil, mais je toucherais et ressentirais cette vérité infinie, j'expérimenterais la non-dualité, cette unité absolue avec toute chose.

La première fois que je fais l'expérience cet état de félicité, je fonds en larmes de bouleversement. Cet éclat de conscience lumineux ébranle toutes mes croyances et me confond dans tout ce que je pense être, dans tout ce que je suis. Je demande pardon à l'univers d'être aussi abrutie, aussi ignorante, stupide et orgueilleuse. Depuis, je ne perçois plus le monde tel qu'il m'apparaissait auparavant. Malgré la confusion et l'ignorance qui voilent à nouveau mon esprit, j'ai vu. Je ne peux plus oublier la vérité. Ma foi depuis ce jour, est immuable.

Ces expérimentations profondes sont des claques d'amour, de sagesse et de bonheur. Nous ressentons une telle béatitude dans notre être que nous ne voulons plus jamais revenir à notre ignorance, à notre condition étriquée, piégée par l'étau de la dualité. C'est d'ailleurs ainsi que nous créons des obstacles majeurs dans notre pratique. En nous attachant à ces expériences tellement délicieuses, et en cherchant à les générer à nouveau, nous voilons l'esprit de désir et de velléité inutiles et nuisibles. Nous ne nous en remettons plus à la pratique et aux textes ; nous focalisons notre attention sur les souvenirs expérimentés et nous essayons de reproduire par nous-même ces états de béatitude indescriptibles, ce qui, bien entendu, ne fonctionne jamais. En récupérant l'expérience, nous nous renfermons sur nos désirs et nos peurs, nos ambitions névrotiques et nous perdons la force de la bénédiction. Nous ne comprenons pas que ces états de sagesse ne dépendent pas de notre volonté et de notre capacité à les reproduire, mais de la pratique, du karma positif et de la bénédiction des trois joyaux.

Dans la pratique du *dharma*, la volition, l'ambition, le désir, sont des obstacles suprêmes. Ces émotions rigidifient l'esprit, l'obstruent et le rendent malheureux. En cherchant à atteindre des objectifs, on se coupe de ce qui est déjà là, on se coupe de l'amour, de la sagesse et de la plénitude. La vérité est totalité. Elle est omniprésente ici et maintenant. La chercher c'est la manquer et par conséquent, c'est se manquer soi-même. C'est créer un vide là où il n'y a qu'abondance.

Il en est de même pour la vie de tous les jours. Mus par le désir et la peur, nous voulons à tout prix réussir et nous nous battons pour atteindre des objectifs en nous épuisant ; et lorsque nous atteignons notre but, la réussite est souvent de courte durée ou bien exige des sacrifices et des efforts colossaux pour la conserver. Et notre vie est noyée par le stress et la course au temps. Nous devons revenir à la loi du juste milieu. Ni trop ni pas assez et faire confiance. Parce que si ça doit se faire, cela se fait naturellement. Et parce que tout est amour et sagesse primordiale. Nous pouvons être bénis à chaque instant, à condition de nous abandonner à la réalité.

J'ai eu la chance d'assister à un événement magique auprès de lama R. qui témoigne bien de la puissance de la bénédiction omniprésente et surtout, qui met en exergue l'inutilité de notre volonté et de nos ambitions.

Cela fait un an que nous sommes en retraite, nous allons commencer la partie du programme la plus profonde et difficile. Je suis dans la salle à manger avec les autres filles, nous apprêtant à passer à table ; nous discutons assez bruyamment lorsque soudain, lama R. fait son entrée. Contrairement à lama Sp. et lama T., elle vient rarement nous voir et nous ne nous attendons pas du tout à sa visite.

Un long silence de considération supplée à la joyeuse distraction de la pause déjeuner. Chacune la salue avec déférence tout en s'agitant dans tous les sens afin de mettre à sa disposition assiette et couverts. Lorsqu'un lama se présente, nous devons l'accueillir avec respect et grande générosité. Les visites de lama R. étant exceptionnelles, à chacune de ces inattendues, nous sommes toujours autant reconnaissantes que stressées par la peur de mal faire.

Malheureusement, ce jour-là, je ne suis pas bien. Je suis fatiguée et surtout malade.

J'ai mal au ventre, mal à la tête, je me sens déprimée et surtout découragée. J'ai l'impression de n'arriver à rien et je juge ma pratique mauvaise car j'ai beaucoup de difficultés à calmer mon esprit fougueux. Je pleure sur mon sort, moi la pauvre pratiquante qui a bobo partout. Je suis si recroquevillée sur mes problèmes qu'il n'y a aucune conscience pour les étreindre et les accueillir dans l'instantanéité de l'esprit, là où ils perdraient naturellement leur solidité.

Je crains déjà beaucoup lama R. qui s'impose par son fort caractère et son aura puissante. Et mon état chétif conforte cette appréhension ; aussi, lorsqu'elle fait son entrée dans la salle à manger, j'ai honte de l'avouer, mais je n'ai pas du tout envie de la voir. Je culpabilise d'éprouver ce rejet, mais c'est plus fort que moi : « Oh non pas lama R. ! Pas elle ; pas dans l'état où je suis ! »

Certainement qu'elle non plus ne veut pas me voir puisqu'elle entre dans la pièce en m'ignorant royalement. Piquée dans mon orgueil, je prends sur moi et redouble d'efforts pour aller vers elle : je la salue avec considération et me manifeste un tant soit peu pour bien montrer que je suis là. Mais elle ne me dit pas bonjour et feint de ne pas m'entendre et encore moins de me voir. Aucun coup d'œil même furtif ne se pose sur moi ; regard qui m'allouerait au moins consistance et existence. Je suis complètement transparente.

Pendant tout le repas, elle échange, sourit, s'adresse à tout le monde, sauf à moi ; elle agit comme si je n'existais pas.

Et lorsque je tente de dire quelques mots, de poser une question pour lui rappeler que je suis présente, elle fait mine de ne pas m'entendre et me dédaigne avec déclamation. Je suis un esprit inexistant dans une pièce remplie de vies. C'est un sentiment horrible qui me donne envie de pleurer, mais je me retiens. Je tente de dissimuler ma douleur psychologique exacerbée par ma fragilité physique, mes nausées et maux divers qui dérobent ma force vitale, seulement je suis trop éprouvée pour me caricaturer et faire semblant d'être indifférente à l'indifférence. J'ai envie de disparaître. Dans cet état, je pense à ma famille, à ma maman ; je suis alors encore plus affligée et abattue au point de sentir parfois mon regard se troubler par des larmes inopportunes.

Quelques semaines auparavant, j'avais demandé à lama R. un entretien au sein duquel je m'étais plainte de la difficulté du programme, de mon esprit agité, de l'absence de chauffage, tout en exposant fièrement, pour ne pas dire avec orgueil, mes expériences méditatives « très profondes » et mes jeûnes restrictifs spectaculaires dignes des grands yogis. Tout d'un coup, elle s'était levée et s'était exprimée avec courroux :

« Mais c'est vraiment n'importe quoi ! Ce n'est pas ça le *dharma*. Tu ne pratiques que pour atteindre des objectifs égocentrés. Et en plus tu te maltraites. Ton corps est ce que tu as de plus précieux. Les enseignements exigent d'en prendre profondément soin. La voie spirituelle est dénuée d'ambition personnelle. On ne recherche pas des expériences de félicité et on n'en retire aucun orgueil. Tu es seulement ici pour développer les qualités de compassion et d'amour pour les êtres, tel que Rinpoché l'a enseigné. Pas pour être supérieure aux autres. »

Puis elle avait quitté la pièce promptement, m'abandonnant là, seule avec mon ignorance fondamentale qui me menait à des voies sans issue. Évidemment, elle avait raison, mais, à l'époque, je ne comprenais pas bien son attitude si éloignée de la douceur de lama Y. ou de lama Sp. ; mon esprit encore trop voilé n'avait pas assez de lucidité sur lui-même. J'avais l'impression que ma disciple autocratique était juste, mais je me trompais.

Aujourd'hui, je la revois pour la première fois après cet entretien désastreux et elle ne se montre pas plus agréable avec moi. Elle continue à s'adresser à toutes les filles tout en évitant particulièrement de m'accorder le moindre intérêt. Malade, profondément affectée et fragile, je sens ma gorge et mon cœur remplis de sanglots captifs que je retiens avec grande difficulté. À ce moment-là, je me sens plus seule que jamais tel un fantôme imperceptible dans cette pièce ou explose la vie. Je continue à glaner son attention comme un chien devant l'os qu'on ne lui donnera pas, mais je demeure totalement insignifiante et miséreuse. Rejetée et résignée à ce bannissement, je décide de sortir de table et de m'éloigner. À plusieurs mètres des riches échanges, tournant le dos au groupe, je feins de m'occuper des lampes à beurre que je noie de mes larmes ; j'ai le sentiment de ressembler à ces animaux malades qui se cachent pour mourir.

Alors que je suis totalement renfermée sur mon esprit souffreteux, emprisonnée dans son armure de grisaille, « quelque chose » dans mon corps se met soudainement à bouger. Cela commence dans mon ventre, puis de mon bassin à mon cou jusqu'à se répandre de la plante de mes pieds au sommet de mon crâne ; je ressens une énergie mystérieuse à la fois très douce et subtile et en même temps tangible et puissante. Elle s'empare de moi, s'instille dans chacune de mes cellules en les imprégnant de sa substance divine.

Générée par ce mouvement, une sensation physique très étrange me parcourt alors. Je ne parviens pas à comprendre ce qu'il m'arrive précisément, mais je sens que les éléments solides de mon anatomie tels que ma chair, mes os, mes viscères, et le flot énergétique qui impulse et sustente la vie de ces organes, se transforment, mutent, s'altèrent et tout ceci totalement indépendamment de ma volonté. Mon corps ne semble plus m'appartenir et durant quelques secondes, j'ai très peur. C'est si bizarre que je panique, puis je me raisonne. Après tout, si je dois mourir aujourd'hui, je suis plutôt bien entourée. Alors je m'abandonne avec confiance à cette force mystérieuse qui me pénètre et phagocyte mon corps. J'accepte de glisser, de me laisser aller, de ne rien contrôler et d'être seulement témoin de cette scène qui se joue en moi. Je ressens les deux éléments distinctifs de la matière et de l'énergie, s'imbriquer, s'entrelacer et s'unir parfaitement ; c'est très bizarre car je les sens miens, ils sont mon corps et mon esprit et pourtant je demeure une spectatrice totalement passive, fascinée par les sensations que j'expérimente.

En un laps de temps que je ne saurai mesurer, toutes mes énergies se remettent alors en place selon un axe droit de mes orteils au sommet de ma tête. J'ai l'impression d'être comme une commode en bois morts, abandonnés, avec de nombreux tiroirs ouverts, mal disposés, débordants de bazar, et recouverts de saleté. Soudain, ce meuble s'anime, s'incarne, devient vivant et autonome un peu comme dans les films de Harry Potter. Et tout ce bric-à-brac se met alors à s'organiser, se trier, s'ordonner proprement, et lorsque tout est nettoyé et débarrassé des encombrements, les tiroirs se referment d'eux-mêmes dans une disposition parfaitement agencée.

La perception est vraiment incroyable. Je suis habitée par un bien-être extraordinaire. Et miraculeusement, je ne suis plus malade et mon esprit n'est plus triste et seul. Mon corps palpite d'une chaleur délicieuse ; je semble flotter et je suis complètement libérée de la fatigue, de l'affection, de la peine, de cette opacité mentale si pesante. Je suis bien, vibrante de vie, de santé et de joie gracieuse et généreuse.

Cet événement ressemble beaucoup à ce que j'ai vécu sous la fenêtre de Rinpoché lors de cette nuit où mon cœur fut consolé et rempli alors qu'il était aussi vide et glacé que l'hiver.

Encore fascinée par ce qu'il m'arrive et remplie de gratitude, je me retourne et je regarde instinctivement vers lama R. À mon plus grand étonnement je découvre qu'elle me fixe avec une acuité puissante. Pour la première fois depuis son arrivée, nos regards se croisent quelques secondes avant qu'elle ne se détourne à nouveau. Elle a toujours son visage fermé à mon égard, mais le lien existe, j'existe, et elle en témoigne l'assertion en me faisant un léger signe de la tête. Dans cet échange furtif, je sais instantanément que c'est elle qui m'a remis les énergies en place, elle et la bénédiction qu'elle incarne. Elle est le lien direct avec le refuge, avec Rinpoché et sa puissance curative. Je me retourne à nouveau et je me remets à pleurer, mais, cette fois-ci, de gratitude.

Je pense que mon corps s'est ajusté précisément au sien. Elle est comme un aimant qui magnétise mon chaos pour l'ajuster en adéquation parfaite avec sa perfection anatomique, psychologique, énergétique et spirituelle. Je crois que ce jour-là mes énergies se sont reliées et coordonnées aux siennes et ce bien-être inexplicable et si savoureux que j'expérimente à cet instant, lama R. doit l'éprouver constamment. Elle est l'équilibre parfait, la commode aux tiroirs bien rangés. Quel immense bonheur que ce chemin lorsqu'on en arrive à un tel degré de réalisation.

Dans cette expérience, lama R. m'a montré que l'éveil apporte non seulement un bonheur indicible à soi-même, mais aussi aux autres. Il donne le pouvoir de guérir et d'aider. Pratiquer avec pour motivation le bienfait des êtres, prend tout son sens. Lama R. incarne cette vérité. Et malgré son inflexibilité parfois cinglante, elle est amour et sagesse. Encore une fois, ce jour-là, un être d'éveil m'aide et me redonne le souffle de la foi. Mon ego, ses ambitions, ses croyances, sont mes plus grands obstacles sur le chemin. Et les trois joyaux, sont le remède, la voie et le but. Ils sont là pour moi et le seront toujours.

32.
INITIATION

Auprès de lama R. je vais vivre un autre moment très fort que je n'oublierai jamais. Il fait partie d'un des plus beaux souvenirs de ma vie. Cela se passe quelques jours avant de commencer la deuxième année de retraite.

Le programme de deuxième année est très important car nous préludons les pratiques secrètes du *vajrayana*. Ce sont des pratiques très puissantes qui peuvent générer beaucoup de souffrance si on ne s'en tient pas parfaitement aux instructions. Nous avons été prévenus de la difficulté de cette voie et en avons saisi le danger. S'y engager implique et exige beaucoup de prudence, une profonde sincérité, une confiance inébranlable dans les trois joyaux, et surtout une détermination absolue à renoncer au *saṃsāra*. Sans le renoncement aux désirs et aux plaisirs mondains, ces pratiques, qui font ressortir nos tendances profondes et exacerbent les émotions à foison, peuvent conduire à la folie. On dit d'ailleurs que le *vajrayana* n'offre que deux possibilités ; à l'image d'un serpent qui entre dans un tuyau, où on en sort par le haut, ou bien on en sort par le bas... Sans savoir ce que la pratique générera sur mon esprit, je prends très au sérieux les mises en garde et j'appréhende beaucoup ce deuxième cycle. Je sens au fond de moi que cela va être une année très difficile. Régulièrement, je glane des conseils auprès des *droupen*, mais je reste inquiète, aussi, exceptionnellement, j'écris à lama Y. qui accepte de me répondre avec les mêmes mots qu'il m'a toujours dits et répétés avec une patience et une bonté, illimitées :

« Fais confiance à la pratique, lâche ton ego et l'importance que tu te donnes, ne prête pas attention à tes pensées, à tes jugements et à tes peurs ; donne-toi, corps, parole, esprit, aux trois joyaux, à la réalité, et le bonheur sera là car tout est déjà là. C'est si simple. C'est toi qui compliques les choses. »

Et, bien que j'entende ce discours depuis des années, il m'est difficile de suivre les instructions, car elles sont absorbées par mes lamentations et mes croyances.

Oui, mais je n'y arrive pas, c'est trop dur de rester 16 heures assise, mon esprit va dans tous les sens, je n'arrive pas à me concentrer et après je m'endors, et j'ai mal au dos, et à ma jambe, et ma famille me manque et Pauline m'empêche de méditer car elle fait du bruit et c'est sa faute et ça ne marche pas avec moi, etc.

Voilà un esprit de pratiquant ordinaire. Ce qui n'est pas un problème si ce pratiquant regarde l'essence de ce mouvement. Mais s'il regarde le haut de la vague sans plonger dans les profondeurs calmes de l'esprit, il se prend la houle à chaque seconde.

Les *droupen* nous rappellent régulièrement la difficulté, l'importance et le caractère rare et précieux de cette deuxième année. Ces 12 mois incarnent le cœur de l'enseignement. Il n'y a pas d'instructions plus sacrées que celles que nous nous apprêtons à recevoir. Il nous faut être très impliquées et sérieuses.

Jusqu'ici, une pratique durait de quatre à six semaines au maximum et c'était essentiellement les préliminaires et des « gourous yoga » auxquels nous étions déjà familiarisées avant d'entrer en retraite. Cette fois-ci, la pratique va s'étendre et se répéter toute une année entière et nous ignorons totalement son contenu car nous nous allons pratiquer ce qu'on appelle un *yidham*.

La pratique du *yidham* consiste essentiellement en une visualisation très élaborée au cours de laquelle nous cherchons à nous identifier aux qualités intrinsèques de la divinité, telles que la vacuité, la sagesse, la compassion, le pouvoir d'aider, etc., ainsi qu'aux divers symboles de son mandala et de son environnement sacré. Ultimement, il ne s'agit pas d'un lien avec une divinité extérieure, mais bien de notre propre nature de bouddha manifestée sous cet aspect de prédilection. Ces pratiques du *yidham* ont un pouvoir reconnu comme très puissant. Elles soulèvent et brassent intensément notre esprit et par conséquent notre corps et ses flux d'énergies. Elles ont la capacité de nous purifier, de nettoyer les canaux subtils, les agrégats karmiques et les tendances négatives de l'esprit. Dans cette purification, de vives émotions et d'obstacles importants, fruits de notre mauvais karma accumulé depuis des temps sans commencement, s'élèvent. L'ego est alors mis à rude épreuve, spirituellement, physiquement et moralement ; pour certains, les expériences sont redoutables avec l'apparition de maladies physiques et mentales graves ; sans une foi ancrée et une clarté de la conscience, cela peut s'avérer dangereux. C'est pour cette raison que les pratiques des *yidham* sont tenues secrètes et que seul un esprit préparé et averti peut s'aventurer sur ce chemin. Il est primordial de bien suivre les instructions qui nous sont données si nous ne voulons pas être engloutis par ce karma négatif et par toutes les adversités qui s'élèvent à pléthore. Nous ne devons rien négliger des enseignements ni ne nous en écarter. Comme le serpent, nous sommes entrés dans le tuyau : soit nous sortons par le haut, soit nous descendons vers le bas…

Cela me crée beaucoup d'angoisses et de pression là où déjà je m'en mets bien assez naturellement. En retraite, je suis très dure avec moi. Je veux tellement être digne de Rinpoché, de lama Y., mais aussi des sacrifices que fait ma famille, que je me juge constamment, ce qui engendre une tension permanente dans mon esprit, compliquant ma méditation et mon quotidien. Je rencontre déjà des obstacles avec les pratiques de base, qu'est-ce qu'il en sera avec le *yidham* ? Cette année à venir me stresse beaucoup et je redouble d'exigence et de récriminations envers ma pratique.

Comme je l'ai mentionné précédemment, chaque pratique est systématiquement précédée par la transmission d'un *loung* et d'une initiation. C'est une communication spirituelle entre le maître qui sème les graines d'éveil dans l'esprit du disciple. Il lui confère instructions, autorisation et bénédiction à la réalisation de la divinité. En retraite, c'est lama R. qui transmet toutes les initiations.

Je suis *chöepen* pendant la *poudja* de Mahakala, c'est-à-dire la personne qui sert le maître de cérémonie en exécutant diverses actions comme offrir des offrandes, apporter les *torma* aux protecteurs à l'extérieur du temple, passer l'encens, remplir les bols d'offrandes, etc. Nous changeons de fonction tous les mois. Ainsi, pendant un mois nous jouons du *gyaling*, puis le mois suivant du *radong*, puis du tambour ou des cymbales et ce mois-ci, c'est donc mon tour d'être *chöepen*.

C'est seulement le jour de l'initiation, que je comprends par la force des choses, que je vais devoir faire aussi le *chöepen* pendant les trois heures d'initiation. Les filles m'envient, me disent que j'ai tellement de chance, que c'est vraiment sacré de servir lama R., surtout pour cette initiation si unique et sacrée. Seulement pour moi, c'est carrément la catastrophe. Je ne veux pas de ce rôle. Lama R. est toujours très dure avec moi. Depuis ce premier entretien de début de retraite et malgré tous ces mois écoulés, elle demeure très distante et très froide à mon égard et m'ignore la plupart du temps. Cette sorte de dédain est une façon de m'enseigner la voie, de m'aider à lâcher mon ego si présent et mes attachements profondément enracinés.

L'orgueil se manifeste de deux façons : soit, nous nous sentons le meilleur et pensons que nous sommes au-dessus des autres, que nous sommes quelqu'un d'important, rempli de qualités ; soit, nous nous considérons comme nul et inférieur, nous nous jugeons constamment et sommes très dures avec nous-même. C'est ce que l'on nomme l'orgueil inversé. Dans les deux cas, nous nous donnons toujours autant d'importance et consolidons l'idée du « moi j'existe ». Or, que ce soit en bien ou en mal, c'est une illusion de croire à un sujet ; cela nous éloigne de la vérité et génère forcément ignorance et souffrance.

Dans mon cas, j'oscille entre ces deux extrêmes avec une large propension à me juger et à me défier. Lama R. le sait et me montre, avec sa méthode, le juste chemin. Malgré la confiance que je lui voue, je ne comprends pas toujours sa position car j'essaie tellement de bien faire et je lui oblige une si grande dévotion, que son attitude de rejet me fend le cœur.

Depuis notre première entrevue, je redouble d'efforts dans ma pratique, multipliant les heures d'études, rajoutant des prosternations et des rituels à mon quotidien déjà bien dense. Je dors assise, je ne chauffe pas ma chambre, je ne mange pas, je ne me repose jamais, je fais tout pour être une bonne pratiquante. Seulement cela m'éloigne du but recherché car toutes ces exigences presque tyranniques, dépourvues de bienveillance et d'indulgence exercent une pression énorme sur mon esprit ; il est malheureux et constamment tendu parce qu'en permanence asservi. Finalement cette discipline que je pense noble, n'a pour conséquence que d'épuiser mon corps et de voiler mon esprit encombré.

Deux autres entretiens ont suivi dans l'année et ne se sont guère mieux passés ; lama R. est toujours aussi véhémente et tranchante avec moi, m'expliquant que je ne pratique qu'avec mon ego et que je ne comprends rien. Et c'est vrai que je ne comprends rien et encore moins ce qu'elle veut me signifier. De mon point de vue, j'ai l'impression d'avoir la motivation juste, à savoir celle de pratiquer pour le bonheur des êtres ; je pense constamment à ma famille, aux gens qui souffrent. Mais subtilement et je ne le perçois pas encore, je suis mue uniquement par la peur et le désir. La peur de souffrir et de voir souffrir mes proches, et le désir d'être heureuse et qu'ils soient heureux. Et nos proches ne sont toujours qu'une extension de notre ego. Ce n'est pas de l'amour universel, mais de l'attachement à soi et notre monde.

Ainsi, sans m'en rendre compte, je me place au centre de tout. Je cherche à reproduire des belles expériences méditatives pour me rassurer et je refuse mon karma négatif, mes émotions perturbatrices. Je mène un combat éreintant contre mon esprit, mais ça n'a aucun résultat si ce n'est celui de me rendre folle puisqu'on ne peut pas empêcher l'esprit de créer, ni le karma de se manifester avec la pratique.

Pratiquer le *dharma*, c'est se donner à lui, se désinvestir complètement, laisser de côtés ses ambitions, ses idées, ses envies et s'en remettre indubitablement aux enseignements et au refuge. Il ne faut surtout pas interpréter et juger ce qui est bien ou mal en dissociant les bonnes des mauvaises pensées. D'autant plus en retraite où nous sommes traversées par de multiples états négatifs liés à notre mauvais karma. Il ne faut pas non plus avoir des objectifs ni des conceptions d'un but à atteindre puisque tout est déjà là. On ne crée pas une autre réalité, on la découvre. L'esprit ne se contorsionne pas. Il se regarde et se dévoile tout seul dans sa pureté. Et pour cela, nous ne devons surtout pas rechercher quelque chose, mais attendre que cela apparaisse.

L'esprit est un diamant que nous ne percevons pas, parce qu'il est envahi par une épaisse fumée noire ; cette fumée, c'est le karma. Notre souffrance vient du fait que nous sommes trompés par cette fumée, et passons notre vie à rechercher le trésor à l'extérieur de nous-même, alors qu'en réalité nous avons seulement à rester là, au cœur de notre cœur, et laisser la fumée se dissiper. Alors nous découvrons le précieux trésor que nous sommes déjà. Le *dharma* dissipe la fumée. Il n'y a rien à faire que s'abandonner à lui, à ses textes et ses rituels. Quelque part ce n'est pas nous qui pratiquons, c'est la pratique qui nous pratique.

Je suis toujours dans la volonté de bien faire par moi-même, et dans la peur d'être une mauvaise personne, d'avoir de mauvaises pensées. Je ne vois que la fumée noire, et en fuyant ou étouffant cette fumée, je ne perçois pas le feu de sagesse qui l'alimente. En me battant contre moi et mon esprit récalcitrant, je me bats contre ma nature de bouddha ; je renforce mon ego, et soutiens mon ignorance.

Lama R. a saisi ma méprise et son attitude intransigeante se veut être un enseignement afin de m'aider à changer et à renoncer à ces sanctions que je m'inflige. Seulement, son attitude dédaigneuse à mon égard me lèse le cœur. Je me sens la mal-aimée du groupe et je finis par redouter ses visites pourtant cruciales à notre cheminement individuel et collectif. Heureusement, au fond de moi, et malgré sa posture rude et interdite, ma dévotion demeure infaillible envers lama R. Elle est certes virulente à mon égard, mais moins que je le suis.

Toutefois, si ma confiance en elle demeure indéfectible, elle ne me libère pas de mon inquiétude à devoir la servir durant les trois heures de l'initiation à venir. Je suis terrifiée à l'idée de mal faire. Recevoir une initiation est un legs extrêmement précieux, et mon implication est relativement importante vis-à-vis d'elle, mais aussi vis-à-vis des filles et de la transmission du *dharma*. Je porte une responsabilité fondamentale. Si je n'exécute pas ou fais mal les actions requises, cela crée des interférences importantes dans la transmission spirituelle entre maître et disciples. J'en suis profondément consciente et cela me panique.

Le jour J ma tête est rasée du matin même, je porte mon plus beau *shantab* et ma jolie chemise de brocart en soie, je me tiens droite et je suis prête. Du moins je le pense… Mes sœurs de Vajra et moi attendons lama R. devant la porte du temple lorsque cette dernière fait son entrée. Sans regarder personne, elle passe devant chacune d'entre nous à travers le couloir que nous formons ; ses yeux sont hauts, fixes et rivés sur l'instant présent avec vigueur et rigueur. Elle est déjà en méditation. Son corps vertical, son attitude solennelle, l'expressivité engagée de son faciès, libèrent une énergie éclatante qui infère respect, dévotion et admiration.

Au moment où elle passe devant moi, je ressens la force de son aura, la puissance redoutable de ce bloc rutilant de sagesse et face à ce monolithe de bénédiction qui suscite en moi autant d'inspiration que de craintes anxiogènes, je suis soudainement envahie par une panique redoutable. Instantanément mon corps se fige, des frémissements et des sueurs apparaissent dans mon dos et mon cœur se met à battre dans ma cage thoracique si violemment que je pense que je suis en train de faire une crise cardiaque. Prise dans l'étau acéré de ces réactions indésirées, je n'arrive plus à contrôler quoi que ce soit. Je suis paralysée, imprégnée par cette agitation intérieure et n'existe plus qu'à travers elle. Tout mon corps tremble au diapason des battements tonitruants dans ma poitrine.

De nature plutôt tranquille, cet état m'est complètement étranger et je me demande ce qu'il m'arrive ; je n'ai jamais réagi de la sorte si bien que je me mets à paniquer de la panique elle-même. Mes jambes tremblent, mon souffle est court et mon cœur continue à taper mes côtes si fortement que cela génère des douleurs aiguës du bas de mes reins à ma nuque aussi raide que l'acier. Je suis si oppressée que j'éprouve des difficultés à respirer. Ma peur est magistrale et imprègne chacune de mes cellules. Peur de mal faire, de me tromper dans ma fonction de *chöepen*, de me faire invectiver par lama R., et de gâcher ce moment si sacré pour nous toutes. Je n'existe plus qu'à travers cette angoisse démesurée. Je me suis mis une telle pression que je suis tétanisée à l'idée de mal faire. Ma réaction est sans aucun doute disproportionnée, mais je ne contrôle rien. Je suis au bord du malaise, à deux doigts de craquer et de laisser ma place à une fille. Mais je ne peux pas me désister ; cela serait pire que tout. Je n'ai pas le choix. Au fond, je sais à quel point j'ai de la chance. Il ne faut surtout pas que je cède à mes émotions et renonce à mon devoir. Je dois dépasser cet état de stupeur.

Alors, portée par le dynamisme de mon désespoir, je me mets à prier les trois joyaux du plus profond de mon être afin qu'ils m'aident, m'accompagnent et me libèrent.

« Je vous en supplie, aidez-moi à servir lama R. et à bien faire, aidez-moi à me calmer, s'il vous plaît, faites que je ne fasse pas d'erreur, etc. »

Et je prie Tara de tout mon cœur devenu fou, de tout mon corps vacillant, de tout mon esprit aliéné, mais aussi de toute ma foi inspirée, incitée et portée par une détermination aussi puissante que ma peur est hurlante. La prière m'extirpe alors instantanément de moi-même et de mon ego tétanisé. Tara est là, je la sens, et avec elle, tous les bouddhas des trois temps, les protecteurs et les grands maîtres du passé. C'est fulgurant, puissant, magnifique. Je me sens aussitôt enveloppée et habitée par leur bénédiction, suspendue dans un instant de cristal, un instant aussi fin que la pointe d'une aiguille. Dans cet instant béni, je suis unie à leur sagesse, parfaitement « saine », libérée des chaînes de cette folie qui me tétanise. Il n'y a plus de portes ouvertes aux pensées, doutes, angoisses. Les accès sont verrouillés et je suis déterminée à les laisser fermés à ne pas laisser rentrer l'ennemi et à m'accrocher au refuge. Guidée intrinsèquement par la sagesse des bouddhas, j'utilise alors la force des émotions négatives, la force de ma souffrance comme une énergie puissante de savoir-faire et de savoir être. Je sens mon esprit qui s'élève, grandit et s'unit à ce tout ce qui est et demeure, au-delà des ombres illusoires de l'ego. Malgré des mouvements incessants de panique qui se succèdent et tentent de percer une brèche dans ma détermination, je suis protégée par le refuge, par l'esprit de Tara ; je reste stoïque, rejetant toutes ces attaques nuisibles de terreur et d'impuissance. Rien ne peut s'instiller et saboter l'instant sacré. Je suis là, disponible, aussi droite et digne que l'événement l'exige.

« Qui est *chöepen* ? demande lama R., avec la sévérité intraitable de son accent.

– C'est moi », dis-je en m'avançant.

Elle me jette un regard de métal d'une austérité glaçante et rentre dans le temple sans dire un mot. Je ne sais pas du tout quoi faire. Les filles me chuchotent de la suivre, alors j'entre sur la pointe des pieds, ignorant si je fais bien ou mal. Les doutes à nouveau cognent contre les remparts de mon crâne. L'intimidation devant cette force spirituelle, la culpabilité de ne pas être assez bien, l'effroi de son courroux, toutes ces forces négatives me défient à chaque seconde. Mais, tel un roc protégé par Tara, je demeure ferme et imperméable. Je ne les laisse ni m'affecter ni m'atteindre. Mon cœur cogne toujours aussi violemment, mais j'accueille ses battements avec une immense ouverture ce qui ne m'oppresse plus. Je les éprouve comme les pulsations passionnelles de la vie dans mes veines. Je m'accroche intérieurement avec une force décuplée à la récitation de mantras, à la protection puissante des bouddhas. Je suis là, présente, disponible pour la servir, et je reste concentrée de toutes mes forces pour ne pas laisser gangrener mon ego si faillible.

Je demande à lama R. d'une voix difficilement perceptible si je dois fermer la porte du temple derrière moi.

« Quoi ? Me répond-elle très froidement sans m'adresser un seul regard.
– Dois-je fermer la porte ? »

Silence…

Je ne reçois aucune réponse de sa part, ni même un coup d'œil ou un geste indicatif. Alors je me concentre, je me relie à Tara, à l'esprit de sagesse de lama R. et je sens qu'on m'indique de refermer la porte ; aussi je m'exécute de ma propre initiative, laissant les filles à l'extérieur, puis je regarde lama R. et cherche un assentiment. Elle a toujours les yeux rivés sur ses affaires et elle ne dit absolument rien. « Qui ne dit mot, consent »…

Un lama prépare toujours l'initiation en créant le mandala de la divinité, puis il l'invoque et l'invite à venir, elle, accompagnée de sa horde de protecteurs. Durant 45 minutes environ, lama R. exécute le rituel de préparation. Je reste debout à la servir ; il y a 1 000 choses à faire : lui faire passer des objets sacrés, les remettre à leur place, sortir des *torma*, passer l'encens, faire des offrandes, faire des prosternations, repasser des objets sacrés, remplir des bols, les vider, etc. Cela n'en finit pas. Je suis extrêmement alerte à l'assister assidûment, dans une concentration aussi fine qu'un grain de sable. Lama R. ne m'adresse quasiment jamais la parole. Elle me fait des gestes empreints d'une attitude austère et autoritaire et, à travers ces signes, je dois comprendre ce qu'elle souhaite sans aucun mot illustratif.

Jamais je n'ai vu pareil guide. L'initiation étant transmise en tibétain, tous les lama montrent à leur *chöepen* quelle action exécuter et leur expliquent en français ce qu'il y a à faire. Lama R., elle, ne me dit rien. Elle fait un geste de la tête ou de la main, claque des doigts pour tel objet à lui faire passer, et je dois deviner ce qu'elle me signifie. Seulement il y a tant d'objets que c'est très difficile de comprendre ce qu'elle veut. Parfois elle dit un mot :

« Carte.
– Oui, mais laquelle ? »

Il y a plusieurs cartes et je dois m'exécuter avec cette seule info.

Boumpa… (Le *boumpa* est un vase d'initiation qui contient un liquide précieux à la symbolique particulière).

D'accord, mais quel *boumpa* ? Il y en a cinq ou six.

« Serkyem »*… (le *serkyem* est un réceptacle d'offrandes pures.)

D'accord, mais qu'est-ce que j'en fais ? Je le vide ? Je rajoute du nectar ? Je l'offre ?

C'est vraiment difficile de comprendre et si je pose une question, elle ne répond pas, aussi je me résous à ne rien demander. Je la regarde et, assidûment plongée dans un état de méditation et de prière, je me connecte à elle pour comprendre ; et par magie, je comprends.

Au terme de la préparation, je fais rentrer les filles et nous recevons l'initiation. Je continue à servir lama R. avec une exactitude parfaite tandis qu'elle demeure toujours aussi imprécise et vague dans ses explications. Mais je me suis complètement abandonnée à elle. Je ne laisse aucune place à moi-même, ce qui me permet d'être dans un état méditatif renouvelé à chaque instant. Je suis comme un funambule sur un fil. Je tiens la main invisible de Tara, de lama R. À chaque instant le danger guette ; si je lâche la main du refuge, je tombe. Mais je ne lâche rien. Je suis portée, détendue et sereine et tout m'apparaît lumineux et clair. J'ai l'impression de personnifier le prolongement de son corps et l'extension de son esprit. Je comprends tout ce qu'elle souhaite sans qu'elle ouvre la bouche.

L'initiation dure environ trois heures. Trois heures de pur bonheur. Trois heures où je ne suis plus cet ego paralysé par la peur, emprisonné dans sa folie, qui se juge sans cesse, qui se pousse à bout, se modèle en facticité de carton. Il n'est plus. Je ne suis plus. Là, demeurent seulement le *dharma*, les trois joyaux et lama R. qui incarne cet absolu. Grâce à cet abandon et à cette confiance, je remplis parfaitement mon rôle sans la moindre erreur.

À la fin de l'initiation, les filles sortent et nous restons seulement toutes les deux pour terminer la *poudja*, renvoyer les divinités et fermer le mandala. Elle couronne alors l'initiation par la prière de dédicace que je me permets de chanter avec elle. C'est un moment exceptionnel. Mon esprit est d'une clarté rare. Tout est brillant et rutilant de spiritualité. Lama R. est aussi lumineuse qu'un diamant transpercé par le soleil. Nos voix se mêlent pour n'en former qu'une, dont les ondes cristallines se répandent avec générosité dans le temple et jusqu'à l'infini. Je ressens une grande félicité dans mon corps, dans mon esprit imprégné d'une reconnaissance illimitée.

L'initiation prend fin et lama R. enlève la grande coiffe que portent les maîtres de cérémonie lors de ces *poudja* spéciales. Cette coiffe symbolise la présence du maître au-dessus de notre tête. Celui qui la porte devient le canal de transmission de l'enseignement du *dharma*, le réceptacle de la bénédiction de l'éveil, du maître, de la lignée vers le disciple.

Lama R. est toujours dans son *samadhi*, le visage fermé et concentré. Son corps ne laisse paraître aucun signe de lien ou de communication avec moi, comme si je n'étais pas là et n'existais pas. Comme si elle n'avait pas ressenti mon investissement et mon abandon total au service du *dharma*. Mais peu importent les apparences, parce que je sais que justement ce ne sont que des apparences. La vérité c'est que nous étions complètement liées, reliées et que durant ces trois heures, nous ne formions qu'un seul et même esprit. Peu importe si, dans le futur, elle m'invective à nouveau, et m'ignore. Dans mon cœur je sais que je me suis totalement abandonnée à elle et à ce qu'elle représente, et je suis certaine d'avoir été en communion parfaite avec elle. Je n'ai aucun doute.

Tout est maintenant terminé et je m'avance vers la porte pour quitter le temple. Puis je me retourne, je la regarde et je lui dis avec grande reconnaissance : « Merci lama R., c'était vraiment exceptionnel. Merci du plus profond du cœur. » Tandis qu'elle est en train de ranger ses affaires, encore assise sur le trône, elle relève la tête vers moi, me regarde pour la première fois depuis bien longtemps, et droit dans les yeux elle me fait un sourire magnifique qui laisse entrevoir ses dents blanches aussi belles et rutilantes qu'une étoile, qu'un paysage extraordinaire, qu'un bijou précieux. À cela, elle ajoute : « Arrête de te faire souffrir. C'est comme cela qu'il faut pratiquer. Dans l'abandon absolu et la confiance. Alors tu seras heureuse. »

Dans ce sourire exceptionnel et ses quelques mots, je comprends tout. Je comprends pourquoi elle est si dure avec moi et si méprisante au cours de cette première année. Je comprends les raisons pour lesquelles je souffre et à quel point je m'égare sur la voie. Et surtout je prends conscience de comment pratiquer et mettre en application le *dharma* dans notre quotidien pour se libérer. Comme à l'image de cette initiation, il n'y a rien à faire, seulement à s'abandonner à la vie et regarder le sacré de chaque chose. Nous sommes déjà au nirvana. Tout est là. Nous avons seulement à faire confiance et à nous abandonner. Et pour cela, il est nécessaire d'exercer un contrôle redoutable sur l'esprit en tranchant avec ses multiples manifestations, sans hésitation, sans analyse, sans doute. Car l'esprit duel nous raconte n'importe quoi et nous emprisonne dans des idées limitantes et fausses. Aussi, sans atermoiement, il faut trancher avec le couperet de la vigilance et de la détermination pour être là, dans ce maintenant de cristal, dans cet espace ouvert, hospitalier, généreux, sage et rempli d'amour.

Cette initiation est un cadeau inouï. Dans l'expérience, je comprends ce que les bouddhas attendent de moi. Je comprends ce que lama R. a tenté de me montrer. Je comprends les lettres de lama Y. Je peux commencer cette deuxième année avec cette compréhension et cette douceur ; j'ai le droit et le devoir d'abandonner mes exigences envers moi-même, ma dureté, de laisser tomber mes ambitions et mes jugements qui me font tant souffrir. Et dans cette simplicité, ce renoncement et cette détente, je rends grâce aux bouddhas, au *dharma* et à la *sangha* et je fais honneur à ma nature profonde : ma nature d'éveil.

33. NOUVELLES DE L'EXTÉRIEUR

Durant les trois années de retraite, nous sommes totalement isolés du monde, de ses événements importants et de ses changements qui tissent son histoire. Quelquefois, les cuisinières et les *droupen* nous font parvenir des informations de l'extérieur, mais cela reste très rare, filtré, épuré et seulement si c'est indispensable.

Par exemple, afin de venir en aide et réciter des prières destinées aux victimes, nous sommes informées de la tempête de 1999 qui cause tant de ravages en France. Je me rappelle que la veille, après notre dernière *tune* du soir, Maïa et moi sommes montées à la cuisine pour grignoter et discuter, ce que nous faisons chaque soir lorsque nous ne sommes pas trop fatiguées. En général, l'une gratte à la fenêtre de l'autre, souvent à quatre pattes pour que personne ne la voie, et on se retrouve là-haut pour bavarder. Ce soir-là, nous sommes happées par un vent extraordinaire et nous nous attardons un long moment sur la coursive extérieure qui borde les murs du *droupkang*. La tempête commence à peine et déjà nous remarquons la puissance singulière des éléments. De nombreux éclairs ligotent le ciel noir de ces cordes de lumière aveuglante ; ils le déchirent par des hurlements menaçants et par des souffles contraires d'une puissance incroyable. Ces expirations dantesques brisent les branches de nos arbres et les propulsent comme une plume dans l'air froid ou elles s'unissent dans une danse démente à d'autres projectiles victimes. L'univers gronde, souffle, frappe, hurle, pulvérise, tel un démon en colère.

Maïa et moi, toujours aussi naïves et rieuses, jouons avec la force du vent. C'est assez incroyable de ressentir une telle vigueur. Protégées par le haut parapet de parpaings qui scinde le *droupkang*, nous nous en amusons sans pouvoir en mesurer le danger. Nous marchons à contresens et sommes contraintes de nous tenir la main et de nous accrocher au mur pour avancer de quelques centimètres. Lorsque nous sommes dépourvues de peur, il est très amusant et presque agréable de ressentir la vigueur de ce souffle soulever notre corps et encombrer sa mobilité. Nous ne soupçonnons pas qu'au même instant, ce vent est en train de détruire des habitations et des vies.

Pendant la retraite, les seuls événements qui nous sont relayés sont de nature à engendrer des souffrances telles que la mort ou la maladie d'un proche, les catastrophes climatiques, les guerres et autres malheurs qui impactent nos proches et le monde. Chaque jour nous recevons une liste de nom de personnes pour qui des prières ont été demandées. Nous sommes là pour faire du bien à travers le support de la prière et l'expression de notre choix prend tout son sens lors des manifestations de ces tragédies. Nous sommes invitées à développer notre sensibilité et notre compassion et faisons des souhaits pour tous ces êtres en souffrance afin d'en limiter, voire d'en annihiler, les dramatiques conséquences.

Tout ce qui est superflu ne nous est pas communiqué afin de ne pas perturber notre esprit censé se clarifier par la pratique de la méditation. Nous ne savons donc rien de ce qui se passe au-delà du *droupkang*, que ce soit sur le plan politique, économique, culturel ou social. C'est en sortant de retraite que je découvre de quelle façon le monde a évolué. Je me souviens d'ailleurs, d'une petite anecdote amusante.

Le premier soir de notre sortie de retraite, alors que j'attends Maïa devant la ferme, à quelques mètres de moi, une femme que je distingue très mal parce qu'il fait déjà nuit noire se met à parler à haute voix en s'adressant à une entité imaginaire. Elle s'exprime vigoureusement, et s'énerve contre un fantôme en tapant du pied et en faisant des grands gestes avec un bras. Ses divagations éveillent mon empathie et naturellement je me mets à réciter des mantras en éprouvant beaucoup de compassion pour ses déviances schizophréniques. Je l'observe discrètement pendant quelques minutes avec commisération jusqu'à ce qu'elle se dirige vers la porte-fenêtre de la ferme dont l'éclairage instruit sa jeune silhouette. J'aperçois alors dans ses mains une sorte de minitalkie-walkie. Je découvre pour la première fois la démocratisation du téléphone portable.

Je m'apercevrai que malgré notre long confinement de trois ans, le monde changera peu et finalement aucune information ne m'aura manqué. Cela met en exergue l'inanité des nouvelles médiatiques quotidiennes qui, pour la plupart, sont triées, transformées et ne véhiculent que des négativités sur lesquelles nous n'avons ni pouvoir ni contrôle. Aussi, encore aujourd'hui je garde cette bonne habitude de ne pas écouter les informations, ce qui m'évite de nombreux sentiments anxiogènes. Tout ce qui est essentiel à savoir, me revient toujours aux oreilles et cela suffit amplement.

Durant ces trois années, nous sommes également invitées à espacer, voire suspendre les relations épistolaires avec nos proches afin d'éviter de part et d'autre, des souffrances, des manques saumâtres et douloureux. Cependant, nous sommes libres de nos choix ; il n'y a ni interdiction ni obligation, mais seulement des recommandations et des conseils bienveillants ; d'ailleurs mon choix personnel est de cultiver le lien avec ma famille durant les trois années de retraite.

Régulièrement, je reçois donc des lettres de mes proches, ainsi que des petits cadeaux, réunis dans un colis. Ils proviennent essentiellement de la part de mes parents, de mon frère, mais aussi de mon oncle et ma tante et surtout de mes grands-parents qui font l'effort d'écrire alors qu'ils ont tant de lacunes, faute d'avoir quitté l'école à 7 ans. Lorsque je découvre quelques phrases presque illisibles de mon papi, portées par une écriture d'un petit enfant, je fonds en larmes. Je sais à quel point cela lui coûte de griffonner ces mots et j'en suis si émue. À chaque fois, c'est une source de grand bonheur, mais aussi de bouleversements et d'émotions fortes. Je me languis de recevoir leurs lettres et lorsque je les tiens enfin entre mes doigts, je m'imprègne de ces papiers manuscrits qui débordent d'amour ; je les déguste comme un plat rare, les humant, les respirant, les lisant avec atermoiement et délectation. Parce que ceux que j'aime les ont tenus dans leurs mains quelques jours auparavant, je donne toute la noblesse et la préciosité à ces feuilles d'albâtre sans valeur. C'est notre seul lien et il supplée à l'étreinte physique que je n'ai plus. Je vois bien que cela me remplit de joie autant que cela me perturbe. Je m'évertue à limiter les échanges car ils véhiculent autant de troubles positifs que négatifs et la séparation n'en est que plus difficile, cependant, contrairement à certaines de mes sœurs plus sages qui reçoivent du courrier seulement à Noël et aux anniversaires, je ne peux pas y renoncer. Je reçois environ un courrier par mois. Cela dépend des périodes et surtout des pratiques que nous faisons car certaines sont difficiles et les *droupen* nous invitent à couper tous contacts avec l'extérieur afin de ne pas agiter davantage notre esprit déjà perturbé par le karma négatif qui s'élève. Ainsi, durant la deuxième année de retraite, nous ne nous écrirons quasiment pas. La pratique durant cette période de 12 mois sera très difficile et je devrais me prémunir de tout attachement. Malgré ces quelques échanges que j'entretiens, je suis vraiment coupée du monde, en immersion totale dans les études du *dharma* et de sa pratique magnifique.

Je me sens bien dans ces conditions isolées et rien ne m'intéresse vraiment en dehors du *droupkang* et de sa vie spirituelle. Néanmoins, j'ai mon talon d'Achille, ma famille pour qui j'éprouve un sentiment d'inquiétude continu. Ces pensées, parfois obsessionnelles, me font souffrir et me détournent de la pratique. Ils me manquent certes, mais j'ai surtout peur pour eux, peur qu'il leur arrive quelque chose. Comme je l'ai mentionné précédemment, l'hypothétique mort d'un proche me panique sans réserve. Je redoute plus que tout de perdre un être cher alors que je suis enfermée en retraite sans possibilité d'en sortir et quelles qu'en soient les raisons. C'est une de mes plus grandes angoisses.

Lundi 29 juin 1998, seulement quelques mois après notre entrée en retraite, alors que nous sommes en train de déjeuner, une des cuisinières m'apporte un télégramme. Je n'en ai jamais vu de toute ma vie. Le nom de mon père y est inscrit en caractère gras. Il en est l'expéditeur et j'en suis très étonnée. Pourquoi papa m'envoie-t-il un télégramme ? Je me demande vraiment de quoi il en retourne et je l'ouvre avec grande curiosité et empressement joyeux car tout ce qui provient de ma famille est porteur de bonheur. Mais cette fois-ci, ce n'est pas du tout du bonheur… Une seule phrase extrêmement concise, rédigée en caractères gras, noirs, épais, grave la blancheur de la feuille avec un contraste austère redoutable :

« Ma perle, papi René est décédé aujourd'hui. Courage. Papa. »

En prenant connaissance du message, je ressens une collision aussi violente que la foudre, percuter mon cœur, avec une brutalité inouïe. Tout explose en moi. Spontanément, je me mets à hurler et, sous le poids de l'accablement, je tombe à genoux sur le sol froid. Les filles se précipitent alors vers moi sans rien comprendre, récupérant le cruel petit papier afin d'appréhender ce qui me plonge dans un tel état.

« Son grand-père est mort », s'exclame une des cuisinières avec le télégramme encore dans les mains.

Entendre ces mots me lacère le cœur une seconde fois et je redouble de larmes et de gémissements. Je suis sous le choc. Je me sens complètement assommée et abêtie. Je ne peux et ne veux pas y croire. La violence de ce télégramme aussi effilée qu'un couperet, le message dramatique qu'il véhicule, rédigé à la machine, sa concision qui n'offre aucune explication cohérente, tout cela me semble complètement irréel et factice. Avec des larmes plein la bouche, je répète aux filles qui tentent impuissamment de me réconforter, que ce n'est pas possible, qu'il y a forcément une erreur. Mon grand-père n'est pas malade, il a toujours été en excellente santé et, jusqu'ici, il allait très bien. Ce télégramme ne peut être qu'une mauvaise blague, une imposture ; non, ce n'est vraiment pas possible. Je refuse d'accepter cette mort si brusque qui soulève tant de questionnements et de mystères. Je suis dans tous mes états et je pleure encore et encore.

Il me faut beaucoup de temps pour sortir de l'étourdissement, reprendre mes esprits, analyser et admettre l'information. Les heures qui suivent sont très difficiles. Je ne parviens pas à apaiser mon mental. Je pense obsessionnellement à mon grand-père, à toute ma famille et particulièrement à mon papa qui vient de perdre le sien. Ma place est auprès d'eux, mais je ne peux pas sortir de retraite. C'est la première fois que je suis confrontée à la mort d'un membre de ma famille et je suis complètement désorientée et choquée. Mon esprit part dans tous les sens, entre souffrance, culpabilité, impuissance et déni. Mille pensées anxiogènes me submergent sans possibilité d'y voir clair, de respirer, de réfléchir intelligemment ; je ne suis que chagrin, tristesse et folie.

J'aimais profondément mon grand-père. Je n'étais pas aussi proche de lui que je le suis de mon grand-père maternel que je considère comme mon second papa, mais c'était tout de même mon papi adoré. Il était drôle, généreux, gentil et admirable de dignité et de droiture. Sa disparition me semble injuste et complètement absurde. Et ce qui encore plus absurde, c'est mon impuissance dans cet éloignement indissoluble.

À quoi je sers ? Que fais-je ici, enfermée entre quatre murs, loin des miens, sans aucune possibilité d'apporter aide et soutien à ceux que j'aime ?

Je suis perdue et remplie de doutes et au vu de mon état, sans me concerter, une des cuisinières s'empresse de prévenir lama Sp., la *droupen* dont je suis la plus proche. Vingt minutes plus tard, remplie d'amour et de bienveillance, elle me rejoint dans ma chambre où je me suis réfugiée, inconsolable et éplorée. Elle me prend dans ses bras, me réconforte et me rassure sur le fait qu'être en retraite, est la meilleure chose qu'il soit pour aider mon grand-père. Si j'étais auprès de ma famille, je ne ferais que pleurer et m'apitoyer sans pouvoir prendre le recul et l'espace nécessaire pour venir en aide à mon papi.

En Occident, considérant que le défunt n'est plus, on se soucie essentiellement de ceux qui restent. Dans le bouddhisme, il en est tout autrement. On se préoccupe uniquement de la personne qui vient de mourir car elle seule a perdu la vie, a perdu son corps, a perdu tout ce qu'elle est et tout ce qu'elle possède. Elle seule est prise dans de véritables tourments. Elle seule souffre vraiment.

Lama Sp. me rappelle que c'est mon grand-père qui doit être considéré en priorité. C'est de lui dont je dois me soucier prioritairement et non de ma famille, et il n'y a pas meilleur endroit pour cela qu'un lieu retiré et destiné à la prière. Je suis donc privilégiée et mon grand-père va pouvoir être vraiment accompagné. Mes proches éprouvent, certes, un vaste chagrin, mais ils sont en vie. Ils ne souffrent pas comme mon grand-père souffre d'être mort.

Les mots de lama Sp. me rassurent totalement. Elle m'apporte une aide infinie, m'ôtant le poids accablant de la culpabilité, le suppléant par une joie confiante en cette place si incroyable et rare que j'occupe. Je suis en retraite de trois ans et c'est absolument parfait.

Lama Sp. m'explique qu'il n'y a d'antidote à ma douleur si ce n'est celle de la patience et du courage. Elle m'invite à partager ma peine avec tous les êtres de l'univers qui souffrent d'un deuil, qui ont pleuré et pleureront un être aimé. En songeant aux nombres incalculables d'êtres, que ce soient les humains comme les animaux, qui éprouvent le même chagrin que le mien, une vague immense de compassion me submerge. Je ne pleure plus seulement pour moi, je pleure pour nous tous, je prie pour nous tous. Je ne suis pas seule à souffrir et partager ma peine la rend acceptable et utile. Cela me permet d'étendre et d'élever mon esprit à l'infini et dans cette ascension, je ressens la douceur curative et lumineuse de la compassion.

Je reste isolée toute l'après-midi dans ma chambre, entre prières, larmes et souhaits. C'est un moment vraiment difficile, mais je suis en paix. Je n'ai plus de doutes et de questionnements. Je suis à l'endroit où je dois être, à faire ce qu'il y a de mieux pour le bien de tous.

À 18 heures, je rejoins les filles à la *poudja* de Mahakala où je suis accueillie avec beaucoup d'amour. À ma grande surprise, elles ont allumé des dizaines de lampes à beurre supplémentaires pour mon grand-père. Le temple est rutilant de nombreuses flammes, d'encens, et de fleurs colorées qui ornent l'espace. C'est magnifique et je suis très touchée par leur geste de soutien. Mais pas autant que lorsqu'elles commencent à chanter toutes en cœur, la prière dédiée spécialement à mon papi, pour renaître en Déwatchèn, la terre pure des bouddhas. Leur chant, leur bienveillance, leur énergie, sont majestueux et d'une éminente intensité. Les entendre à l'unisson, chanter et prier pour mon grand-père avec leurs mains jointes au cœur, est si bouleversant que je pleure encore devant tant de soutien spontané et sincère. Ce moment restera gravé comme un des plus émouvant de ma retraite. Je suis si démunie et impuissante que je mesure la chance que j'ai de ne pas être seule. Les filles non seulement me soutiennent et m'accompagnent, mais elles escortent également de leurs prières et de leur amour, mon papi regretté ainsi que toute ma famille en souffrance.

Durant 49 jours, pour mon grand-père ainsi que pour tous les êtres défunts, nous psalmodierons chaque soir ces chants merveilleux, ces souhaits et prières avec une compassion sincère et une énergie fervente. L'ermitage monastique ainsi que tous les centres de retraites seront informés du décès de mon papi et chaque jour des prières seront faites à son attention par tous mes frères et sœurs de Vajra dont certains me feront parvenir un petit courrier de soutien affectueux. J'ai tellement de chance.

Quelques jours après le décès, il m'arrivera une des expériences des plus bouleversantes de ma vie, qui marquera de son sceau indélébile ma mémoire et mes croyances. En pleine nuit, je suis réveillée brutalement. Quelqu'un me secoue énergiquement l'épaule, m'appelle, m'implore en urgence, tel un cri d'effroi. Perturbée, j'ouvre à moitié les yeux, répondant obligeamment à cet appel désobligeant. Choquée, rebutée, effrayée, par ce que je découvre, il est là, debout, au milieu ma chambre, aussi vivant que je l'ai toujours connu : mon grand-père.

Je le perçois clairement comme il m'est toujours apparu : c'est son visage, sa physionomie et ses expressions ; ce sont ses vêtements qu'il porte avec toujours autant d'élégance, imprégnés de sa propre odeur si caractéristique de miel et de soleil. C'est lui, mon papi beau et chic ; cependant, bien que physiquement, il est identique à ce que j'ai toujours connu, son énergie est bien différente : lui qui s'est toujours présenté comme une personne très souriante, paisible, impassible et taquine, se trouve dans un état d'affliction démesurée et de panique irraisonnée. Il est complètement désorienté, affolé, effrayé, à la limite de la démence. Il pleure comme un nouveau-né et me supplie désespérément :

« Aide-moi. Je t'en supplie. Aide-moi ;
Ils ne font que pleurer.
Personne ne m'entend. Personne ne me voit.
J'ai tellement peur. Aide-moi, aide-moi.
Qu'est-ce qui se passe, ils disent que je suis mort. »

Je suis complètement décontenancée de le voir dans cet état, paralysée par mon impuissance et ma tristesse. Je ne sais pas quoi faire, je l'observe sans agir, je pleure, je suis paniquée, envahie par une immense peine. Alors, instinctivement, exhortée par mon amour et ma compassion, je fais la seule chose que je peux faire : je le prends dans mes bras pour le consoler. Il accueille mon étreinte avec empressement, tel un animal effrayé qui se réfugie dans son terrier. Il s'accroche à mon torse comme on se suspend à une bouée dans un océan déchaîné. Il m'agrippe et me cramponne si fort que j'en ai mal aux côtes. Il gémit, sanglote tout en continuant à resserrer son accolade. Je sens ma poitrine paralysée, compressée sous son emprise. Ses bras me compriment, m'étouffent et je n'arrive plus à respirer ; j'essaie de me dégager, mais il continue à broyer ma cage thoracique. Alors sous l'effet de la douleur et de mon souffle court, je panique, hurle, je lui ordonne d'arrêter, et je le repousse. À ce moment-là, il disparaît en un instant, et je me réveille… Une douleur intense m'oppresse au niveau du cœur. Je suis trempée de sueur, je suffoque. Envahie par une tristesse insondable et inconsolable, je pleure à chaudes larmes.

Je regarde ma chambre plongée dans le noir : en son centre persistent un halo de lumière diaphane et une odeur très prégnante de pollen et de cire. Je n'ai pas rêvé, je n'ai aucun doute, je ne dormais pas ; j'étais dans un état de conscience modifié, qui m'a permis de le percevoir, une sorte de méditation, avec une perception éveillée, intelligible. Papi est vraiment venu me voir et il souffre tellement. Quel immense tourment que la mort.

Dès le lendemain, je raconte mon expérience traumatisante aux filles et aux *droupen* pour qu'elles viennent en aide à mon grand-père et je fais parvenir l'information de sa souffrance dans tous les centres de retraite. De mon côté, sur les conseils des *droupen*, je redouble d'efforts dans mes pratiques et les lui dédie avec la conviction révérée que ma place est incontestablement en retraite et que mon grand-père a profondément besoin de nous tous.

Quelques jours après l'annonce du décès, je recevrai une lettre de maman qui m'explique les circonstances de sa mort. Jusqu'à une semaine avant son décès, mon grand-père allait très bien. Il faisait du vélo tous les jours et se sentait en grande forme. Passionné par son second métier d'apiculteur après une brillante carrière militaire hautement gradé, à l'âge de 80 ans, il travaillait encore chaque jour à l'élaboration de son succulent miel et de son hydromel, cet élixir enivrant aux nuances fleuries. Le dimanche 21 juin 1998, il fit part à ma grand-mère d'une fatigue anormale et de maux de tête lancinants. Le lendemain matin, elle le conduisit chez son médecin qui, par précaution, l'envoya directement à l'hôpital pour faire des examens approfondis. Le mercredi, il tombait dans le coma. Le dimanche 28 juin il s'éteignait pour toujours. Verdict médical : cancer foudroyant des poumons, fin foudroyante.

En une semaine, papi est parti pour toujours d'une maladie des poumons alors qu'il n'avait jamais fumé de sa vie. Je ne savais pas qu'une telle maladie pouvait exister. Comme si le corps se déprogrammait soudainement et s'éteignait avec une irréversible et sournoise fulgurance. Pas le temps de savoir, ni celui de comprendre, aucune possibilité de se préparer à la mort, de l'accepter et de faire ses adieux.

Dans la vision que j'ai eue de mon grand-père, il était dévasté et effaré. Il ne comprenait pas ce qui lui arrivait, il n'était pas prêt à mourir, il ne le comprenait pas et ne l'acceptait pas. De nombreux enseignements bouddhistes décrivent les étapes douloureuses que nous traversons au moment de notre mort. Nos différentes énergies des sens se délayent une à une et, dans cette dissolution, de nombreuses visions terrifiantes apparaissent, semblables à des cauchemars effrayants dont nous ne pouvons pas sortir puisque plus jamais nous ne nous réveillerons. Lorsque notre conscience se détache du corps, le défunt comprend alors qu'il est mort. S'ensuit une longue pérégrination d'environ 49 jours, durant laquelle l'esprit perçoit son ancienne vie avec des prises de conscience terribles, puis sa future renaissance qui sera déterminée par son karma, ses actions passées, ses tendances et ses émotions.

Lors de cette prise de conscience, chaque être réagit différemment. Certains sont en proie à d'intenses douleurs en lien avec des visions effrayantes et des peurs démesurées, tandis que d'autres ont des sensations de félicité et de paix divine. Les expériences dépendent de la façon dont le défunt s'est comporté tout au long de sa vie ; s'il a été bienveillant, honnête, digne et juste, sa mort et sa future renaissance seront douces et heureuses. Mais si le défunt a passé son existence à faire du mal, à entretenir des sentiments de colère, de jalousie et de désir, s'il a posé de nombreux actes et paroles malfaisants et nuisibles, le passage de la mort sera terriblement effrayant et douloureux. Si nous menons une vie dissolue, basée sur les désirs et la malveillance, le mauvais karma qui en résulte, les tourments et les difficultés s'élèveront au moment de la mort et dans notre prochaine vie.

C'est d'ailleurs un des buts que tout pratiquant bouddhiste vise : celui de se préparer à son décès en éveillant sa conscience, en la bonifiant, en l'élevant à la hauteur de la vérité de l'amour afin qu'elle soit assez clarifiée pour être capable de faire face au souffle violent du karma négatif qui s'élève inéluctablement dans le *bardo* du devenir. Par la pratique de la méditation, non seulement l'esprit est pacifié, purifié, apaisé, mais il est surtout assez clair pour se détacher de sa vie passée, pour accepter sa mort et traverser le *bardo* en reconnaissant les illusions qui s'y manifestent, comme autant de manifestations de sagesse de l'esprit ultime. Ainsi en franchissant les étapes avec clarté, l'esprit est amené vers une meilleure renaissance ou au mieux, une libération définitive.

Mon grand-père ne s'était pas préparé à mourir et il ne voulait pas mourir. Il n'avait aucune croyance parce qu'il pensait que la mort était la fin de tout. Il ne savait pas que ce passage lui arracherait tout ce qu'il possédait, tous ceux à qui il tenait et tout ce qu'il était. Désormais, il est confronté à cette prise de conscience douloureuse, insupportable, cruelle. Il voit les siens subir sa disparition soudaine, pleurer, souffrir, être dévastés par le tourment de sa perte. Il ne peut plus communiquer avec eux. Il essaie, mais personne ne le voit, ni ne fait attention à lui. Il n'a plus de corps pour se manifester et leur crier son désespoir ultime. Tous ses proches, sa femme, ses enfants, sa famille, enfermés dans leur douleur aiguë, n'ont aucun recul, aucune conscience et aucune foi qui leur permet d'être en lien avec lui, de l'accompagner et de l'aider. Je suis la seule qui fait un travail spirituel et papi se tourne vers moi. Mais, en vérité, je suis bien démunie avec ma pratique si peu stabilisée. C'est grâce au soutien des filles, des autres retraitants et des *droupen* que je peux me détacher de la douleur qui me sclérose. En me laissant porter par la force de ma foi et par la puissance de l'amour et de la prière, ensemble nous l'aidons. J'en suis convaincue.

Mes parents ne me demanderont jamais de sortir de retraite pour être auprès d'eux dans ce moment si difficile. Ils n'y songeront même pas. Encore une fois ils feront preuve d'une grande sagesse, d'un grand respect envers mon engagement. Certes, ma place est auprès de mon grand-père et de ma famille, mais, d'une façon différente, j'y suis. Il n'y a pas un seul instant où je me sens séparée d'eux. Mes pratiques, mes prières et mon amour nous unissent plus que jamais.

Grâce à la retraite, je vis ce deuil comme je dois le vivre : avec beaucoup de responsabilité, de sagesse et de soutien pour le défunt. Je remercie encore la vie, d'être en retraite lorsque cet événement survient ; non point pour moi ; mais pour mon grand-père qui a cette chance d'être guidé et considéré à l'endroit où personne ne peut l'atteindre si ce n'est par les larmes et la désolation.

Aujourd'hui, presque 30 années plus tard, je continue à prier pour lui. Je ne sais pas où est l'esprit de mon grand-père et dans quelle renaissance il a pris corps. Mais j'ai la certitude d'une chose : c'est qu'il a été aidé et guidé dans sa détresse par des centaines de moines et nonnes qui ont prié pour lui lorsqu'il en avait le plus besoin. Merci infiniment à mes frères et sœurs de Vajra. Merci infiniment à ma famille qui a accepté mes choix et mes croyances.

34.
SORTIE DE RETRAITE

Comme mentionné précédemment, je me suis engagée à ne pas dévoiler ce que nous avons fait en retraite ; aussi, je garde cachées au fond de mon cœur les confidences de cette longue parenthèse de ma vie aussi importante que précieuse. Seuls les trois joyaux savent ce que j'ai traversé, et mieux que moi-même.

Lama Sp. nous avait prévenues que ces trois années passeraient aussi vite qu'un claquement de porte et effectivement, à peine fermées qu'elles se rouvraient déjà. Je pensais que rester assis 14 heures par jour en méditation, 365 jours sur 365, sans aucune activité autre que la pratique du *dharma*, sans voir ma famille ni mes amis, sans distraction ni compensation, convertirait les secondes en heures, les jours en années et étireraient le temps en langueur interminable. Pourtant, ces trois exceptionnelles années furent aussi brèves et furtives qu'intenses et riches. Elles ont été ensemencées continuellement d'expériences profondes, inoubliables qui m'impacteront à jamais, que ce soit sur le plan spirituel, émotionnel, psychique et humain.

Je ne sais pas vraiment comment témoigner de ce que j'ai vécu. Cela a été la période la plus intense et profonde de ma vie. J'ai été traversée par une affluence d'émotions indescriptibles qui ont été éprouvées, filtrées, parfois fixées dans la douleur puis qui, grâce à l'enseignement du *dharma* et la bénédiction des trois joyaux, ont fini par se purifier et se libérer dans leur vérité de vacuité. Le *dharma* m'a appris à regarder mon esprit et à m'affranchir de ses manifestations trompeuses plutôt qu'en être l'esclave aveugle. La puissance des enseignements et l'efficacité de ses méthodes vont rechercher dans des profondeurs insoupçonnées et sombres de notre être, les tendances ignorées, accumulées depuis des vies et des vies. Ils remuent la terre de notre conscience, labourent notre esprit dans ses moindres recoins, déracinent les mauvaises herbes et ensemencent de bonnes graines. Cela fait très mal, cela bouleverse et révolutionne tout ce que nous croyons être et savoir. Régulièrement, je me suis éprouvée dans un état émotionnel excessif. J'ai enduré, subi, supporté les tourments d'un esprit très perturbé à l'image d'une cocotte-minute sous haute pression. Des maladies sont apparues aussi promptement qu'elles ont disparu. Mon ego a été mis à rude épreuve et été secoué de toute part. Cela n'a pas été facile et même parfois très difficile.

Je ne soupçonnais pas ce qui se dissimulait au plus profond de ma conscience. Nous errons dans le *saṃsāra* depuis toujours. Depuis des temps sans commencements, un nombre sans fin de réincarnations s'est accumulé et chaque naissance a déposé dans les abysses de notre être des strates de karma auxquels nous n'avons pas accès. En retraite, grâce aux méthodes du *dharma*, le karma tel un volcan dissimulé au fond d'un océan calme, émerge et explose à la surface ; il agite, fait des remous, des tourbillons, des vagues et même des tsunamis. C'est puissant, agressif, choquant. L'ego est remué, frappé par les vagues, ballotté, au gré du courant ; il se débat, cherche à lutter, mais il ne peut fuir le karma, alors il boit la tasse et se noie. C'est violent, bouleversant, confrontant, ça fait mal et cela altère et transforme à jamais toute notre vision de l'existence et surtout de nous-même, de nos croyances et de notre place sur cette terre. On dit qu'une retraite de trois ans purifie 100 années d'accumulation de karma négatif. Ce karma, je l'ai ressenti à foison et cela a été douloureux et très pénible.

Heureusement, grâce aux enseignements, j'ai aussi vécu des moments merveilleux. J'ai tenté d'apprendre à ne pas les distinguer, à ne pas les choisir, à ne rien chercher et à accueillir tout ce qu'il s'élevait, le bon et le mauvais, comme autant de visages de l'esprit. J'ai appris à être vigilante, à dépasser ces multiples facettes agréables et désagréables, en essayant d'en percer la véritable nature de sagesse et d'amour. Je m'installerais parfois quelques instants en son cœur, là où règne cette paix merveilleuse qui nous envahit, nous absorbe et nous transfigure.

La retraite a été aussi difficile qu'exceptionnelle. C'est d'ailleurs la plus belle expérience de ma vie, la plus fortunée, mais aussi la plus prompte et fugace, parce que je n'ai rien vu passer. C'est allé si vite que j'ai le sentiment que tout m'a échappé. Mais la vie elle-même nous échappe…

Le 6 juin 2001, après trois ans, trois mois, trois jours, les portes de notre *droupkang* s'ouvrent sur le monde. Depuis des semaines, nous toutes réfléchissons, pensons, imaginons cette sortie, mais aucune d'entre nous ne s'est préparée à vivre un événement aussi extraordinaire. Ce sera une journée des plus émouvante de mon existence, autant sur le plan spirituel que sensitif et affectif.

Il est encore très tôt le matin, lorsque nous faisons la *poudja* destinée aux protecteurs spirituels. Dans ce rituel, nous leur demandons d'ouvrir les portes du *droupkang* et de sortir sans obstacle. Nous avions fait une *poudja* similaire lors de l'entrée en retraite avec la demande inverse, à savoir qu'ils ferment les accès et protègent le lieu. Ces esprits, qui font allégeance aux trois joyaux en tant que protecteurs de la doctrine et des emplacements où elle s'établit, ne sont pas perceptibles par nos sens communs. Pourtant leur existence est réelle et chacun de nous peut en ressentir la puissance, y compris ceux qui ignorent leur existence. Ils ne sont, certes, pas faits de chair et d'os et échappent à nos cinq sens, mais leur présence est tangible à l'extérieur comme à l'intérieur du *droupkang*. Il suffit de nous approcher du portail ou des canisses pour éprouver instinctivement une force vigoureuse nous repousser. La grande insuffisance de l'homme, qui d'ailleurs en a fait sa suffisance, réside dans son incapacité à concevoir une autre vérité que celle suggérée par ses expériences sensitives grossières. Pourtant, toute une réalité bien plus étendue existe au-delà du corps et de ses sens limités.

Avant d'entrer en retraite, je ressentais déjà les protecteurs autour des centres de retraite alors qu'on ne m'avait jamais parlé de leur existence. De loin, j'admirais les *droupkang* sans pouvoir m'en approcher à moins de 100 mètres. Comme si quelque chose, une force très grande, presque menaçante, me repoussait loin de ces murs. Je me souviens que lorsqu'avec Maïa, nous nous promenions dans un périmètre voisin des centres, un malaise s'instillait en nous et nous décourageait de poursuivre notre chemin. Nous éprouvions le sentiment vigoureux d'être chassés, et naturellement, sans en comprendre les raisons, nous faisions demi-tour et nous nous éloignions. J'en ai compris la logique seulement en début de retraite lorsqu'on a évoqué l'existence des protecteurs. Au sein même du *droupkang*, nous sentons leur puissante aura qui rayonne. Durant trois ans, aucune d'entre nous ne s'est approchée du portail ou des canisses. Nous sentions une force nous en écarter, nous dissuadant de toute tentative d'échappée, ne serait-ce que par le regard curieux. J'aime sentir cette protection. Elle fait peur si nous nous y opposons ou la défions, mais si nous avons confiance, elle est rassurante et enveloppante. Je la respecte profondément.

Nous terminons la *poudja* des protecteurs vers 9 heures et déjà nous sentons que le monde s'est rouvert à nous. C'est l'heure désormais de sortir, de quitter pour toujours notre maison qui nous a accueillies et protégées durant ces trois merveilleuses années. Tout excitées, mais aussi un peu anxieuses et tristes de tourner cette page, la dernière du livre, nous nous agglutinons toutes les 15 devant la porte qui nous sépare du monde extérieur et des gens que nous aimons. Je sais que maman et papa sont là, derrière ces murs. Ils ont posé des congés et fait cinq heures de route pour me retrouver ; désormais ils sont à peine à une centaine de mètres de moi. Quel cadeau extraordinaire que leur présence, témoin explicite de leur affection. Je suis très empressée de les retrouver, mais en même temps j'ai fait un travail de trois ans sur mon esprit et je n'aborde plus mes émotions de la même manière.

J'observe mon excitation, mon stress, mon impatience, tout en étant, très calme, apaisée, dans l'instant présent. Tout en demeurant la même personne, j'ai changé. J'éprouve les mêmes pensées et les mêmes émotions, mais je ne m'identifie plus à elles. Je ne suis plus sous leur emprise et je commence vraiment à apprécier cette liberté. Il y a désormais un espace clairement perceptible entre ma conscience discriminante, émotionnelle, limitée, peu courageuse et ma conscience d'éveil illimitée, intelligente, sage, bienveillante où tout est simple et démuni de filtres et de commentaires circonstanciés.

Nous entendons le son des *gyaling* retentir dans la cour extérieure commune à tous les *droupkang* nous indiquant que c'est le moment d'ouvrir cette porte close depuis trois années.

Les cuisinières déverrouillent alors l'accès et deux par deux en enfilade, nous sortons, vêtues de notre plus beau *shantab*, et d'une chemise de brocard jaune recouvert de moitié par notre zen, le grand châle que nous portons croisé sur une épaule.

Les trois autres *droupkang* de filles sortent au même instant et nous nous unissons comme trois affluents d'une même rivière, dans l'espace commun devant chaque centre de retraite. Nous nous saluant toutes d'un regard et d'un sourire affectueux en tissant une silencieuse marche solennelle. Nous ne pouvons pas encore communiquer, mais, dans nos regards affectés où brillent quelques larmes, nous percevons nos émotions partagées. Bien que durant ces trois années, seulement quelques mètres nous séparaient, nous ne nous sommes pas revues depuis l'entrée en retraite et je suis très émue de retrouver mes autres sœurs de Vajra. Je meurs d'envie de les prendre dans mes bras, mais ce n'est pas encore le moment pour des étreintes chaleureuses.

Notre longue procession d'une cinquantaine de femmes recueillies, est aussi remarquable que magnifique. Nous sommes vêtues exactement de la même façon, coiffées pareillement, puisque la tête rasée, et nous marchons à l'unisson d'un pas léger et lent, dignes et reliées, pareilles à un collier de perles précieuses formant un seul et même corps. Portant noblement la tenue du bouddha, nous sommes belles et majestueuses. Je me sens honorée et très fière d'assister dans ma vie à cet événement si rare et si unique, et surtout de faire partie d'un de ses maillons. C'est un moment extraordinaire et je me sens très reconnaissante et heureuse.

Toujours sous le son puissant des *gyaling* qui confère au moment, une solennité intemporelle, nous parcourons les 200 mètres qui nous séparent du *stūpa*, en passant devant une foule très dense dont les regards inquisiteurs sont tous fixés sur notre procession.

Des centaines de personnes, familles et amis réunis, sont présents, aussi émus les uns que les autres, de nous revoir.

Émue, je le suis aussi de vivre cet instant de grâce. Cependant je suis quelque peu abêtie et j'ai la tête qui tourne légèrement car mon sens visuel ne s'adapte pas à ce qu'il discerne : en effet, la perception de l'horizon m'est devenue étrangère car je ne suis plus du tout habituée à visualiser au-delà de cinquante mètres et j'ai de grosses difficultés à regarder au loin. Cela me fait mal aux yeux et mon cerveau peine à s'ajuster. Également, j'éprouve une difficulté visuelle à m'accorder aux centaines de visages présents. Je n'ai vu que 18 têtes durant trois années et ces autres formes de faciès m'apparaissent insolites et presque anormales. Je suis surprise de vivre cette première interaction sociale avec autant de dualité. J'ai presque la sensation de visiter une planète extraterrestre, découvrant avec curiosité des formes exotiques et des sensations insolites. Tout ceci me donne un peu le vertige. Après trois années d'enfermement, face à ces changements brutaux, j'éprouve un sentiment d'étourdissement.

La foule dense, fixe avec soutenance son regard et ses appareils photos sur les anciennes recluses que nous sommes, envoyant leurs énergies intruses à l'affût d'un signe de notre part. Nous ne nous attendions pas du tout à voir autant de monde et nous ne nous y sommes pas préparées. Même si ce n'est que de l'amour, c'est très déstabilisant et presque agressif.

Cet amour, je le recherche aussitôt dans cette foule noire. Où sont-ils mes bien-aimés, mon papa et ma maman et peut-être même mon petit frère ? Étonnamment, à travers ces centaines d'inconnus qui nous observent un peu comme des bêtes curieuses, je les repère de suite. Je crois même que je ne vois qu'eux. Immense coup au cœur, coup de cœur. Non seulement papa, maman, sont bien là, mais aussi mon petit frère adoré et mes deux grands-mères si aimées et si regrettées aujourd'hui. Quelle surprise extraordinaire. Ils ont fait toute cette route pour moi. Ils sont si beaux. Je les aime tant…

Malheureusement je dois encore attendre avant de les retrouver. Nous passons devant les familles et les amis, non sans verser notre petite larme, jusqu'à rejoindre le *stūpa* autour duquel nous chantons des prières et récitons des mantras. Ensuite nous nous rendons dans le temple du monastère des femmes faire une pratique collective ; c'est long, interminable et j'ai hâte que cela se prenne fin pour retrouver ma famille que je fais encore attendre. Ils ont déjà trop attendu durant ces trois longues années.

Enfin, les cérémonies se terminent, et je peux me diriger vers maman, papa, Davy et les mamies que j'embrasse, étreins, aime de tout mon cœur, de tout mon corps et de toute mon âme. C'est très intense, émouvant et nous pleurons tous. Cependant je m'évertue toujours à être consciente de mes pensées et détachée de mes émotions ; certes, la sensibilité exacerbée, l'affection démesurée, l'excitation heureuse m'imprègnent et me transportent, mais je ne vis plus mes affects avec autant d'identification. Elles ne me dirigent plus, ne me phagocytent plus. Il y a une conscience distante de mes émois.

Et heureusement car en plus de ma famille, je retrouve les *stapra*, les lama, les copains et copines d'avant-retraite. Tout le monde me saute dessus et je ne sais plus où donner de la tête. Je me sens un peu flotter dans mon corps, dans mes ressentis, comme si j'étais en état d'ébriété légère. La profusion des informations et des événements, des bruits et perceptions à assimiler, des sollicitations de toute part, est très impactante ; j'ai l'impression d'être la feuille d'un arbre soulevée par un vent violent et secouée dans tous les sens ; d'ailleurs mes sens ne savent plus comment recevoir et traduire toutes ces exhortations. Aussi, afin de ne pas perdre pied, je reste en recul, observant mon esprit un peu fou et ses réactions vives avec distance et joie comme un spectateur devant une pièce de théâtre. Je me laisse flotter au gré du mouvement intense qui m'environne et m'alpague, sans être emportée par le courant.

Bien que je sois devenue ultrasensible à tout, ressentant chaque son, chaque vision, chaque action et événement avec une acuité excessive et extensive, j'accueille sereinement et sans lutter, ce tourbillon d'échos multiples qui vient me frapper à chaque instant. Si je m'opposais à ce tumulte, j'éprouverais certainement un fort malaise qui renforcerait la dualité entre mon esprit et les diverses perceptions antagonistes qui l'assaillent. Mais je me suis éveillée. Je suis toujours aussi sensible, émotive et vulnérable, voir bien plus. Mais je peux percevoir ces fragilités et me reposer avec quiétude dans cette conscience témoin, vaste et heureuse.

Plusieurs années plus tard, maman m'avouera que, ce jour-là, elle a été très affectée et déçue. Elle ne reconnaissait pas sa fille. Elle m'a sentie loin de tout, loin d'eux, loin de l'affection passionnelle des retrouvailles, comme si je ne partageais pas leur joie, comme si je n'éprouvais plus rien, comme si je n'étais ni émue, ni affectée par leur présence si sacrée. Mais elle se trompait car, en vérité, c'était tout le contraire. J'éprouvais aussi intensément qu'il soit possible, la joie, l'amour et la gratitude profonde et peut-être même avec davantage de passion qu'eux-mêmes expérimentaient ; cependant j'avais la maîtrise de mon esprit et je donnais énormément d'espace à cela. J'observais ce spectacle très animé qui m'entourait et me saturait, en étant son actrice et sa spectatrice détachée et lucide quant à sa facticité évanescente. Je n'étais plus imbriquée et aveuglée par mes perceptions et leurs interprétations.

Nous rejoignons, ensuite, les garçons au monastère des hommes qui sont sortis en même temps que nous toutes. C'est poignant de revoir tous ceux avec qui nous avons partagé des années à travailler sur les chantiers, à prier ensemble lors des *poudja*, à rire autour des repas. L'énergie masculine était totalement absente de nos vies durant trois années et c'est bon de retrouver leur présence protectrice. Comme nous toutes, ils ont aussi un peu changé. Beaucoup ont maigri et ils sont aussi pâles que nous le sommes. Pour certains, dans leur nouveau regard, la douceur et l'apaisement ont suppléé à la volonté et la frustration. Je les trouve tous très beaux et rayonnants.

J'ai toujours eu la sensation que les pratiquants ont quelque chose en moins en sortant de retraite. Ils semblent s'être débarrassés d'un sac énorme rempli de pierres trop lourdes à porter. Des cailloux de souffrance et de combats traînés de vies en vies et d'envies de vies illusoires et trompeuses. La retraite c'est un peu comme un accouchement pénible. On en bave, on a mal, mais une fois que c'est fait, il ne reste plus qu'un trésor qui a toujours été là et que nous pouvons enfin percevoir. Lorsqu'on se départit du karma négatif, il ne reste plus que de l'amour et de la lumière. Cependant, il n'est pas chose facile que de se libérer du poids de nos actions passées et des filtres de notre ignorance fondamentale ; dans ce nettoyage profond, le corps éprouvé, conserve parfois quelques stigmates physiques qui lui confèrent cette apparence fatiguée et malade ; néanmoins au-delà de leur enveloppe, on perçoit aisément chez les retraitants cette joie solaire, cette légèreté spacieuse et cette lumière de sagesse qui nous rappelle incontestablement le regard sage, éclairé et pénétrant des êtres éveillés. Ce n'est peut-être pas très clair ce que je dis parce que je ne sais pas retranscrire ce que je ressens en leur présence. Quoi qu'il en soit, ce qui est certain, c'est qu'il y a un avant et un après retraite. Et le résultat est incontestablement positif.

Je retrouve aussi lama Y. toujours aussi lumineux et bienveillant. Mais je n'éprouve pas forcément d'émotions particulières en le revoyant car je n'ai vraiment pas l'impression de l'avoir quitté trois ans. Le lien d'esprit à esprit ainsi que ses prières m'ont permis de ne jamais ressentir la moindre séparation. C'est comme si je l'avais quitté la veille et nous nous saluons très simplement dans l'évidence d'une attache ininterrompue.

Bien que cette danse de rencontres soit merveilleuse, avec chaque protagoniste allouant à l'autre son affection profonde, j'ai hâte que la journée s'achève. Je me suis habituée à ces journées, à ces années de solitude et de calme. Ce tumulte relationnel est très intrusif et cela ne cesse jamais. Tout le monde nous saute dessus, y compris des gens que nous avons complètement oubliés après ces trois années d'absence. Je ne peux pas vraiment profiter de ma famille et je sens qu'ils sont tristes. Ils ont attendu trois longues années, ils ont fait toute cette route avec la hâte de me retrouver et finalement ils m'ont seulement aperçue quelques minutes. Je culpabilise, mais je ne maîtrise rien. Je suis emportée par la foule et surtout je suis liée à mes obligations. Car, malgré la sortie, la retraite n'a pas encore pris fin. En effet, nous avons encore des vœux pendant six jours. Trois jours de pratiques et de cérémonies sont prévus au monastère et ensuite nous partons tous en Dordogne sur l'autre centre de Rinpoché pour trois autres journées de *poudja* ; au terme de ce séjour, la retraite sera officiellement terminée. Nous pourrons alors enlever notre *shantab* à jamais et revenir à une vie « normale ». Et je profiterai enfin de ma famille.

Ces six journées s'écoulent avec promptitude ; nous enchaînons les événements et les retrouvailles dans une agitation bienheureuse permanente. Mes vœux prennent fin au terme de ces six jours et après trois années incroyables, je dévêts ma robe monastique avec déjà, une nostalgie dans le cœur. Je peux désormais rentrer chez mes parents avec le bonheur indescriptible de les retrouver. C'est très émouvant de revoir mes grands-parents adorés, les autres membres de ma famille, mes amis, et cette vie que j'ai quittée depuis si longtemps. Durant ces trois années, les bienfaits de la retraite se sont expansés au nid familial ainsi que dans tout mon entourage amical. Les liens entre eux sont plus harmonieux, mes parents s'entendent bien malgré leur séparation définitive, la santé de mes grands-parents est excellente, tout est sous les meilleurs augures pour tout le monde et je retrouve un monde meilleur. Les promesses de la retraite sont honorées.

Une retraite est bénéfique non seulement pour le retraitant, mais aussi, par interdépendance, pour tout son entourage ainsi que tous les êtres où qu'ils soient. Désormais, un autre chapitre de ma vie s'ouvre. Inconnu et un peu effrayant. Que faire désormais… Un nouveau livre à écrire ? La boucle n'est pas bouclée.

« NE ME CROYEZ PAS, MAIS EXPÉRIMENTEZ PAR VOUS-MÊME. »

J'ai expérimenté et j'ai foi de tout mon cœur et du plus profond de mon être, en l'enseignement de Bouddha. Je n'ai pas de mots pour remercier. La retraite est un joyau qui m'a été offert. J'ai tant appris sur moi et j'ai été si abondamment protégée, portée et bénie, qu'il n'existe aucun mot pour retranscrire mon infinie gratitude. Je souhaite à tous les êtres de connaître un seul instant une expérience d'éveil. Parce que, à jamais, l'homme comprendra pourquoi il est là, et surtout qui il est. Parce que, à jamais, la vie prendra tout son sens, l'humanité retrouvera un visage et un sourire ; elle retrouvera son essence et tout redeviendra lumière.

Le bouddhisme est vérité. Le chemin pour atteindre cette vérité est difficile parce que nous sommes des êtres compliqués, alambiqués qui désirons viscéralement exister en tant qu'ego. Nous tenons tellement à nous-même que nous refusons la simplicité de la sagesse omniprésente. Nous luttons contre ce que nous sommes, contre notre nature de bouddha qui est tout ce qui existe, y compris cette lutte elle-même. Pourtant si nous voulons être heureux, nous n'avons pas le choix que de nous départir des méandres de l'ignorance, de nous réveiller et nous éveiller.

J'ai quitté l'ermitage monastique il y a des années, cependant je poursuis le chemin, différemment, mais sans jamais cesser d'avancer vers la vérité, vers les autres, vers ma nature de bouddha, vers leur nature de bouddha.

Bouddha dit vrai : il n'y a pas de bonheur dans le *saṃsāra*. Le bonheur n'est que dans l'éveil. Le bouddhisme est l'or de l'humanité et je souhaite à tous les êtres de le rencontrer, le pratiquer et comprendre à quel point la vie est sacrée et merveilleuse dans sa vérité absolue.

Merci aux trois joyaux. Merci aux bouddhas ; merci à tous les grands maîtres qui nous ont montré l'exemple en parcourant le chemin jusqu'à l'éveil pour incarner sur terre, la bouddhéité authentique. Merci au *dharma*, l'enseignement pur et parfait. Merci à la *sangha* qui nous accompagne, nous guide et nous aime. Merci à la vérité de ce que je suis.

Je dédie ce livre aux trois joyaux qui donnent un sens à ma vie, à Rinpoché et à lama Y. qui m'ont tant aidée et guidée, à ma famille aimée qui m'a toujours soutenue, à ma petite Maïa et son sourire lumineux sans lequel tout ce chemin n'aurait pas été aussi joyeux, à Tenpi ma sœur qui veille depuis 30 années sur moi, à mes frères et sœurs de Vajra, et à tous les êtres, afin qu'ils trouvent une inspiration et essaient… ; essaient le bonheur… et c'est le bonheur…

Puissent tous les êtres connaître le bonheur et les causes du bonheur. Puissent tous les êtres se libérer de la souffrance et des causes de la souffrance. Puissent tous les êtres reconnaître leur véritable nature et atteindre l'éveil.

REMERCIEMENTS

Je remercie particulièrement ma maman chérie, qui a lu chaque page au fur et à mesure que je les ai écrites, et qui m'a tant soutenue, et ceci depuis ma première respiration.

Merci à mes parents, mon frère, toute ma famille et mes amis qui remplissent mon quotidien d'amour et de sourires. Sans vous, je ne serais pas celle que je suis.

Un grand merci à ma collègue Colette et à l'intérêt qu'elle m'a porté. Sans ses centaines de questions et ses encouragements à écrire, je n'aurais pas eu l'idée de me raconter.

Merci à mon amie Cathy, artiste si brillante, qui a tant aimé ce livre. Elle m'a aidée à croire en moi et m'a encouragée à tenter l'édition. Sans elle, mon histoire serait encore dans mon ordinateur.

Immense merci à Ginette, qui m'a apporté son temps et son aide précieuse en corrigeant les fautes diverses.

Merci aussi à mon amie Alexandra Sauvêtre, écrivaine émérite, qui m'a si bien conseillée.

Merci à Harry Roselmack, que je ne connais pas, mais qui a eu la grande générosité de me donner le contact des Éditions Jouvence.

Merci à Charlène, mon éditrice, et à Lisa, si bienveillante, dont la douceur et le talent professionnel m'ont brillamment éclairée et accompagnée, et merci aux Éditions Jouvence.

Et bien sûr, une gratitude infinie à mes maîtres indicibles, à Maïa et Tenpi, à mes frères et sœurs de Vajra et à ma nature de bouddha bénie par les trois joyaux. Ce n'est pas moi qui ai écrit ce livre, c'est elle, et je l'offre désormais à tous les êtres... Puisse-t-il les inspirer et les aider à rencontrer le trésor de leur propre essence.

GLOSSAIRE

Bardo : état intermédiaire de transition, notamment entre la mort et la renaissance. Il est surtout connu à travers *Le Livre des morts tibétain* qui décrit les expériences de conscience après la mort et avant la réincarnation. Traditionnellement, on compte six *bardos* : le *bardo* de la vie, le *bardo* du rêve, le *bardo* de la méditation, le *bardo* du moment de la mort, le *bardo* post-mortem et le *bardo* de la renaissance.

Bodhicitta : intention profonde de parvenir à l'illumination pour le bien de tous les êtres sensibles. Il existe deux formes principales : la *bodhicitta* relative (l'intention d'aider les autres en cultivant la compassion et la sagesse) et la *bodhicitta* absolue (la compréhension directe de la vacuité, une vision ultime qui transcende l'illusion de soi et du monde).

Bodhisattva : être qui a pris la résolution d'atteindre l'illumination, non seulement pour lui-même, mais pour le bien de tous les êtres sensibles.

Dharma : ensemble des lois, principes et enseignements qui régissent l'Univers et le comportement juste des êtres dans certaines traditions spirituelles de l'Inde, telles que le bouddhisme, l'hindouisme, le jaïnisme et le sikhisme.

Droupen : individu ayant accompli une retraite spirituelle extrêmement rigoureuse, souvent dans le but de développer des compétences méditatives profondes et de cultiver la sagesse et la compassion. Une fois sa retraite accomplie, le *droupen* est généralement appelé à guider d'autres pratiquants spirituels.

Droupkang : espace de retraite spirituelle dans lequel les pratiquants bouddhistes effectuent des retraites de méditation. Ce terme est utilisé principalement dans les traditions du bouddhisme tibétain et fait référence à une salle ou une cellule individuelle où les méditants peuvent se consacrer pleinement à leurs pratiques, sans distraction.

Éveil ou état de Bouddha : littéralement, le mot « bouddha » signifie « éveillé ». Il désigne toute personne parvenue à la sagesse suprême, un état d'illumination intérieure permettant de saisir la réalité ultime de la vie.

Gyaling : instrument à vent, fabriqué en bois ou parfois en métal. Il est particulièrement populaire dans les rituels religieux pour créer des sonorités propices à la prière et à la méditation.

Initiation : également connue sous le nom de *wang* en tibétain, une initiation est une cérémonie qui active notre potentiel pour devenir un bouddha.

Kounié : pièce de stockage annexe au temple dans laquelle sont entreposés statues, lampes à beurre, *serkyem*, etc.

Lama : guide spirituel respecté qui a acquis une grande compréhension des enseignements bouddhistes, notamment de la méditation, des pratiques rituelles et de la sagesse bouddhiste.

Loung : cérémonie au cours de laquelle un lama ou un maître spirituel récite ou transmet oralement des textes sacrés, des mantras ou des enseignements du *dharma* à ses disciples. Le *loung* est considéré comme une transmission essentielle, car il permet aux pratiquants de recevoir l'autorisation et l'énergie nécessaires pour pratiquer certaines méthodes ou techniques bouddhistes de manière correcte et bénéfique.

Mantra : mot, son ou phrase que l'on répète pour générer un état de calme et de concentration. Le mantra est ce qui protège ou libère l'esprit de celui qui y pense. C'est une formule sacrée à usage liturgique, rituel, spirituel ou magique.

Mudra : gestuelle symbolique des mains qui est utilisée pour aider à la concentration spirituelle, à la méditation et à l'invocation de certaines énergies ou états d'esprit spécifiques.

Moyens habiles : concept d'habileté prédominant dans le bouddhisme *mahāyāna*, en ce qui concerne les actions d'un *bodhisattva*. L'idée est qu'un *bodhisattva* ou un pratiquant peut utiliser toutes les méthodes possibles pour soulager la souffrance des autres, les initier au *dharma* ou les accompagner sur la voie du nirvana.

Poudja : cérémonie rituelle qui inclut des prières, des chants, des offrandes et des mantras en l'honneur des bouddhas, des *bodhisattvas* ou d'autres figures spirituelles. Ce rituel a pour but de cultiver des qualités spirituelles, de purifier le karma négatif, de bénir les pratiquants et de dissiper les obstacles spirituels.

Radong : trompette tibétaine fabriquée parfois en cornes de bovidés mais plus souvent en cuivre, en argent ou en or. Les *radongs* interviennent dans les rituels destinés à des divinités courroucées qui sont censés faire fuir les démons et aider les hommes à atteindre l'éveil.

Samaya : engagements sacrés ou vœux pris par un pratiquant dans le cadre de sa relation avec son maître spirituel, ses pratiques, et la voie bouddhiste en général.

Saṃsāra : cycle perpétuel de l'existence conditionnée dans lequel les êtres sensibles (comme les humains, les animaux, les esprits, etc.) sont engagés. Ce cycle est caractérisé par une succession d'existences dans lesquelles les êtres naissent, vivent, meurent et renaissent. Le *saṃsāra* est généralement associé à la souffrance, car il est marqué par les trois poisons — l'ignorance, l'attachement et l'aversion — conduisant à des actions (karma) qui maintiennent ce cycle.

Sangha : communauté spirituelle composée de personnes qui suivent les enseignements du Bouddha et s'engagent dans la pratique du *dharma*.

Serkyem : offrande également connue sous le nom « d'offrande de *dharmapala* ». En langue tibétaine, *ser* signifie « or » et *kyem* signifie « boisson ». Les *serkyem* sont utilisés pour les offrandes rituelles aux divinités protectrices et aux gardiens. Ils se composent de deux pièces, d'un calice et d'un bassin à débordement.

Stapra : stagiaire pratiquant.

Stūpa : signifie « sommet », « tas » ou « mont ». Tumulus servant de reliquaire et structure architecturale bouddhiste de grande importance, symbolisant à la fois le chemin vers l'illumination et le lien entre les dimensions spirituelles et terrestres. C'est un support autour duquel nous tournons, toujours dans le sens des aiguilles d'une montre, en récitant des prières.

Torma : offrande rituelle. Elle a une forme spécifique, généralement une sculpture en pâte, qui est réalisée selon des traditions bien établies. La *torma* est un élément important dans les pratiques de culte, de méditation, et de purification. Elle peut être utilisée pour honorer les divinités, les protecteurs ou les êtres spirituels, ou encore comme un moyen de purifier le karma et d'atteindre des objectifs spirituels.

Trulkör : exercices corporels ou mouvements énergétiques effectués dans le cadre de pratiques spirituelles pour harmoniser le corps et l'esprit, renforcer la vitalité et faciliter l'expérience de méditation.

Tune : sessions de méditation individuelles en chambre.

Vajrayāna : l'une des trois grandes branches du bouddhisme, les deux autres étant le *theravāda* et le *mahāyāna*.

Yidam : divinité ou déité méditative que le pratiquant choisit de visualiser et de vénérer dans le cadre de sa pratique spirituelle. Le *yidam* est un objet de méditation dans la voie tantrique du *vajrayāna* et joue un rôle central dans les pratiques de méditation et de visualisation.

Également aux Éditions Jouvence

Les 12 Lois du karma

Changer sa vision de soi et du monde

Sandy Hinzelin & Anaka

Associé à la fatalité pour certains ou à une forme d'enfermement pour d'autres, le karma, du point de vue spirituel, est avant tout une voie de libération sur laquelle nous pouvons agir. Quel est le mode d'emploi ? Comment nous y prendre pour planter les graines d'une satisfaction profonde pour soi et les autres ? Une compréhension authentique et un véritable changement sont possibles seulement si nous nous engageons à modifier notre rapport à nous-mêmes et au monde. Cet ouvrage illustré offre une approche traditionnelle, moderne, résolument innovante et répond aux attentes de notre époque et à son profond désir de changement.

256 pages • 9,95 €

Ça crée

Une approche spirituelle de la créativité

Julie Lamiré

Vous pensez que la créativité est un mystère qui ne concerne qu'une petite poignée d'« élus » ? Détrompez-vous, nous sommes tous, sans exception, des artistes ! Dans cet ouvrage inspirant, Julie Lamiré partage son approche unique sur la créativité à travers la philosophie « Ça crée », une vision globale où art, spiritualité et transmission se conjuguent.

Une invitation à vous reconnecter à votre âme et ouvrir votre cœur à la Vie pour enfin libérer votre créativité, dans la grâce et la joie.

192 pages • 16,95 €

Cet ouvrage a été imprimé sur du papier dont les fibres de bois
proviennent de forêts durablement gérées.

PEFC
PEFC/14-38-00308
Certifié PEFC
Papier de forêts gérées durablement et de sources contrôlées
www.pefc-france.org

Dépôt légal : mai 2025
Achevé d'imprimer en avril 2025
Imprimé en Espagne par CPI Black Print